U0565117

国学经典

吴越春秋译注

张觉 译注

上海三联书店

目录

前　言

《吴越春秋》一书，历叙吴、越两国的史事，而重在叙述春秋末期吴、越两国争霸的历史故事。该书虽大量取资于《左传》《国语》《史记》等史籍，但并不拘泥于此，而又采摭掺入了不少逸闻传说，其中恐怕也不乏作者的想象塑造之词；同时，它又注意到故事的完整性，注意写清其来龙去脉。所以，从它记载史事这一点来说，是一部史书；但从它记载的内容与格调来说，又不同于严谨的史家之实录。它实是一部介于史家与小说家之间的作品，可谓是后代历史演义小说的滥觞。因此，它虽然一向被列入史部，但读起来却比一般史书更为生动、更富于情趣，因而更受到读者的喜爱。不但后代的史籍方志，如《吴郡志》之类，常取资于该书，就是后代的文学作品，如唐代的说唱文学《伍子胥变文》、宋元话本《吴越春秋连像评话》、明代传奇梁辰鱼的《浣纱记》、明清历史小说冯梦龙、蔡元放编的《东周列国志》、近代的《吴越春秋说唱鼓词》、现代曹禺创作的话剧《胆剑篇》、萧军所著的《吴越春秋史话》等，都或多或少地取材于该书。所以，该书既是一部世所公认的历史典籍，又是一部脍炙人口的文学名著，在我国的史学史与文学史上都具有很高的地位，是一部学习与研究中国古代文化的人不可不读的要籍。

本书为选本。原文以上海涵芬楼影印的明弘治十四年(1501年)邝廷瑞、冯弋刻本（简称四部丛刊本）为底本，并用其他明、清版本，类书、古注的引文，以及《左传》《国语》《史记》等史籍异文进行校勘改正。对于可能有误但无版本及古籍异文作为依据的地方，一律不加改动，仅在注释中说明，以免妄改古书之弊。为便于阅读，对原文作了分段。

本书题解，除解释题目外，还对本篇内容及特点略作介绍。其大旨相同，但不求一格。本书注释，尽量吸收前人成果，但于其未当之处，决不盲目采用。本书译文，力求准确、明白、通俗。以直译为主，但为畅达也辅以意译。

《吴越春秋》一向被视为史籍，但有些记载却与正史相左。所以，本书在注释中尽量注意对其史实、地理等加以考证，并对与正史不符之处加以说明。

此外，因前人校释《吴越春秋》者甚少，故该书疑难之处尚多。本书尽量对疑难之处加以考释，力求周详、准确，但仍难免阙疑。很多地方既无前人考证可供参考，又无辞书解释可供采用，仅是一家之说。其中如有不当之处，尚望海内外方家及读者朋友不吝赐教。

最后要说明的是，龚敏、郑兴兰、陈锐瑞、罗婷、吕佳妹、胡姹、顾凤亚、肖恩、李霞飞、曹柳、何晓芬、徐鹏、杨晶、马静、尤婷婷、吕佳、张晓晔、李万龙、孙枫、刘妍妍、周娟娟、欧冬梅、朱静……也曾参与过部分工作，特此说明。

张觉于南翔白金院邸

2013 年 10 月 18 日

阖闾内传第一

题解

阖闾内传，就是吴王阖闾的传记。它记载了阖闾被立为吴王后的十一年间的事迹，写出了阖闾在伍子胥的辅佐下如何从建城筑郭开始，直至破楚威齐、称霸一方的全过程。其中主要的事迹有：伍子胥筑城，干将铸剑，吴人杀子作钩，白喜奔吴，要离刺庆忌，孙武试兵法，孙子攻楚，楚诛无忌，吴王葬女，风湖子说剑，唐、蔡怨楚，吴军入郢，楚王出奔，子胥复仇，渔者退兵，申包胥乞师，夫概奔楚，吴军回师，扈子作曲，子胥偿金，吴王作鲙，齐女思齐，夫差立为太子，阖闾治宫室，楚王迁都。其中很多内容都是《左传》《史记》等史家著作中所见不到的，类似后世的佚事小说。其中有些内容还与《左传》等所记不相一致。如此文所写的要离刺庆忌，与《左传·哀公二十年》所载的吴人杀庆忌完全不同。这一事迹，当是采自战国以来的传闻，如《吕氏春秋·忠廉篇》所记与此文类同，《战国策·魏策四》所记唐雎之言也说："要离之刺庆忌也，仓鹰击于殿上。"《史记·鲁仲连邹阳列传》所载邹阳的上书中也有"要离之烧妻子"的话。这种不拘于古史所记而广采传闻异说的做法，虽然不一定能增强本书的史料价值，却大大地增强了本书的文学色彩，为后世提供了丰富的文学素材。

值得指出的是，本篇所具有的浓厚的文学色彩不仅仅体现在选材上，还体现在具体的行文之中。就是在《史记》等史籍中有记载的事件，本书也刻意写得更周详生动。如子胥报复之事，《史记》记作“子胥、伯嚭鞭平王之尸以报父雠”（《吴太伯世家》），“辱平王之墓，以伍子胥故也”（《楚世家》），“乃掘楚平王墓，出其尸，鞭之三百，然后已”（《伍子胥列传》）。将这种种记述与本篇的“乃掘平王之墓……以辱楚之君臣也”相比，其疏密之分不言而喻。同时，作者在写作中也充分施展了各种艺术技巧。如用莫邪的献身来渲染干将铸剑的神圣，用金钩的听话来宣扬灵魂的永存，用敢于与水神搏斗的壮士椒丘䜣以及“万人莫当”的庆忌来反衬身材瘦小的要离之勇，用湛卢剑“水行如楚”来贬斥残暴等等，都带有传奇色彩，使人久久难以忘怀。还有，作者非常注意与他篇的呼应。如本篇中所记被离告子胥之言、阖闾论夫差之语，即为下篇子胥受谗于白喜、遭害于夫差以及夫差之亡国绝嗣埋下了伏笔。凡此种种，明显地体现了本书的演义性特点，值得重视。

阖闾元年[①]，始任贤使能，施恩行惠，以仁义闻于诸侯。

注释

①阖闾hé lǘ：公子光立为吴王后的号。

译文

阖闾元年（公元前514年），吴国开始任用贤能的人，施行恩惠，因为讲究仁爱道义而闻名于诸侯各国。

仁未施、恩未行，恐国人不就、诸侯不信，乃举伍子胥为行人[①]，以客礼事之，而与谋国政。阖闾谓子胥曰："寡人欲强国霸王[②]，何由而可？"伍子胥膝进，垂泪顿首，曰："臣，楚国之亡虏也。父兄弃捐，骸骨不葬，魂不血食[③]。蒙罪受辱，来归命于大王。幸不加戮，何敢与政事焉[④]？"阖闾曰："非夫子，寡人不免于絷御之使[⑤]。今幸奉一言之教，乃至于斯。何为中道生进退耶？"子胥曰："臣闻谋议之臣，何足处于危亡之地？然忧除事定，必不为君主所亲。"阖闾曰："不然。寡人非子无所尽议，何得让乎？吾国僻远，顾在东南之地，险阻润湿，又有江海之害。君无守御，民无所依，仓库不设，田畴不垦。为之奈何？"子胥良久对曰："臣闻治国之道，安君理民，是其上者。"阖闾曰："安君治民，其术奈何？"子胥曰："凡欲安君治民、兴霸成王、从近制远者，必先立城郭，设守备，实仓廪，治兵库。斯则其术也。”阖闾曰：“善！夫筑城郭，立仓库，因地制宜，岂有天气之数以威邻国者乎[6]？”子胥曰：“有。”阖闾曰：“寡人委计于子。”

子胥乃使相土尝水，象天法地，造筑大城[7]，周回四十七里。陆门八[8]，以象天八风[9]；水门八，以法地八窗。筑小城[10]，周十里。陆门三，不开东面者，欲以绝越明也。立阊门者，以象天门，通阊阖风也[11]。立蛇门者，以象地户也[12]。阖闾欲西破楚，楚在西北，故立阊门以通天气，因复名之破楚门。欲东并大越，越在东南，故立蛇门以制敌国[13]。吴在辰[14]，其位龙也，故小城南门上反羽为两鲵鱙[15]，以象龙角。越在巳地，其位蛇也，故南大门上有木蛇，北向首内，示越属于吴也。

注释

①伍子胥：名员，字子胥，春秋时楚大夫伍奢次子。楚平王七年（公元前522年）伍奢被杀，他出逃，历经宋、郑等国入吴。后为吴国大夫，帮助吴王阖闾攻破楚国，以功封于申，故又称申胥。吴王夫差时，他屡次劝阻夫差，结果夫差赐剑逼他自杀，因死。行人：接待各国使者的官，相当于现在外交部礼宾司之职。

②王 wàng：称王，统治天下。

③血食：指祭祀。古代杀牲取血而祭，所以把祭祀称为血食。

④与yù：参与。

⑤絷zhí御之使：拴缚马足、驾驭车马的差使，指奉命出外征战杀敌。絷,用绳索拴缚马足。御,驾驭车马。

⑥天气：指自然界的元气、气数。

⑦大城：位于今苏州，当时阖闾用作为都城。

⑧陆门八：《吴郡志》卷三："东面娄、匠二门，西面阊、胥二门，南面盘、蛇二门，北面齐、平二门。"

⑨八风：八方之风，即东北风、东风、东南风、南风、西南风、西风、西北风、北风。

⑩小城：《越绝书·外传记吴地传》："阖庐之时大霸，筑吴越城，城中有小城二。"则小城在大城中。一说其大城位于今苏州市；小城位于今太湖北岸无锡市境内。

⑪阊阖风：即西风。

⑫户：古代一个门框内安双扇的叫"门"，单扇的叫"户"。这里泛指门。

⑬立蛇门以制敌国：古代阴阳五行家把十二地支和十二生肖及四面八方相配。由于越国在南方偏东，对应巳、蛇，所以吴立蛇门以制之。

⑭辰：指东偏南的方位。吴国在东偏南，所以"在

辰”。

⑮反羽：即“反宇”，此专指正脊两端翘起的饰物，即江南营造法中所谓的“龙吻”之类。鲵：当作“虬”，《说文》：“虬，龙子有角者。”鲵：当作“绕”，盘绕。

译文

当仁爱之道还没有实施、恩惠之事还没有实行的时候，阖闾怕国民不靠拢自己、诸侯不相信自己，于是提拔伍子胥当接待国宾的外交大臣，用对待外宾的礼仪来对待他，并和他一起商讨国家的政务。阖闾对子胥说：“敝人想使吴国强盛起来从而称霸称王，遵循什么道路才可以达到目的？”伍子胥跪着用膝盖向前趋近阖闾，流着眼泪向阖闾磕头，说：“我是楚国的逃犯啊。父亲兄长被杀死，尸骨不得埋葬，灵魂得不到活杀牲口的祭祀。我带着罪名忍受耻辱，前来归顺大王。只希望大王不施加杀戮，怎么敢参与谋划国家大事呢？”阖闾说：“如果没有先生，鄙人免不了去干些征战杀敌的差使。现在我希望领受您一番教导，您竟然说这种话。为什么中途会产生这种变化呢？”子胥说：“我听说出谋划策的大臣，哪里值得置身于危险灭亡的境地呢？如果将自己置于危险灭亡的境地，那么等到忧患解除、事态平定以后，就一定不会再被君主所亲近。”阖闾说：“您说得不对。我如果没有您，就不再有什么人能够一起畅所欲言了，哪会责怪您呢？我的国家地处边远，只是在东南地区，而地势艰险阻塞，空气潮湿，还有长江、大海的危害。国君没有防守的设施，民众没有什么依靠，仓库也没有建立起来，田地又没有被开垦。对这种情况该怎么办呢？”子胥过了很久才回答说：“我听说治国的原则，使国君安定、使民众有秩序，这才是上策。”阖闾说：“要使国君安定、使民众有秩序，那手段是什么呢？”子胥说：“凡是想要使国君安定、使民众有秩序，建立霸业、成就王业，既使近处的人服从又制服远方的人，那就一定得先筑起内城外城，设置防守的器具，充实粮仓米仓，整治好军用仓库。这就是那手段啊。”阖阎说：“好！那修筑内城外城，建造粮仓兵库，得根据各地的具体情况而制定适宜的办法，是否还有利用自然界元气的手段来威慑邻国的呢？”子胥说：“有。”阖闾说：“我把城市设计的事委托给您了。”

子胥于是就派人观察土地、探测水文，仿照上天、效法大地，建造大城，城墙周长四十七里。陆地上的城门有八个，用来象征天空中八个方向来的风；水路上的城门有八个，用来模仿大地边缘八个方向的门窗。又建筑小城，周长十里。陆地上的城门只有三个，不开启东面的城门，是想以此来堵塞越国的明智。设置阊门的原因，是要用它来象征上天的门，使阊阖风能通过。设置蛇门，是要用它来象征大地的门。阖闾想向西攻破楚国，楚国位于西北，所以设立了阊门来和自然界的元气互相贯通，后来又把阊门命名为破楚门。他想向东吞并越国，越国在东南方，所以他设立了蛇门来镇服这与自己相匹敌的国家。吴国在东偏南的辰方，它的位置对应龙，所以小城南门城楼上的龙吻做成两条小龙盘绕着，用它们来象征龙角。越国在南方偏东的巳地，它的位置对应蛇，所以南大门上雕有木蛇，蛇身方向朝北，蛇头向着城内，表示越国归附于吴国。

城郭以成[①]，仓库以具，阖闾复使子胥屈盖馀、烛佣[②]，习术——战骑射御之巧，未有所用，请干将铸作名剑二枚。干将者，吴人也，与欧冶子同师[③]，俱能为剑。越前来献三枚，阖闾得而宝之，以故使剑匠作为二枚，一曰干将，二曰莫耶。莫耶，干将之妻也。

干将作剑，采五山之铁精、六合之金英[④]，候天伺地，阴阳同光[⑤]，百神临观，天气下降，而金铁之精不销沦流[⑥]。于是干将不知其由。莫耶曰："子以善为剑闻于王，使子作剑。三月不成，其有意乎[⑦]？"干将曰："吾不知其理也。"莫耶曰："夫神物之化，须人而成。今夫子作剑，得无得其人而后成乎[⑧]？"干将曰："昔吾师作冶，金铁之类不销，夫妻俱入冶炉中，然后成物。至今后世，即山作冶，麻绖葌服[⑨]，然后敢铸金于山。今吾作剑，不变化者，其若斯耶？"

莫邪曰："先师亲烁身以成物[10]，吾何难哉？"于是干将妻乃断发剪爪投于炉中。使童女童男三百人鼓橐装炭[11]，金铁乃濡[12]，遂以成剑。阳曰干将，阴曰莫耶。阳作龟文，阴作漫理。

干将匿其阳，出其阴而献之，阖闾甚重。既得宝剑，适会鲁使季孙聘于吴[13]，阖闾使掌剑大夫以莫耶献之。季孙拔视，剑之锷中缺者大如黍米[14]，叹曰："美哉！剑也。虽上国之师[15]，何能加之？夫剑之成也，吴霸；有缺，则亡矣。我虽好之，其可受乎？"不受而去。

注释

①以：通"已"。下句同。

②屈：使动用法，使……屈服，即制服。盖馀、烛佣：吴王寿梦之子。

③欧冶子：又作"区冶"，春秋时善于铸剑之人。

④六合：天地四方。

⑤阴阳同光：十五月圆之时。阴阳，此指日月，古代日称为太阳，月称为太阴。光，照耀。

⑥销：熔化。沦：此指金属熔化后形成沦漪。

⑦其：同"岂"，是否。

⑧得无：恐怕，是否，莫非。

⑨绖 dié：古代丧期系在腰间或头上的麻带。葌 jiān 服：茅草衣。这里用作动词。

⑩烁：通“铄”，熔化。

⑪橐 tuó：用牛皮制成的两头相通的袋状鼓风设备，它的作用类似后代的风箱。

⑫濡 rú：湿润，柔软，此指熔化。

⑬季孙：春秋后期鲁国掌握政权的贵族，三桓之一，鲁桓公少子季友的后裔。此指季平子，名意如。公元前517年，鲁昭公伐季平子，叔孙氏、孟孙氏救平子，昭公兵败而逃奔国外。此时季平子掌国政。

⑭锷 è：刀剑之刃。

⑮上国：上游之国。春秋时吴、楚等国称中原各诸侯国为上国。另外，越国对吴国也称“上国”。

译文

城墙已经筑成，仓库已经完备，阖闾又派伍子胥去征服盖馀、烛佣，于是便练习武艺——战斗、骑马、射箭、驾车等技巧，但没有配用的武器，于是请干将铸造了著名的宝剑两把。干将，是吴国人，和欧冶子同一师父，他们都善于造剑。越国过去来进献过三把宝剑，阖闾得到后觉得它们很珍贵，因为这个缘故，他就又派铸剑的工匠干将再造两把，一把叫作干将，一把叫作莫耶。莫耶，是干将的妻子。

干将造剑，采集了五山上铁中的精华以及天下金属中的优质材料，等到了天时、候上了地利，在那日月同照之时，群神俯视观看，大自然的元气也降下来了，而这金属钢铁的精粹仍然不熔化成液体流动。在这个时候，干将真不知道其中的缘由了。莫耶说："您因为善于造剑而名声传到了吴王那里，所以吴王让您造剑。现在您铸造了三个月也没有造成，是否有什么意图呢？"干将说："我不明白其中的道理啊。"莫耶说："那神奇的东西发生变化，必须有人的加入才能成功。现在夫君造剑，是否也要得到人的帮助以后才能成功呢？"干将说："从前我师父进行冶炼的时候，金属钢铁之类不熔化，夫妻俩就一起跳进冶炼炉中，然后才炼成了宝物。直到今天，人们到那山中进行冶炼，总是系着麻制的丧带，穿着茅草衣，然后才敢在山中铸造金属。现在我造剑，那金属不熔化的原因，难道就像这种情况吗？"莫耶说："先师亲自熔化了自己的身体来铸成宝物，我又有什么畏难的呢？"于是干将的妻子就剪断了头发、剪光了指甲而投身于炉中。让三百个童女童男鼓风装炭，那金属钢铁才熔化了，于是就用它铸成了宝剑。阳剑叫作干将，阴剑叫作莫耶。阳剑刻上了龟背的纹理，阴剑刻上了无规则的纹理。

干将藏起了那把阳剑，拿出那把阴剑献给阖闾，阖闾十分器重它。阖闾已经得到了宝剑，正巧碰上鲁国派季孙意如到吴国访问，阖闾派掌管宝剑的大夫把莫耶剑献给他。季孙意如拔出剑来仔细观察，剑的刃口中有一个像黄米粒般大小的缺口，季孙意如叹息说："这把剑真美啊！即使是中原各国的师傅造出的剑，又怎能超过它呢？这把剑铸成了，吴国要称霸了；但有缺口，那也就要灭亡了。我虽然爱它，难道可以接受吗？”于是没有接受宝剑就走了。

阖闾既宝莫耶，复命于国中作金钩，令曰：“能为善钩者，赏之百金[①]。”吴作钩者甚众，而有人贪王之重赏也，杀其二子，以血衅金[②]，遂成二钩，献于阖闾，诣宫门而求赏。王曰：“为钩者众，而子独求赏。何以异于众夫人之钩乎[③]？”作钩者曰：“吾之作钩也，贪王之赏而杀二子，衅成二钩。”王乃举众钩以示之：“何者是也？”王钩甚多，形体相类，不知其所在，于是钩师向钩而呼二子之名：“吴鸿、扈稽，我在于此，王不知汝之神也。”声绝于口，两钩俱飞，着父之胸。吴王大惊，曰：“嗟乎！寡人诚负于子。”乃赏百金，遂服而不离身。

注释

①金：货币单位，先秦以黄金二十两或二十四两为一镒，一镒又称一金。

②衅 xìn：同“衅”，涂抹。

③夫 fú 人：人人。

译文

阖闾把莫耶剑当作宝贝，嗣后又命令国内的人造金钩，下令说："能够造出好钩的，就奖赏他百金。"吴国造钩的人很多，而有人贪图吴王的重赏，就杀掉了自己的两个儿子，用他们的血来涂在金上，造成了两只钩，献给了阖闾，并到宫门口来求取奖赏。吴王说："造钩的人很多，而就你一个人来求赏。你造的钩和众人的钩以什么来区别呢？"这造钩的人说："我造钩的时候，贪图大王的奖赏而杀掉了两个儿子，把他们的血涂在金上而造成了这两只钩。"吴王就拿出所有的钩给他看："哪两只是你的呢？"吴王的钩很多，形状相似，不知道那两只钩在什么地方，于是这造钩师傅就对着钩呼唤两个儿子的名字："吴鸿、扈稽，我在这里，大王不知道你们的精魂啊。"口中话声刚落，两只钩便都飞来了，附着在父亲的胸膛上。吴王十分惊奇，说："哎呀！我真辜负你了。"于是奖赏了他百金，便佩带着这两只钩而永不离身。

六月，欲用兵，会楚之白喜来奔[①]。吴王问子胥曰："白喜何如人也？"子胥曰："白喜者，楚白州犁之孙。平王诛州犁[②]，喜因出奔，闻臣在吴而来也。"阖闾曰："州犁何罪？"子胥曰："白州犁，楚之左尹[③]，号曰郄宛[4]，事平王[5]。平王幸之，常与尽日而语，袭朝而食[6]。费无忌望而妒之[7]，因谓平王曰：'王爱幸宛，一国所知。何不为酒一至宛家以示群臣于宛之厚？'平王曰：'善。'乃具酒于郄宛之舍。无忌教宛曰：'平王甚毅猛而好兵，子必前陈兵堂下门庭[8]。'宛信其言，因而为之。及平王往，而大惊，曰：'宛何等也？'无忌曰：'殆且有篡杀之忧，王急去之，事未可知。'平王大怒，遂诛郄宛。诸侯闻之，莫不叹息。喜闻臣在吴，故来请见之。"

阖闾见白喜而问曰："寡人国僻远，东滨海[9]。侧闻子前人为楚荆之暴怒[10]、费无忌之谗口。不远吾国，而来于斯，将何以教寡人？"喜曰："楚国之失虏，前人无罪，横被暴诛[11]。臣闻大王收伍子胥之穷厄，不远千里，故来归命[12]。惟大王赐其死。"阖闾伤之，以为大夫，与谋国事。

注释

①白喜：又作帛喜、伯嚭，字子馀，楚大夫伯州犁之孙，出亡奔吴，后任太宰，故又称太宰嚭。他善于逢迎，深得夫差宠信。吴破越后，他受越贿赂，许越媾和，并屡进谗言，谮杀伍子胥。吴亡后，被越王勾践所杀。一说他降越为臣。

②平王：即楚平王，熊氏，名弃疾，即位后改名熊居，公元前528—前516年在位。州犁：即伯州犁，

据《左传》，伯州犁为公子围所诛（见《左传·昭公元年》），此文误。

③左尹：春秋时楚国官名。左尹、右尹都在令尹之下。据《左传·昭公元年》，伯州犁为大宰。据《左传·昭公二十七年》，郄宛为左尹。此文误将伯州犁与郄宛混为一人，所以认为伯州犁是左尹，实误。

④郄宛：字子恶。郄，同“郤”。

⑤伯州犁被公子围（后为楚灵王）杀死于鲁昭公元年（公元前541年），不可能侍奉平王。此下所述，全是郄宛之事，与伯州犁实无关。又，郄宛乃事令尹子常，而非平王。此文作“平王”，误。此下之“平王”皆当作“令尹”。

⑥袭：重复，重叠。朝：早晨。

⑦费无忌：楚平王的宠臣，也是令尹子常的亲信。

⑧前：先。门庭：门前的空地。

⑨滨：同“濒”，靠近，接近。

⑩侧闻：从旁闻知。

⑪横 hèng：出乎意料地。

⑫故：特地。归命：归顺。

译文

六月，阖闾想发动战争，正巧碰上楚国的白喜前来投奔。吴王问子胥说：“白喜是个什么样的人？”子胥说：

“白喜，是楚国白州犁的孙子。楚平王杀了白州犁，白喜因而出境逃亡，听说我在吴国后才来的。”阖闾说：“白州犁犯了什么罪？”子胥说：“白州犁，是楚国的左尹，号称郄宛，侍奉平王。平王非常宠爱他，常常和他整天交谈，连着几个早晨一起进餐。费无忌看见后十分妒忌他，就对平王说：‘大王宠爱郄宛，是全国的人都知道的。为什么不到郄宛家去搞一次酒宴来向大臣们表示大王对郄宛的器重呢？’平王说：‘好。’于是就到郄宛的家里置备酒宴。无忌教郄宛说：‘平王非常刚毅勇猛而爱好兵器，您一定要事先把兵器陈列在厅堂下面和大门前的空地上。’郄宛相信了他的话，就这样做了。等到平王前往，便大吃一惊，说：‘郄宛怎么啦？’无忌说：‘大概要有篡位杀君的祸患了，大王赶快离开这里吧，事情还不能预料啊。’平王大怒，就杀了郄宛。诸侯听说了这件事，没有谁不叹息。白喜听说我在吴国，所以来请求我把他介绍给您。”

阖闾接见了白喜而问道：“我的国家偏僻边远，东面靠近大海。听说您先人被楚王的暴虐发怒、费无忌那张诋毁人的嘴巴所杀害。现在您不认为我国遥远，前来投奔这里，将拿什么来教导我呢？”白喜说：“我是楚国的逃犯，先人没有罪，但意外地被残酷杀害了。我听说大王收揽了穷困的伍子胥，所以不远千里，特地前来归顺。请大王赐我一死。”阖闾怜悯他，让他当了大夫，和他一起谋划国家的大事。

吴大夫被离承宴问子胥曰[①]："何见而信喜？"子胥曰："吾之怨与喜同。子不闻《河上歌》乎[②]？'同病相怜，同忧相救。惊翔之鸟，相随而集；濑下之水[③]，回复俱流。'胡马望北风而立[④]，越燕向日而熙[⑤]。谁不爱其所近、悲其所思者乎？"被离曰："君之言外也，岂有内意以决疑乎？"子胥曰："吾不见也。"被离曰："吾观喜之为人，鹰视虎步，专功擅杀之性，不可亲也。"子胥不然其言，与之俱事吴王。

注释

①承：通"乘"，趁着。宴：安逸，安闲，指休息。

②《河上歌》：歌名。此歌大概是流传于河边的山歌，故名。河上，河边。

③濑 lài：激于石间的湍急之水。

④胡：我国古代泛称西北部的民族，秦汉时多指匈奴。

⑤熙：同"嬉"，玩乐。

译文

吴国大夫被离趁闲暇的时候问子胥说："为什么您一见面就信任白喜？"子胥说："因为我的怨恨与白喜相同。您没听见过《河上歌》么？'患了同样的疾病啊互相怜悯，有了同样的忧患啊互相搭救。受惊而飞翔的鸟啊互相追随而聚集，石下那湍急的水啊回旋往复而同流。’产于北胡的马远望北方而站立，越国的燕子向着太阳而玩乐。谁不疼爱自己所亲近的人、哀怜自己所思念的人呢？”被离说：“您所说的只着眼于外部的因素，您是否还根据其内在的思想来决断疑难呢？”子胥说：“我没看到。”被离说：“我观察白喜的品性，他像老鹰般看人，像老虎般走路，完全是一副一心追求功利而任凭己意杀人的本性，不可以和他亲近啊。”子胥并不认为被离的话是对的，还是和白喜一起侍奉吴王。

二年，吴王前既杀王僚，又忧庆忌之在邻国[①]，恐合诸侯来伐，问子胥曰：“昔专诸之事，于寡人厚矣。今闻公子庆忌有计于诸侯，吾食不甘味，卧不安席。以付于子。”

子胥曰：“臣不忠无行，而与大王图王僚于私室之中，今复欲讨其子，恐非皇天之意。”

阖闾曰：“昔武王讨纣而后杀武庚[②]，周人无怨色。今若斯议[③]，何乃天乎？”

子胥曰：“臣事君王，将遂吴统[④]，又何惧焉？臣之所厚其人者，细人也，愿从于谋。”

吴王曰：“吾之忧也，其敌有万人之力，岂细人之所能谋乎？”

子胥曰：“其细人之谋事而有万人之力也。”

王曰："其为何谁？子以言之。"

子胥曰："姓要，名离。臣昔尝见曾折辱壮士椒丘䜣也。"

王曰："辱之奈何？"

子胥曰："椒丘䜣者，东海上人也。为齐王使于吴，过淮津，欲饮马于津。津吏曰：'水中有神，见马即出，以害其马。君勿饮也。'䜣曰：'壮士所当[5]，何神敢干？'乃使从者饮马于津，水神果取其马。马没，椒丘䜣大怒，袒裼持剑[6]，入水求神决战，连日乃出，眇其一目。遂之吴，会于友人之丧，䜣恃其与水战之勇也，于友人之丧席而轻傲于士大夫，言辞不逊，有陵人之气。要离与之对坐，合坐不忍其溢于力也[7]。时要离乃挫䜣曰：'吾闻勇士之斗也，与日战不移表[8]，与神鬼战者不旋踵，与人战者不达声，生往死还，不受其辱。今子与神斗于水，亡马失御，又受眇目之病。形残名勇，勇士所耻。不即丧命于敌而恋其生，犹傲色于我哉？'于是椒丘䜣卒于诘责，恨怒并发，瞑即往攻要离。于是要离席阑至舍[9]，诫其妻曰：'我辱勇士椒丘䜣于大家之丧，馀恨蔚恚[10]，瞑必来也。慎无闭吾门。'至夜，椒丘䜣果往，见其门不闭；登其堂，不关；人其室，不守，放发僵卧无所惧。䜣乃手剑而捽要离曰：'子有当死之过者三，子知之乎？'离曰：'不知。'䜣曰：'子辱我于大家之众，一死也；归不关闭，二死也；卧不守御，三死也。

子有三死之过，欲无得怨。’要离曰：‘吾无三死之过，子有三不肖之愧。子知之乎？’䜣曰：‘不知。’要离曰：‘吾辱子于千人之众，子无敢报，一不肖也；入门不咳，登堂无声，二不肖也；前拔子剑，手挫捽吾头，乃敢大言，三不肖也。子有三不肖而威于我，岂不鄙哉？’于是椒丘䜣投剑而叹曰：‘吾之勇也，人莫敢眦占者⑪，离乃加吾之上，此天下壮士也。’臣闻要离若斯，诚以闻矣。”

吴王曰：“愿承宴而待焉。”

注释

①庆忌：吴王僚之子。

②武庚：商纣王之子，字禄父。周武王灭商后，继续封他为殷君。武王去世，成王年幼，周公旦摄政，其兄弟管叔、蔡叔等不服，武庚乘机与他们勾结，联合东方夷族反叛。周公平叛，他被杀。

③若斯：如此，这样。若，犹“此”。

④遂吴统：指维护阖闾父子相继的国统。统，世代相继的系统。

⑤所当：所有。当，主持、掌管的意思。

⑥袒裼 xī：脱去上衣露出上身。

⑦溢：水漫出来叫“溢”，此指过分地赞美。

⑧表：古代测量日影以计时的标杆。

⑨阑：尽。

⑩馀：遗留。蔚yù：通“郁”，忧郁愁闷。恚huì：怒。

⑪眦zì占：用眼角斜视，表示看不起。眦，眼角。占，当作“觇”，窥视，偷看。

译文

二年（公元前513年），吴王前年已经杀了王僚，又因为庆忌在邻国而担忧，怕他联合诸侯前来攻打，因而问子胥说：“从前专诸的事情，您对我的情意够深的了。现在听说公子庆忌和诸侯们出谋划策，我吃东西不觉得味道甜美，躺着不能安心于席。我把这件事托付给您了。”

子胥说：“我不忠于君、没有德行，而和大王在私房之中图谋王僚，现在又想要讨伐他的儿子，恐怕不是上天的意思吧。”

阖闾说：“从前周武王讨伐商纣王以后又杀了武庚，周朝的人民没有怨恨的脸色。现在这样计议，怎么会违反上天呢？”

子胥说：“我侍奉大王，肯定要成全吴国的国统，还会害怕什么呢？只是我所看重的那个人是个身材瘦小的人，希望您跟他谋划。”

吴王说：“我所担忧的那个对手，有上万人的力量，哪里是身材瘦小的人所能图谋的呢？”

子胥说：“那身材瘦小的人图谋起大事来倒有上万人的力量。”

吴王说:“那是谁呢?您把他说出来听听。”

子胥说:“姓要,名离。我以前曾经看见他侮辱过壮士椒丘䜣。”

吴王说:“怎样侮辱椒丘䜣?”

子胥说:“椒丘䜣,是东海边上的人。他为齐王出使到吴国,经过淮河渡口的时候,想让马在渡口喝水。管理渡口的官吏说:‘河中有神,看到马就会出来杀害那马。您不要让马在这里喝水啊。’椒丘䜣说:‘壮士所拥有的马,什么神敢冒犯?’于是就派随从到渡口让马喝水,水神果然夺取了他的马。马沉到水中去了,椒丘䜣十分愤怒,便脱去了上衣,手握宝剑,跳入水中找水神决战,接连过了几天才出来,瞎了一只眼睛。到了吴国,正好碰上朋友的丧事,椒丘䜣仗着自己敢与水神决斗的勇气,在朋友丧事的筵席上对士大夫们轻视傲慢,说话一点也不谦虚,有欺侮别人的气色。要离和他面对面坐着,因为和他同坐实在不能忍受他滥吹自己的力量。当时要离就折辱椒丘䜣说:‘我听说勇士的决斗,和时间竞争时不去移动标杆做手脚,和神鬼决斗时不转过脚跟往后退,和人作战时不发出声音多嚷嚷,就是活着前去而死了回来,也不会忍受他们的侮辱。现在你和神在水中决斗,丢了马、损失了车夫又受到瞎眼的创伤。形体残废而名声勇敢,这是勇士所感到耻辱的事。不和敌人拼死而留恋自己的生命,还能对我露出骄傲的神色么?’在这个时候椒丘䜣突然被责问,憎恨和愤怒同时发作，准备天黑就去攻打要离。于是要离在宴席结束后回到家中，告诫他的妻子说：‘我在豪富之家的丧事中侮辱了勇士椒丘䜣，让他满腔怨恨、愁闷和愤怒，到天黑他一定要来的。你千万别关上我们的门。’到了夜晚，椒丘䜣果然去了，看见要离的家门没关上；登上他的厅堂，也没上门闩；走进他的卧室，他也未加防守，而是散开了头发朝天躺着毫无畏惧。椒丘䜣就手拿利剑揪住要离说：‘你有三个该死的过错，你知道么？’要离说：‘不知道。’椒丘䜣说：‘你在豪富之家的众人面前侮辱我，这是第一个该死的过错；回到家里不关门，这是第二条该死的过错；睡觉也不加防备，这是第三条该死的过错。有这三个该死的过错，你心里不能再有什么怨恨的了。’要离说：‘我并没有三个该死的过错，而你却有三种没有德才的惭愧，你知道么？’椒丘䜣说：‘不知道。’要离说：‘我在上千人的大庭广众之下侮辱你，你不敢当场报复，这是第一种无能的表现；进门不敢吭声，登堂毫无声响，这是第二种无能的表现；事先拔出了你的剑，用手揪歪了我的头，才敢大声说话，这是第三种无能的表现。你有这三种无能的行为，却还要在我面前逞威风，岂不是太鄙陋了么？’于是椒丘䜣扔掉剑而叹息说：‘我勇敢，没有人敢小看我，要离竟凌驾在我的头上，这是天下的壮士啊。’我听说要离如此，现在真诚地把他的情况都报告给您了。”

吴王说：“希望能趁我空闲的时候接待他。”

子胥乃见要离，曰："吴王闻子高义，惟一临之[①]。"乃与子胥见吴王。

王曰："子何为者？"要离曰："臣，国东千里之人。臣细小无力，迎风则僵，负风则仆。大王有命，臣敢不尽力？"吴王心非子胥进此人，良久默然不言。要离即进曰："大王患庆忌乎？臣能杀之。"王曰："庆忌之勇，世所闻也。筋骨果劲，万人莫当。走追奔兽，手接飞鸟，骨腾肉飞[②]，拊膝数百里。吾尝追之于江，驷马驰不及。射之暗，接矢不可中。今子之力不如也。"要离曰："王有意焉[③]，臣能杀之。"王曰："庆忌，明智之人。归穷于诸侯，不下诸侯之士。"要离曰："臣闻：'安其妻子之乐，不尽事君之义，非忠也；怀家室之爱而不除君之患者，非义也。'臣诈以负罪出奔，愿王戮臣妻子，焚之吴市，飞扬其灰，购臣千金与百里之邑[④]，庆忌必信臣矣。"王曰："诺。"

要离乃诈得罪出奔，吴王乃取其妻子，焚弃于市[⑤]。

注释

①临：俯视。

②骨腾肉飞：形容其雄健踊跃。骨、肉，指躯体。

③有意焉：有意于之，有愿望于我。

④购：用重赏来收买。

⑤弃：暴尸街头。

译文

子胥于是去见要离，说："吴王听说您行为高尚合于正义，希望见您一面。"要离就和子胥去见吴王。

吴王说："你是干什么的？"要离说："我是国都东面千里以外的人。我瘦小无力，面对着风就会向后倒下，背着风就会向前倒下。但大王若有命令，我敢不尽心竭力么？"吴王心里认为子胥推荐这个人很不得当，所以沉默了很久不说话。要离便走上前说："大王担心庆忌吗？我能杀死他。"吴王说："庆忌的勇力，是世人都知道的。他筋骨刚劲，上万个人也不能抵挡。他跑起来能追上飞奔的野兽，手能抓住飞翔的鸟，身体能跳跃腾飞，一拍腿就能跑上几百里。我曾经追他追到江边，连四匹马拉了车飞快地奔驰也没追上。在暗中射他，他把箭接住了而不能射伤他。现在你的力量不及他啊。"要离说："大王如果想用我，我就能杀死他。"吴王说："庆忌，是个明智的人。他虽然因为困厄而投奔了诸侯，但并不谦卑地去奉承诸侯各国的贤士。"要离说："我听说：'沉溺于自己妻子儿女的欢乐，而不能尽到侍奉君主的道义，是不忠；怀念妻室的爱恋而不去除掉君主的祸患，是不义。'我假装负罪出国逃亡，请大王杀掉我的妻子儿女，在吴中的街市上把他们烧掉，再播撒他们的骨灰，拿出千金和方圆百里的城邑作为赏金来收捕我，庆忌一定会相信我了。”吴王说：“行。”

要离便假装获罪出逃，吴王就抓来了他的妻子儿女，在闹市把他们烧死，并将他们的尸体暴露在街头示众。

要离乃奔诸侯而行怨言，以无罪闻于天下。遂如卫，求见庆忌。见曰：“阖闾无道，王子所知[①]。今戮吾妻子，焚之于市，无罪见诛。吴国之事，吾知其情，愿因王子之勇，阖闾可得也。何不与我东之于吴？”庆忌信其谋。

后三月，拣练士卒[②]，遂之吴。将渡江于中流，要离力微，坐与上风。因风势以矛钩其冠，顺风而刺庆忌，庆忌顾而挥之，三捽其头于水中，乃加于膝上：“嘻嘻哉！天下之勇士也，乃敢加兵刃于我！”左右欲杀之，庆忌止之，曰：“此是天下勇士，岂可一日而杀天下勇士二人哉？”乃诫左右曰：“可令还吴，以旌其忠。”于是庆忌死。

要离渡至江陵[③]，愍然不行[④]。从者曰：“君何不行？”要离曰：“杀吾妻子以事吾君，非仁也；为新君而杀故君之子，非义也；重其死，不贵无义，今吾贪生弃行，非义也。夫人有三恶以立于世，吾何面目以视天下之士？”言讫，遂投身于江。未绝，从者出之。要离曰：“吾宁能不死乎？”从者曰：“君且勿死，以俟爵禄。”要离乃自断手足，伏剑而死。

注释

①王子：庆忌是吴王僚之子，故称“王子”。

②拣练：同“简练”，精选训练。

③江陵：春秋时为楚国的国都，称郢。位于今湖北荆州市西北。

④愍 mǐn：忧伤。

译文

要离于是逃亡到诸侯各国，散播怨言，因而以无罪被害闻名于天下。于是他到了卫国，求见庆忌。他见到庆忌后说：“阖闾暴虐无道，是王子您所知道的。现在他杀了我的妻子儿女，在街市上焚烧她们，她们实是无罪被杀。吴国的事情，我知道它的内情，我希望依靠王子的勇力，这样，阖闾就可以擒获了。为什么不和我向东去往吴国呢？”庆忌相信了他的计谋。

三个月后，庆忌挑选训练好的士兵，就出发去吴国。将要渡过长江到达江中的时候，要离因为力气小，便坐在庆忌的上风，靠风力用矛钩掉了庆忌的帽子，顺着风向直刺庆忌。庆忌回过头来甩掉矛，揪住了要离的头多次摁进水中，然后把他放在膝盖上，说：“哎呀！真是天下的勇士啊，竟敢把兵器的锋刃加到我的头上！”庆忌身边的侍从想杀掉要离，庆忌阻止了他们，说：“这是天下的勇士，怎么能在一天之内杀掉两个天下的勇士呢？”又告诫侍从说：“可以让他返回吴国，以此来表彰他的忠诚。”于是庆忌就死了。

要离渡过长江到了江陵，忧伤地不走了。随从说：“您为什么不走？”要离说：“杀了我的妻子儿女来侍奉我的君主，不合乎仁；为了新的君主而杀害原来君主的儿子，不合乎义；人们看重舍生就死，但不尊崇不合乎道义的行为，现在我贪生怕死而抛弃了德行，也就不合乎道义了。有这三种丑恶的行为还活在世上，我有什么脸面去见天下的贤士呢？”说完，就纵身跳入江中。要离还没有断气，随从就把他救上来了。要离说：“我难道能不死么？”随从说：“您暂且不要死，以便等候吴王赏给你爵位俸禄。”要离便自己斩断了手脚，用剑自杀而死。

三年，吴将欲伐楚，未行。伍子胥、白喜相谓曰：“吾等为王养士，画其策谋，有利于国。而王故伐楚[①]，出其令，托而无兴师之意，奈何？”有顷，吴王问子胥、白喜曰：“寡人欲出兵，于二子何如？”子胥、白喜对曰：“臣愿用命。”吴王内计，二子皆怨楚，深恐以兵往，破灭而已[②]。登台向南风而啸，有顷而叹，群臣莫有晓王意者，子胥深知王之不定，乃荐孙子于王。

注释

①故：今，现在。

②已：止。

译文

三年（公元前 512 年），吴国将要攻打楚国，还没有出师。伍子胥、白喜互相商量说："我们给吴王收养了贤能之士，谋划了那些计策，对吴国很有利。但吴王现在攻打楚国，颁布了命令，却又借故推诿而没有起兵的意思，怎么办呢？"过了不久，吴王问子胥、白喜说："我想出兵，你们两位看怎么样？"子胥、白喜回答说："我们愿意服从命令。"吴王心中盘算，这两个人都怨恨楚国，所以生怕他们带兵去了以后，要把楚国消灭了才罢休。于是登上高台，对着南风长啸，过了一会儿又是叹息，群臣之中没有谁能知道吴王的心意，只有伍子胥深切地明了吴王这种犹豫不定的心思，于是就把孙子推荐给了吴王。

孙子者[1]，名武，吴人也，善为兵法，僻隐深居，世人莫知其能。胥乃明知鉴辩[2]。知孙子可以折冲销敌[3]，乃一旦与吴王论兵，七荐孙子。吴王曰："子胥托言进士，欲以自纳。"

而召孙子，问以兵法。每陈一篇，王不知口之称善。其意大悦，问曰：“兵法宁可以小试耶？”孙子曰：“可。可以小试于后宫之女。”王曰：“诺。”孙子曰：“得大王宠姬二人，以为军队长，各将一队。”令三百人皆被甲、兜鍪，操剑盾而立[④]，告以军法，随鼓进退、左右、回旋，使知其禁。乃令曰：“一鼓皆振，二鼓操进，三鼓为战形。”于是宫女皆掩口而笑。孙子乃亲自操枹击鼓，三令五申，其笑如故。孙子顾视，诸女连笑不止。孙子大怒，两目忽张，声如骇虎，发上冲冠，项旁绝缨，顾谓执法曰：“取鈇锧[⑤]。”孙子曰：“约束不明，申令不信，将之罪也。既以约束，三令五申，卒不却行，士之过也。军法如何？”执法曰：“斩。”武乃令斩队长二人——即吴王之宠姬也。吴王登台观望，正见斩二爱姬，驰使下之令曰：“寡人已知将军用兵矣。寡人非此二姬，食不甘味。宜勿斩之。”孙子曰：“臣既已受命为将，将法在军，君虽有令，臣不受之。”孙子复㧑[⑥]，鼓之，当左右、进退、回旋、规矩，不敢瞬目。二队寂然，无敢顾者。于是乃报吴王曰：“兵已整齐，愿王观之。惟所欲用。使赴水火，犹无难矣，而可以定天下。”吴王忽然不悦[⑦]，曰：“寡人知子善用兵，虽可以霸，然而无所施也。将军罢兵就舍，寡人不愿。”孙子曰：“王徒好其言而不用其实[⑧]。”

注释

①孙子：名武，也称孙武子。春秋时齐国人（此文说“吴人”，恐误）。我国古代杰出的军事家。他曾以兵法十三篇见吴王阖闾，被任为将，率吴军西破强楚，北威齐、晋。

②鉴辩：犹明辨，与“明知”同义。辩，通“辨”，辨别。

③折冲：使敌人的战车受挫后撤，即击退敌军。冲，冲撞敌城的战车。销：通“消”，消灭。

④被：通“披”。兜鍪 móu：战盔。

⑤铁 fū：斧也。锧：铁椹。

⑥㧑 huī：通“挥”，指挥。

⑦忽然：犹“忽忽”，惆怅失意的样子。

⑧好其言：喜欢我的言论。不用其实：不用我的实际才能，指不能在实战中发挥自己的军事才能。其，我。

译文

孙子，名武，吴国人，善于谋划用兵的方法，但他在偏僻幽深的地方隐居，所以世人没有谁知道他的才能。子胥本来就能明智地了解世事、英明地鉴别人才，他知道孙子可以击退敌军、消灭敌人，便在一天和吴王讨论用兵的时候，多次推荐孙子。吴王寻思道：

"子胥只是借口推荐贤士，实是想靠这种办法来使他自己进用。"

于是吴王便召见孙子，问他用兵的方法。孙子每陈述一篇，吴王便不知不觉地连连称好。吴王心中十分高兴，问道:"用兵的方法是否可以稍微试验一下呢？"孙子说:"可以。可以在后宫的宫女中稍微试验一下。"吴王说:"行。"孙子说:"请给我大王宠爱的妃子二人，让她们当军队的队长，使她俩每人带领一队。"于是孙子让几百个宫女都披上铠甲、戴上头盔，拿着剑和盾站着，把军队的法规告诉她们，叫她们随着鼓声或前进或后退、或向左或向右、或者旋转打圈，让她们都明了操练时的禁例。接着就命令说:"第一次敲鼓时大家都振作起来，第二次敲鼓时大家都呼喊着前进，第三次敲鼓时大家都排成作战时的阵势。"于是宫女们都捂着嘴笑。孙子便亲自拿着鼓槌敲鼓，再三命令、反复告诫，宫女们的笑声还是像原来那样。孙子转头环视一周，宫女们接连笑个不停。孙子十分愤怒，双眼忽然瞪大了，声音就像受惊的老虎一样，头发向上顶起了帽子，脖子旁边的帽带都迸断了，回头对执法官说:"拿斧头和铁砧板来。"孙子说:"禁约不明确，下了命令不守信用，是将官的罪过。已经下了禁令，而且三令五申，士兵仍不能按照命令后退前进，便是队长的罪过了。按军法该怎么办？"执法官说:"斩首。"孙武就命令杀掉两个队长——即吴王所宠爱的妃子。吴王登上阅兵台观看，正好看见要杀那两个爱妃，马上让使者奔驰而去，向孙子下达命令说："我已经知道将军能用兵了。我如果没有这两个妃子，那么吃东西就不觉得味道甜美。最好不要杀她们。"孙子说："我既然已经被任命为将官，将官在军队中执法，君主即使有命令，我也不接受它。"孙子又重新指挥，敲起战鼓，应当向左或向右、前进或后退、或转身打圈，宫女们都合乎规矩，不敢眨一下眼睛。两队宫女肃静无声，没有敢转头的。于是孙子就去汇报吴王说："军队已经操练整齐，请大王去检阅她们。只管凭大王的想法去使用她们好了。就是使她们赴汤蹈火，也不会有什么困难了，甚至可以用她们去平定天下。"吴王闷闷不乐，说："我知道您善于用兵了，虽然可以靠它来称霸，但是没有地方来用它啊。将军解散队伍回客舍去吧，我不想再检阅她们了。"孙子说："吴王只是喜欢我的理论罢了，而并不能让我付诸实施。"

子胥谏曰："臣闻：'兵者，凶事，不可空试。'故为兵者，诛伐不行，兵道不明[①]。今大王虔心思士，欲兴兵戈以诛暴楚，以霸天下而威诸侯，非孙武之将，而谁能涉淮、逾泗、越千里而战者乎[②]？"于是吴王大悦，因鸣鼓会军，集而攻楚。孙子为将，拔舒[③]，杀吴亡将二公子盖馀、烛佣。谋欲入郢[④]。孙武曰："民劳，未可，恃也[⑤]。"

注释

①兵道不明：针对上文“兵法小试”而言，指兵法不能够公开地试验。

②泗：泗水，即泗河。发源于今山东泗水县东部山区。因其四源合为一水，故名。古时泗水流经今山东曲阜、鱼台、江苏徐州，至洪泽湖畔龙集附近入淮。

③舒：在今安徽舒城县。

④郢：春秋时楚国的国都，位于今湖北荆州市西北。

⑤恃也：当作“待之”。

译文

子胥劝谏吴王说：“我听说：‘用兵打仗，是不吉祥的事，不可以毫无结果地来试验它。’所以用兵打仗的人，如果声讨攻打的事情不准备付诸实施，那么用兵之道就不应该暴露出来。现在大王恭敬虔诚地思慕贤士，想发动战争去惩罚暴虐的楚国，从而称霸天下而威服诸侯，如果不是孙武当将军，那还有谁能跨过淮河、越过泗水、驰骋千里去作战呢？”于是吴王十分高兴，就敲响战鼓会合军队，集合起来去攻打楚国。孙子当将军，攻克了舒，杀掉了吴国逃亡在外的将军——即两个公子盖馀、烛佣。吴王又和大臣谋划，想打进郢都，孙武说：“民众已经劳苦了，现在还不可以去攻打郢都，等以后再说吧。”

楚闻吴使孙子、伍子胥、白喜为将，楚国苦之，群臣皆怨，咸言费无忌谗杀伍奢、白州犁，而吴侵境，不绝于寇，楚国群臣有一朝之患。于是司马成乃谓子常曰[①]："太傅伍奢、左尹白州犁，邦人莫知其罪，君与王谋诛之，流谤于国[②]，至于今日，其言不绝。诚惑之[③]。盖闻仁者杀人以掩谤者，犹弗为也。今子杀人以兴谤于国，不亦异乎？夫费无忌，楚之谗口，民莫不知其过。今无辜杀三贤士[④]，以结怨于吴。内伤忠臣之心，外为邻国所笑。且郄、伍之家，出奔于吴。吴新有伍员、白喜，秉威锐志结雠于楚[⑤]，故强敌之兵日骇。楚国有事，子即危矣。夫智者除谗以自安，愚者受佞以自亡。今子受谗，国以危矣。"子常曰："是囊之罪也，敢不图之？"九月，子常与昭王共诛费无忌[⑥]，遂灭其族，国人乃谤止。

注释

①司马成：当作"左司马戌"，楚昭王时为左司马。司马，掌管军政的官。子常：名囊瓦，字子常，子囊之孙，楚平王十年（公元前519年）起任楚国令尹（相当于相国）。

②流谤于国：使意见流行于国内。流，流行，传播，这里是使动用法。谤，公开指责别人的过失。

③诚：真，的确。

④三贤士：指郤宛、阳令终（阳匄之子）、晋陈。

⑤锐志：志向坚决，如锋刃之锐利向前。

⑥昭王：楚昭王熊氏，名珍，一作“轸”，楚平王与秦女所生之子，公元前515—前489年在位。

译文

楚国听说吴国派孙子、伍子胥、白喜为将军，都为此叫苦不迭，群臣都怨恨万分，都说是费无忌说坏话而杀害了伍奢、白州犁，因而吴国才侵犯楚国边境，不断地来骚扰，楚国的大臣们才有这一时的祸患。于是司马成便对子常说：“太傅伍奢、左尹白州犁，国民都不知道他们有什么罪，您和国君谋划而杀害了他们，使得国内议论纷纷，直到今天，人们的意见仍然不断。我对此实在感到疑惑不解。我听说讲究仁爱的人即使杀了人能堵住人们的非议，也还是不干。现在您却杀了人在国内挑起人们的非议，不也是太奇怪了么？那费无忌，是楚国的谗佞之人，民众无不知道他的罪过。现在三位贤德之士无故被杀，以致和吴国结下了怨仇。在国内伤害了忠臣的心，在国外被邻国所耻笑。而且郄宛、伍奢的家人，出境逃到了吴国。吴国新添了伍员、白喜，掌握了威势而又一心一意和楚国作对，所以这强大的敌人所发动的战争一天比一天可怕。楚国如果发生战事，您就危险了。聪明的人除掉中伤贤良者来使自己安全无恙，愚蠢的人收留巧言谄媚者而致使自己灭亡。现在您收揽了中伤贤良的人，国家因此而危险了。”子常说：“这是我囊瓦的罪过啊，敢不图谋他吗？”九月，子常和楚昭王一起杀掉了费无忌，全部诛灭了他的家族，国内民众的非议才算止息了。

吴王有女滕玉。因谋伐楚，与夫人及女会，食蒸鱼，王前尝半而与女[①]。女怨曰：“王食我残鱼辱我[②]，我不忍久生。”乃自杀。阖闾痛之甚，葬于国西阊门外。凿地为池，积土为山，文石为椁[③]，题凑为中[④]，金鼎、玉杯、银樽、珠襦之宝[⑤]，皆以送女。乃舞白鹤于吴市中，令万民随而观之，遂使男女与鹤俱入羡门[⑥]，因发机以掩之[⑦]，杀生以送死，国人非之。

注释

①前：先。

②食 sì：给……吃。

③椁 guǒ：古代贵族死了，棺材常有几层，最里一层称“棺”，棺外各层均称“椁”。

④题凑：古代贵族死后，放棺椁的墓室里用大木累积，大木之头皆内向凑集，称为“题凑”。

⑤鼎：古代烹煮用的器物，一般做成圆形、三足两耳，也有方形四足的。

⑥羡 yán 门：墓门。羡，通“埏”，墓道。

⑦掩：乘其不备而袭取。

译文

吴王有个女儿叫滕玉。因为商量讨伐楚国的事，吴王与夫人及女儿一起会餐，吃蒸鱼的时候，吴王先吃掉了一半，然后再给女儿吃。女儿怨恨地说：“父王给我吃剩下来的鱼来侮辱我，我不能再忍气吞声地长期活下去。”于是就自杀了。阖闾为此非常悲痛，就把她葬在国都西面阊门之外。挖掘土地做成池塘，堆积泥土垒成山冈，用有纹理的石头做成外棺，在墓室中用大木头铺垫成向心形，黄金做成的鼎、宝玉做成的杯子、白银制成的酒器、珍珠镶饰的短袄之类宝物，都用来送给女儿。又在吴国国都的街市中舞弄白鹤，使成千上万的民众跟随着观看它们，于是就让男男女女和白鹤一起进入墓门，接着便打开机关来袭取他们，杀死了这些活人来殉葬，国内的民众都非议这件事。

湛卢之剑[①]，恶阖闾之无道也，乃去而出，水行如楚。

楚昭王卧而寤，得吴王湛卢之剑于床。昭王不知其故，乃召风湖子而问曰[②]：“寡人卧觉而得宝剑，不知其名，是何剑也？”风湖子曰：“此谓湛卢之剑。”

昭王曰："何以言之？"风湖子曰："臣闻吴王得越所献宝剑三枚，一曰鱼肠[③]，二曰磐郢，三曰湛卢。鱼肠之剑已用杀吴王僚也，磐郢以送其死女[④]，今湛卢入楚也。"昭王曰："湛卢所以去者何也？"风湖子曰："臣闻越王元常使欧冶子造剑五枚[⑤]，以示薛烛[⑥]。烛对曰：'鱼肠剑逆理不顺，不可服也。臣以杀君，子以杀父。'故阖闾以杀王僚。一名磐郢，亦曰豪曹，不法之物，无益于人，故以送死。一名湛卢，'五金之英[⑦]，太阳之精[⑧]，寄气托灵[⑨]，出之有神，服之有威，可以折冲拒敌。然人君有逆理之谋，其剑即出'，故去无道以就有道。今吴王无道，杀君谋楚，故湛卢入楚。"昭王曰："其直几何[⑩]？"风湖子曰："臣闻此剑在越之时，客有酬其直者，有市之乡三十、骏马千匹、万户之都二，是其一也。薛烛对曰：'赤堇之山已合无云，若耶之溪深而莫测[⑪]，群神上天[⑫]，欧冶死矣。虽倾城量金，珠玉盈河，犹不能得此宝，而况有市之乡、骏马千匹、万户之都，何足言也？'"昭王大悦，遂以为宝。

注释

①湛卢：剑名，相传为春秋时欧冶子所造。

②风湖子：春秋时人，善识剑。

③鱼肠：匕首名，因剑之纹理而得名，相传为越国欧冶子所造。

④以：通“已”。

⑤元常：当作“允常”。允常是春秋时期越国的君主，夫谭死后继位，统治时期，越国成为强国。公元前497年去世，其子勾践继位。

⑥薛烛：春秋时秦国人，善于鉴别宝剑。

⑦五金：金、银、铜、铁、锡五种金属，此泛指金属。

⑧太阳之精：指该剑在冶炼时达到了炉火纯青的境地。太阳，旺盛的阳气。阳，阳气。

⑨气：我国古代哲学概念，指构成宇宙万物的物质元素。托灵：与“寄气”同义。灵，《大戴礼记·曾子天圆》：“阳之精气曰神，阴之精气曰灵。”

⑩直：同“值”，价钱，价值。

⑪赤堇之山已合：表示已不能取到好锡。若耶之溪深：表示已无法取到好铜。古代在铁器发明之前，大量使用的是青铜（铜、锡合金）器。所铸刀剑也往往用青铜，今出土的吴、越兵器即如此。赤堇山，又名鄞城山、铸浦山，在今浙江绍兴东南。山有草曰赤堇，故名，而其县也因名为鄞县。若耶溪，一作若邪溪，又名五云溪，在浙江绍兴东南若邪山下。

⑫群神上天：相传欧冶子铸纯钩之剑，群神都参与其事。群神上天，表示已不能依靠天神铸出如此好剑了。

译文

那把名为湛卢的宝剑，憎恶阖闾的暴虐无道，就离开阖闾而逃出了吴国国都，在水中漂游而到了楚国。

楚昭王睡觉醒来，便在床上得到了吴王的湛卢宝剑。昭王不知这其中的缘故，就把风湖子召来问他说："我睡醒过来便得到这把宝剑，不知道它的名称，这是什么剑啊？"风湖子说："这叫湛卢宝剑。"昭王说："你凭什么来论断它的呢？"风湖子说："我听说吴王得到越国所献的宝剑三把，第一把叫鱼肠，第二把叫磐郢，第三把叫湛卢。鱼肠那把宝剑已经用于刺杀吴王僚，磐郢已经送给了他那死去的女儿。现在湛卢宝剑来到了楚国。"昭王说："湛卢宝剑离开吴王的原因是什么呢？"风湖子说："我听说越王元常让欧冶子造了五把剑，将它们拿给薛烛看。薛烛回答说：'鱼肠剑纹理逆反而不顺，不可以佩带啊。臣子将用它来杀害君主，儿子将用它来杀害父亲。'所以阖闾用它来杀了吴王僚。还有一把剑称为磐郢，也叫豪曹，是件不合规范的东西，对人没有什么好处，所以用它来送葬。还有一把名叫湛卢，薛烛说它'含有各种金属的精华，蕴蓄了盛阳的结晶，寄寓着灵异的精气，把它拔出来便有烁烁神光，把它佩带在身上就有威势，可以击退敌军、抵抗敌人。但如果君主有违背天理的阴谋，那把宝剑就会外出'，所以它会离开暴虐无道之人而归附有德有义之君。现在吴王暴虐无道，杀害国君图谋楚国，所以湛卢剑就到了楚国。"昭王说："湛卢剑的价值是多少？"风湖子说："我听说这把剑在越国的时候，外商中有人还它的价钱是，含有市镇的乡里三十个、骏马一千匹、拥有上万户人家的大城市两个，这是其中的一种价钱。当时薛烛回答说：'赤堇山已经合拢而没有了云气，若耶溪已经深得不能测量，群神都已上了天，欧冶子已经死了。即使是用整座城才能度量的黄金，多得塞满了河道的珍珠宝玉，也不能换得这样的宝剑，更何况是那含有市镇的乡里、骏马一千匹、拥有上万户人家的大城市，哪里值得你说出口呢？'"楚昭王听了十分高兴，就把这把湛卢剑当作宝贝。

阖闾闻楚得湛卢之剑，因斯发怒，遂使孙武、伍胥、白喜伐楚。子胥阴令宣言于楚曰："楚用子期为将[①]，吾即得而杀之；子常用兵，吾即去之。"楚闻之，因用子常，退子期。吴拔六与潜二邑[②]。

注释

①子期：是楚国有政治和战争经验的大臣，公元前479年白公胜发动政变时被杀。

②六：在今安徽六安市北。潜：在今安徽霍山县南。

译文

阖闾听说楚国得到了湛卢宝剑，因此发怒了，就派孙武、伍子胥、白喜攻打楚国。伍子胥便在暗中派人到楚国扬言说：“楚国如果任用子期当将军，我们就将擒获他而把他杀了；如果子常指挥军队作战，我们就将离开楚国。”楚国听说了这些话，就任用子常，而不用子期。结果吴国攻克了六和潜两个城邑。

五年，吴王以越不从伐楚，南伐越。越王元常曰：“吴不信前日之盟。弃贡赐之国而灭其交亲。”阖闾不然其言，遂伐，破槜里①。

注释

①槜 zuì 里：即槜李，又作醉李、就李，地名。在今浙江嘉兴市西南。

译文

五年（公元前 510 年），吴王因为越国不跟随自己攻打楚国，所以向南讨伐越国。越王元常说：“是吴国不信守从前的盟约，抛弃进献地方物产的臣服之国而使我们之间的亲密关系毁于一旦。”阖闾不把他的话当作一回事，就发起进攻，攻破了槜李。

六年，楚昭王使公子囊瓦伐吴[①]，报潜、六之役。吴使伍胥、孙武击之，围于豫章[②]。吴王曰："吾欲乘危入楚都而破其郢。不得入郢，二子何功？"于是围楚师于豫章，大破之。遂围巢[③]，克之，获楚公子繁以归，为质。

注释

①囊瓦：字子常，子囊之孙，楚平王十年（公元前519年）起任楚国令尹（相当于相国）。

②豫章：地名，在汉水之东、长江之北，汉代以后属江夏郡，位于今武汉市以北。

③巢：原为殷商旧国，汤流放桀于南巢，即此。春秋时为巢国。故城在今安徽巢湖市西南。此时大概为楚所占据。

译文

六年（公元前509年），楚昭王派子常进攻吴国，以报复潜、六被攻克那一仗。吴国派伍子胥、孙武还击楚军，把他们包围在豫章。吴王说："我想趁楚国危难之际攻进楚国国都而摧毁他们的郢城。如果不能打进郢都，二位又有什么功劳呢？"于是伍子胥、孙武把楚军包围在豫章后，大规模地歼灭他们。接着又包围了巢，并攻克了它，俘虏了楚国的公子繁才回师，把他带回作为人质。

九年，吴王谓子胥、孙武曰："始子言郢不可入，今果何如？"二将曰："夫战，借胜以成其威，非常胜之道。"吴王曰："何谓也？"二将曰："楚之为兵，天下强敌也，今臣与之争锋，十亡一存。而王入郢者，天也。臣不敢必。"吴王曰："吾欲复击楚，奈何而有功？"伍胥、孙武曰："囊瓦者，贪而多过于诸侯，而唐、蔡怨之[①]。王必伐，得唐、蔡。""何怨？"二将曰："昔蔡昭公朝于楚[②]，有美裘二枚、善珮二枚，各以一枚献之昭王。王服之以临朝。昭公自服一枚，子常欲之，昭公不与，子常三年留之，不使归国。唐成公朝楚，有二文马[③]，子常欲之，公不与，亦三年止之。唐人相与谋，从成公从者请马以赎成公。饮从者酒[④]，醉之，窃马而献子常。常乃遣成公归国。群臣诽谤曰：'君以一马之故，三年自囚。愿赏窃马之功。'于是成公常思报楚，君臣未尝绝口。蔡人闻之，固请献裘、珮于子常。蔡侯得归，如晋告诉，以子元与大夫之子质，而请伐楚。故曰'得唐、蔡而可伐楚'。"

注释

①唐：古国名，姬姓，在今湖北随州市境内。公元前505年灭于楚。蔡：古国名，春秋时由于受楚国的逼迫，多次迁都。蔡平侯迁新蔡（今属河南），蔡昭侯迁州来（今安徽凤台），称为下蔡。公元前447年为楚所灭。

②蔡昭公：即蔡昭侯，名申，蔡悼侯之弟，公元前518—前491年在位。

③文马：此指身有花纹的骏马骕骦。

④饮yìn：给……喝。

译文

九年（公元前506年），吴王对子胥、孙武说："当初你们说郢都不可能攻进去，现在究竟怎么样？"两位将军说："打仗，凭借着胜利来成就自己的威势，并不是永远能取胜的办法。"吴王说："你们的话是什么意思？"两位将军说："楚国从军事力量上来说，是天下一个强大的敌人。现在我们和他们决一胜负，十成会灭亡而只有一成存活的希望。因而大王要攻入郢都，就得靠上天了。我们不敢肯定。"吴王说："我想再去攻打楚国，怎样才有功效？"伍子胥、孙武说："囊瓦这个人，生性贪婪而多次得罪于诸侯，因而唐、蔡两国怨恨他。大王如果一定要去攻打楚国，就应该得到唐、蔡两国的援助。”吴王问：“他们之间有什么怨恨呢？”两位将军说：“从前蔡昭侯去朝见楚王，有美丽的裘皮大衣两件和精巧的珮玉两块，他分别拿一件裘皮大衣和一块珮玉献给了楚昭王。楚昭王穿着裘皮大衣、佩带着珮玉去上朝听政。蔡昭侯自己也穿了一件裘皮大衣、佩带着一块珮玉，子常想得到它们，蔡昭侯不给，子常就把他扣留了三年，不让他回国。唐成公朝见楚王，有两匹身有花纹的骕骦马，子常想得到它们，唐成公不给，子常也把他扣留了三年。唐国的一些人互相谋划，准备从成公的侍从那里求得这两匹马来赎成公。于是就给成公的侍从喝酒，把他们灌醉了，便偷了马去献给子常，子常才让成公回国。大臣们都非议说：‘国君因为一匹马的缘故，使自己被囚禁了三年。希望国君对偷马的功劳加以奖赏。’从此，成公时常想着报复楚国，报仇的呼声在君臣的口中从未间断过。蔡国人听说了唐成公被赎的事，就坚决请求国君把裘皮大衣和珮玉献给子常。蔡昭侯因而得以回国，于是到晋国诉说怨苦，把儿子元以及大夫的儿子作为人质，以此来请求晋国讨伐楚国。所以我们说‘得到了唐国、蔡国的援助就可以讨伐楚国了’。”

吴王于是使使谓唐、蔡曰：“楚为无道，虐杀忠良，侵食诸侯，困辱二君。寡人欲举兵伐楚，愿二君有谋。”唐侯使其子乾为质于吴[1]。三国合谋伐楚，舍兵于淮汭[2]，自豫章与楚夹汉水为阵。子常遂济汉而阵，自小别山至于大别山[3]，三不利，自知不可进，欲奔亡。史皇曰："今子常无故与王共杀忠臣三人[4]，天祸来下，王之所致。"子常不应。

注释

①唐侯：当作"蔡侯"，见《左传·定公四年》。

②汭 ruì：河流的北岸叫汭。蔡国当时的国都在今安徽凤台，即淮河北岸，所以三国的水军驻扎在淮汭。

③小别山：古又名甑山，在今湖北省汉川市南。大别山：古又名鲁山、翼际山，在今武汉市西南鹦鹉洲之北。

④常：通"尝"。三人：指郤宛、阳令终（阳匄之子）、晋陈。

译文

吴王于是派使者对唐、蔡两国国君说："楚国干暴虐无道的事，残酷地杀害忠诚善良的人，侵略别国，拘禁侮辱两位君主。我想起兵讨伐楚国，希望两位国君一起来出谋划策。"蔡昭侯让他的儿子乾到吴国做人质。吴、蔡、唐三国合谋攻打楚国，先将军队驻扎在淮河的北岸，接着在豫章和楚国夹着汉水布好战阵。子常就渡过汉水并布好战阵，从小别山到大别山，三次失利，自知不能挺进了，就想逃跑。史皇对子常说："你曾经无缘无故和楚王一起杀死了三个忠臣，现在天灾降临，实是楚王招致的。”子常并没有回答。

十月，楚二师阵于柏举[①]。阖闾之弟夫概晨起请于阖闾曰：“子常不仁，贪而少恩，其臣下莫有死志，追之，必破矣。”阖闾不许。夫概曰：“所谓‘臣行其志不待命’者，其谓此也。”遂以其部五千人击子常。大败，走奔郑，楚师大乱，吴师乘之，遂破楚众。楚人未济汉，会楚人食，吴因奔而击，破之雍滞[②]。五战，径至于郢。

注释

①柏举：楚地，在今湖北麻城市东。

②雍滞：据《左传·定公四年》，当作“雍澨”，“滞”当为“澨”之音误。雍澨即司马河，位于今湖北京山县西南，为京山古三澨之一。

译文

十月，双方的军队在柏举摆好战阵。阖闾的弟弟夫概早晨起床后向阖闾请求说：“子常暴虐，贪婪而缺少恩爱之情，他的臣下没有一个抱有为他殉身的志向，如果追击他们，他们一定会全线崩溃。”阖闾不同意。夫概说：“人们所说的‘臣子按照自己的意志去行动而不去等待君主的命令'，大概就是说的现在这种情况吧。"于是他就用自己的部属五千人去攻击子常。子常大败，逃跑到郑国，楚国的军队大乱，吴国的军队追击他们，于是就攻破了楚军。楚军还没有渡过汉水，又恰逢楚国的士兵在吃饭，吴军便趁机去攻击他们，在雍澨把楚军打败了。吴军打了五仗，便直达郢都。

王追于吴寇[①]，出，固将亡[②]，与妹季芈出河、濉之间[③]。楚大夫尹固与王同舟而去。

吴师遂入郢，求昭王。

王涉濉，济江，入于云中[④]。暮宿，群盗攻之，以戈击王头。大夫尹固隐王，以背受之，中肩。王惧，奔郧[⑤]。大夫钟建负季芈以从。

郧公辛得昭王[⑥]，大喜，欲还之。其弟怀怒曰："昭王是我雠也。"欲杀之，谓其兄辛曰："昔平王杀我父，吾杀其子，不亦可乎？"辛曰："君讨其臣，敢雠之者？夫乘人之祸，非仁也；灭宗废祀，非孝也；动无令名，非智也。"怀怒不解，辛阴与其季弟巢以王奔随[⑦]。

吴兵逐之，谓随君曰："周之子孙在汉水上者，楚灭之谓[⑧]。天报其祸，加罚于楚，君何宝之[⑨]？周室何罪？而隐其贼。能出昭王，即重惠[⑩]也。"随君卜昭王与吴王，不吉，乃辞吴王曰："今随之僻小，密近于楚，楚实存我。有盟，至今未改。若今有难而弃之，何以事君？今且安静，楚敢不听命？”吴师多其辞，乃退。

是时大夫子期虽与昭王俱亡，阴与吴师为市，欲出昭王。王闻之，得免，即割子期心以与随君盟而去。

注释

①追：此用作被动词。

②固将：姑且。固，通“姑”，姑且。将，且，姑且。

③季芈 mǐ：季是伯仲叔季之季，表示排行最小。芈是姓。河濉：河，即黄河。濉，通“沮”，即今沮水，源出今湖北保康县西南。

④云：即云梦泽，跨越长江南北，可单言“云”或“梦”。

⑤郧 yún：古国名，在今湖北安陆市。盖昭王逃离云中后，又复渡江北上。

⑥郧公辛：即斗成然（亦作蔓成然、曼成然，字子旗，曾为楚国令尹）之子斗辛。楚平王元年（公元前528年）九月，平王杀斗成然，使斗辛居郧。

⑦随：西周初分封的诸侯国，姬姓，故城在今湖北随州市南。春秋后期成为楚国的附庸。

⑧楚灭之谓：即“谓楚灭”。据《史记·楚世家》，楚武王三十五年（公元前706年）伐随，三十七年，始开濮地而有之；五十一年，又伐

随。至楚文王六年（公元前684年），伐蔡，楚强，陵江、汉间小国，小国皆畏之。吴国与随国皆为周之后裔，姬姓。吴作此语，是想利用宗法观念使随君放出楚昭王。

⑨宝：意动用法，以……为宝。指把昭王当作宝贝藏起来。

⑩重惠：双重的恩惠。指对天、对周王室都有恩德。

译文

楚昭王被吴国侵略军追逐，逃出国都，姑且外出逃亡，和妹妹季芈出逃在黄河、沮水之间。楚国的大夫尹固和昭王同船离去。

吴国的军队便进入郢都，搜索昭王。

昭王渡过沮水，又渡过长江，进入云泽中。夜晚住宿时，强盗们打劫他，用戈砍击昭王的头。大夫尹固掩护昭王，用自己的背来挡住戈，结果戈击中了肩膀。昭王十分恐惧，逃亡到郧城，大夫钟建背着季芈跟随着昭王。

郧公斗辛迎得昭王，十分高兴，想保护他回国。他的弟弟斗怀则愤怒地说："昭王是我们的仇人啊。"斗怀想杀掉昭王，对他的哥哥斗辛说："从前平王杀了我们的父亲，我们杀掉他的儿子，不也是可以的么？"斗辛说："君主讨伐他的臣子，臣子敢和他作对吗？再说，趁别人遭殃时去杀害他，并不是仁；杀死了君主而使自己的宗族被诛灭、祭祀被废除，并不是孝；干了事而没有好名声，并不是智。”斗怀的怒气并没有消除，斗辛便暗中和他的小弟斗巢伴随昭王一起逃奔随国。

吴军追击他们，对随国的国君说：“周天子的子孙被封在汉水一带的，听说都被楚国灭掉了。现在上天为他们的灾难而进行报复，对楚国施加惩罚，您为什么要把昭王当作宝贝呢？周王室有什么罪过？而您却窝藏其敌人。如果您能交出昭王，那就有双重的恩惠了。”随国的国君为把昭王送交吴王的事占了个卜，占卜的结果不吉利，于是就拒绝吴王说：“现在随国这样偏僻狭小，紧靠着楚国，楚国实在是保存了我们。我们和楚国订有盟约，直到今天也没有改变。如果现在楚国有了灾难就抛弃他们，那凭什么来侍奉您呢？现在您姑且让楚国安定下来，楚国敢不听您的命令吗？”吴军赞赏他的这番话，就退兵了。

这时楚国大夫子期虽然和昭王一起逃亡，却暗地里与吴军进行交易，想献出昭王。昭王听说了这件事，方得免遭祸害，于是就割了子期的心和随国国君缔结了盟约，然后就离开了随国。

吴王入郢，止留。伍胥以不得昭王，乃掘平王之墓，出其尸，鞭之三百，左足践其腹，右手抉其目，诮之曰[①]：“谁使汝用谗谀之口杀我父兄？岂不冤哉？”即令阖闾妻昭王夫人[2]，伍胥、孙武、白喜亦妻子常、司马成之妻，以辱楚之君臣也。

注释

①诮 qiào：责备，谴责。

②妻：这里作动词，意即“奸”。

译文

吴王进入郢都，便滞留在那里。伍子胥因为没有擒获昭王，就掘开了平王的坟墓，挖出平王的尸体，鞭打了三百下，用左脚踩他的腹部，用右手挖出他的眼睛，谴责他说：“谁让你听从那诋毁奉承的话而杀死了我的父兄？难道不冤枉吗？”于是就叫阖闾奸淫昭王的夫人，伍子胥、孙武、白喜也奸淫子常、司马成的妻子，以此来侮辱楚国的君臣。

遂引军击郑。郑定公前杀太子建而困迫子胥，故怨郑。兵将入境，郑定公大惧[1]，乃令国中曰：“有能还吴军者，吾与分国而治。”渔者之子应募[2]，曰：“臣能还之。不用尺兵斗粮，得一桡[3]，而行歌道中，即还矣。”公乃与渔者之子一桡。子胥军将至，当道扣桡而歌曰：“芦中人！”如是再。子胥闻之，愕然大惊[4]，曰：“何等人者？”即请与语：“公为何谁矣？”

曰："渔父者子。吾国君惧怖，令于国：'有能还吴军者，与之分国而治。'臣念前人与君相逢于途，今从君乞郑之国。"子胥叹曰："悲哉！吾蒙子前人之恩，自致于此。上天苍苍，岂敢忘也？"于是乃释郑国，还军守楚，求昭王所在日急。

注释

①郑定公：此处乃涉上而误，当为郑献公。郑献公，定公之子，名虿，公元前513—前501年在位。

②渔者：伍子胥当年与王孙胜逃往吴国时，奔亡到吴楚边界，遇上大江，无舟可渡。恰巧遇上楚国渔父，让二人先躲在江边芦苇中避过他人耳目，然后渡二人过江。又为二人取来饮食。子胥问渔父名，渔父自称"渔丈人"，而呼子胥为"芦中人"。后为示绝不泄密，渔父覆船自沉于江。

③桡 ráo：小楫。

④愕然：吃惊的样子。

译文

接着伍子胥又带领军队攻打郑国。郑定公从前杀了楚太子建而使伍子胥艰难窘迫，所以子胥怨恨郑国。吴军将进入郑国国境。郑献公十分恐惧，就向国内发布命令说："有谁能够退去吴军，我就和他平分郑国而一起统治。"渔翁的儿子接受招募，说："我能使他们回去。

我连尺把长的短小兵器和斗把军粮都不必使用，只要得到一支小桨而在路上边走边唱，吴军就会回去了。”郑献公就给了这渔翁的儿子一支船桨。子胥的军队将要到了，渔翁的儿子便拦路敲着船桨而唱道：“芦苇中的人啊！”像这样唱了两遍。子胥听到这声音，吃惊得直发愣，说：“是什么人啊？”便请来和他交谈，问他说：“您是什么人啊？”那人说：“我是那渔翁的儿子。我的国君十分恐惧，向国内发布命令说：‘有谁能退去吴军，就和他平分郑国而一起统治。’我想到先父与您曾在路上有一面之交，所以现在向您乞求保全郑国。”子胥感叹地说：“可悲啊！我受到您父亲的恩惠，使自己弄到这种尴尬的地步。上天苍苍，我难道敢忘恩负义么？”于是就放弃郑国，回师守卫楚国，搜寻楚昭王的住地日益急迫。

申包胥亡在山中[①]，闻之，乃使人谓子胥曰：“子之报雠，其以甚乎[②]！子，故平王之臣，北面事之[③]。今于僇尸之辱[④]，岂道之极乎？”子胥曰：“为我谢申包胥曰：‘日暮路远，倒行而逆施之于道也。’”

申包胥知不可，乃之于秦，求救楚。昼驰夜趋，足踵蹠劈[⑤]，裂裳裹膝，鹤倚哭于秦庭[⑥]，七日七夜，口不绝声。秦桓公素沉湎[⑦]，不恤国事。申包胥哭已歌曰[⑧]：“吴为无道，封豕长蛇[⑨]，以食上国，欲有天下。政从楚起[⑩]，寡君出[⑪]，在草泽[⑫]，使来告急[⑬]。”如此七日，桓公大惊：“楚有贤臣如是，吴犹欲灭之。寡人无臣若斯者，其亡无日矣。”为赋《无衣》之诗[⑭]，曰：

“岂曰无衣？与子同袍。

王于兴师，与子同仇。”

包胥曰：“臣闻戾德无厌[⑮]。王不忧邻国[⑯]，壃埸之患[⑰]。逮吴之未定，王其取分焉[⑱]。若楚遂亡，于秦何利？则亦亡君之土也。愿王以神灵存之，世以事王。”秦伯使辞焉[⑲]，曰：“寡人闻命矣。子且就馆，将图而告。”包胥曰：“寡君今在草野，未获所伏。臣何敢即安？”复立于庭，倚墙而哭，日夜不绝声，水不入口[⑳]。秦伯为之垂涕，即出师而送之。

注释

①申包胥：春秋时楚国大夫，姓公孙，封于申而以申为氏，故称。

②以：通“已”，太。

③北面：朝北。古代君主在朝廷上朝南而坐，臣子向北朝拜，所以“北面”表示在臣位上。

④僇 lù：施刑折磨。此指鞭打平王之尸。

⑤踵 zhǒng：脚后脚。蹠 zhí：脚掌。

⑥鹤倚：当作“鹤跱倚墙”。鹤跱，即鹤立，像鹤一样企足而立，含有企望之意。

⑦秦桓公：实为秦哀公，译文亦纠正。沉湎：沉溺于酒。

⑧已：通“以”，而。歌：吟唱。此指长歌当哭之类，现今有些地方哭丧时犹有边哭边吟唱其词以诉苦陈事的习俗。

⑨封豕长蛇：大猪与长蛇。此比喻贪暴的元凶首恶。

⑩政：通“征”，征伐。

⑪寡君：人臣对别国谦称自己的国君为“寡君”，意为孤寡之君。

⑫草泽：泛指荒野。

⑬告急：告诉危急之事，即遇上危难而向人求救。

⑭赋：朗诵（诗）。春秋时代，为了使外交辞令显得典雅，往往断章取义地朗诵《诗经》中的某些诗句来表达自己的意见。秦哀公朗诵《无衣》诗，表示自己决心与楚国同仇敌忾，出兵援救楚国。

⑮戾lì：凶暴。厌：满足。

⑯邻国：秦之邻国，此指楚国。

⑰壃埸yì：边境，边界。壃，同“疆”。

⑱其：表示劝告的语气词。分：全数的一部分，即指楚国的一部分。

⑲秦伯：秦国初封时为伯爵，所以秦国的君主称秦伯。

⑳水不入口：此即以绝食的方式来表示自己为国殉身、不达到目的决不罢休的意思。

译文

申包胥逃亡在山中，听说了这种情况，便派人对子胥说："您的报仇，或许太过分了吧！您过去是平王的臣子，处在臣位上侍奉他。现在对于这鞭打尸体的耻辱，难道是道义的最高境界么？"子胥说："你替我辞谢申包胥说：'我复仇的时间怕不多了，就像太阳已下山而路途还遥远一样，所以我就对此倒行逆施不顾情理了。"

申包胥知道劝说子胥行不通，就到了秦国，恳求秦国援救楚国。他日夜奔走，脚跟、脚底都破裂开来了，还撕下衣裳包住了膝部，像鹤一样站在秦国的朝廷上，靠着墙啼哭，七天七夜，嘴里哭声从未断过。秦哀公一向沉溺于花天酒地之中而不关心国家的政事。申包胥一边哭一边吟唱道："吴国暴虐无道啊，就像大猪和长蛇；来蚕食中原各国啊，想要占有整个天下。征伐从楚国开始啦，我的君主逃到国外，流落于荒野啊，派我来告急。"像这样哭吟了七天，秦哀公十分吃惊："楚国有这样的贤德之臣，吴国尚且要灭掉它。我没有这样的臣子，那么我的灭亡也就要不了几天了。"他便给申包胥朗诵了《无衣》这首诗，吟道：

"难道能说没衣裳？和您一同穿军装。

大王发动去打仗，和您仇敌一个样。"

申包胥说："我听说暴行是没有止境的。大王如果不为邻国担忧，那就会有边境被侵扰的祸患。趁现在吴国还没有把楚国完全平定，大王还是去夺取一部分吧。如果楚国因为吴国的攻伐就灭亡了，这对秦国有什么好处呢？那样的话，还会使您的国土沦丧啊。请大王凭借您的神通威灵保存楚国，让楚国世世代代来侍奉大王。”秦哀公派人去打发他，说：“我听到您的话了。您暂且到宾馆去，我将在谋划好以后来告诉您。”申包胥说：“我的君主现在流落在荒野，还没有得到栖身之地。我哪里敢去安心休息呢？”就又站在秦国的朝廷上，靠着墙痛哭，哭声日夜不断，连水也不喝。秦哀公被他感动得掉下了眼泪，就派出军队送他回楚国。

十年，秦师未出。越王元常恨阖闾破之槜里，兴兵伐吴。吴在楚，越盗掩袭之①。

注释

①掩：隐蔽。

译文

十年（公元前 505 年），秦国的军队还没有出动。越王元常怨恨阖闾攻破了他的槜里，就起兵攻打吴国。当时吴军在楚国，越国就像盗贼似的偷偷地袭击过去。

六月，申包胥以秦师至[1]。秦使公子子蒲、子虎率车五百乘救楚击吴[2]。二子曰："吾未知吴道。"使楚师前与吴战[3]，而即会之，大败夫概。

注释

①以：与。

②乘 shèng：量词，春秋时战车一辆称一乘，每乘配备四匹马、三个甲士、七十二个步兵。

③前：先。

译文

六月，申包胥和秦国的军队到了。秦国派公子子蒲、子虎率领战车五百辆来援救楚国而攻打吴国。两位公子说："我们还不了解吴国的战术。"就让楚军先和吴军交锋，然后马上和楚军会合，把夫概打得大败。

七月，楚司马子成、秦公子子蒲与吴王相守，私以间兵伐唐[1]，灭之。子胥久留楚，求昭王，不去。

注释

①间 jiàn：秘密。

译文

七月，楚国的司马成、秦国的公子子蒲在和吴王互相对峙防守时，又偷偷地用秘密部队去攻打唐国，把它消灭了。子胥长期留在楚国，搜索楚昭王，不离开楚国。

夫概师败，却退。九月，潜归，自立为吴王。阖闾闻之，乃释楚师，欲杀夫概。奔楚，昭王封夫概于棠溪[①]。阖闾遂归。

注释

①棠溪：春秋时属楚，战国时属韩，故址在今河南遂平县西北。

译文

夫概的部队被打败后，就退却了。九月，他偷偷地回到吴国，擅自立为吴王。阖闾听说了这件事，就放开楚军，想去攻杀夫概。夫概逃奔楚国，楚昭王把夫概封在棠溪。阖闾就回到了吴国。

子胥、孙武、白喜留，败楚师于雍澨。秦师又败吴师。楚子期将焚吴军[①]，子西曰[②]："吾国父兄身战暴骨草野焉[③]，不收，又焚之，其可乎[④]？”子期曰：“亡国失众，存没所在，又何杀生以爱死[⑤]？死如有知，必将乘烟，起而助我；如其无知，何惜草中之骨而亡吴国？”遂焚而战，吴师大败。

子胥等相谓曰：“彼楚虽败我馀兵[⑥]，未有所损我者。”孙武曰：“吾以吴干戈[⑦]，西破楚，逐昭王而屠荆平王墓，割戮其尸，亦已足矣。”子胥曰：“自霸王以来，未有人臣报雠如此者也。行去矣！”

注释

①子期：楚平王之子、子西之弟公子结，楚国大臣，公元前479年白公胜发动政变时被杀。

②子西：楚平王的长庶子、昭王的庶兄公子申，昭王、惠王时任令尹。公元前479年白公胜作乱时被杀。

③暴pù骨：暴露尸骨，指死于野外。

④其：通“岂”。

⑤杀生：指不焚吴军而致使楚军被吴军攻击屠杀。

⑥馀兵：多余的军队。这是自我掩饰之词。

⑦干戈：古代常用的兵器，此指战争工具，包括战士和兵器。干，盾。戈，戟。

译文

子胥、孙武、白喜留在楚国，在雍澨打败了楚军。

秦军又打败了吴军。楚国的子期准备火烧吴军，子西说："我国父兄亲自出战而尸骨抛散在荒野，不但不收敛埋葬，却又要焚烧他们，怎么可以呢？"子期说："国家灭亡而丧失民众，这是我们生死存亡的要害所在，又为什么要用葬送生者的办法去爱惜死者呢？再说，死者如果有知觉的话，一定会凭借火烟，起来帮助我们；如果他们没有知觉的话，那又为什么要爱惜荒野中的尸骨而舍不得灭掉吴国呢？"于是就放火焚烧吴军而和他们作战，吴军大败。

子胥等人互相议论说："那楚国虽然打败了我们的余部，但并没有给我们造成什么损害啊。"孙武说："我们用吴国的军队，向西攻破了楚国，追击了昭王并在楚平王坟墓上进行屠杀，斩割了他的尸体，这也已经足够了。"子胥说："自从有了霸主帝王以来，还没有臣子像这样来报仇的。我们可以走啦！"

吴军去后，昭王反国[①]。乐师扈子非荆王信谗佞杀伍奢、白州犁而寇不绝于境，至乃掘平王墓、戮尸奸喜以辱楚君臣，又伤昭王困迫，几为天下大鄙，然已愧矣。乃援琴为楚作《穷劫之曲》[②]，以畅君之迫厄，之畅达也。其词曰：

"王耶王耶何乖烈[③]，不顾宗庙听谗孽[④]。

任用无忌多所杀，诛夷白氏族几灭[⑤]。

二子东奔适吴越[6]，吴王哀痛助忉怛[7]。

垂涕举兵将西伐，伍胥白喜孙武决[8]。

三战破郢王奔发，留兵纵骑虏荆阙[9]。

楚荆骸骨遭发掘，鞭辱腐尸耻难雪[10]。

几危宗庙社稷灭[11]，严王何罪国几绝[12]。

卿士凄怆民恻悷[13]，吴军虽去怖不歇[14]。

愿王更隐抚忠节[15]，勿为谗口能谤亵[16]。”

昭王垂涕，深知琴曲之情。扈子遂不复鼓矣。

注释

①反：通“返”。

②穷劫：困迫。穷，困厄。劫，窘迫。

③乖烈：违背情理。

④宗庙：天子、诸侯祭祀祖先的庙宇。封建帝王把天下据为一家所有，世代相传，故以宗庙作为王室、国家的代称。谗孽：说别人坏话的坏人，此指费无忌。

⑤诛：杀死。夷：灭族。族：家族。几：几乎，差一点。

⑥二子：指伍子胥与白喜。吴越：指吴国。“越”为连类而及之词，在这里只是凑一个音节。

⑦助忉怛 dāo dá：指帮助伍子胥、白喜报仇。忉怛，忧伤，痛苦。这里指伍子胥、白喜的心情。

⑧决：决策。

⑨留兵：指吴军留守楚国郢都。纵骑：放纵驰骋。虏：掳掠。荆阙：楚国的王宫。

⑩雪：洗刷。

⑪社稷：土地神和谷神，是古代国家政权的象征。

⑫严王：当指"庄王"，即楚庄王，春秋五霸之一，熊氏，名旅，公元前613—前591年在位。绝：指断绝国统。

⑬恻悷 cè lì：悲伤。

⑭怖：恐惧。歇：停息，完结。

⑮更：改变，更正。隐：隐括，矫正的意思。抚：安抚，抚慰。忠节：忠诚而有节操之士。

⑯亵 xiè：亵渎，轻慢。

译文

吴国的军队离去以后，楚昭王返回了国都。乐师扈子责怪楚王听信能说会道，说人坏话的奸臣而杀害伍奢、白州犁以致外国的侵扰在边境上不断发生，甚至于竟然掘开平王的坟墓、宰割平王的尸体、肆意奸淫昭王等的妻子来侮辱楚国的君臣，又伤心昭王困厄窘迫，差一点成为天下最鄙陋卑贱的人，现在这样，也已经够惭愧的了。于是便拿过琴来给楚王作了一首《穷劫之曲》，用它来悲歌国君的窘迫困厄，以便尽情地表达这一段往事。他的歌词是：

"王啊王啊多乖戾，不顾国家听谗孽。

任用无忌杀人多，残杀白家族近灭。
两人东逃到吴国，吴王哀痛助伤悲。
垂泪兴兵将西伐，伍胥白喜孙武谋。
三战破郢王逃走，驻军横行抢宫闱。
楚王尸骨被挖掘，鞭辱腐尸耻难退。
国家危险几灭亡，庄王何罪国近废。
官吏悲痛民忧伤，吴军虽走心尚畏。
愿王改正爱忠臣，别让谗佞能诋毁。”

昭王流下了眼泪，深切地知道这首琴曲所要表达的实情。扈子也就不再弹奏了。

子胥等过溧阳濑水之上，乃长太息曰："吾尝饥于此，乞食于一女子。女子饲我，遂投水而亡。"将欲报以百金而不知其家，乃投金水中而去。

有顷，一老妪行哭而来。人问曰："何哭之悲？"妪曰："吾有女子，守居三十不嫁。往年击绵于此，遇一穷途君子，而辄饭之。而恐事泄，自投于濑水。今闻伍君来，不得其偿。自伤虚死，是故悲耳。"人曰："子胥欲报百金，不知其家，投金水中而去矣。"妪遂取金而归。

译文

子胥等经过溧阳溧水的岸边，子胥便长长地叹息着说："我曾经在这里饿了，向一个女子讨饭。那女子拿食物给我吃，接着又跳河自杀了。"子胥想拿一百镒黄金报答她，却又不知道她的家在哪里，于是把黄金投入溧水中便走了。

过了一会儿，一个老太边走边哭而来，有人问她说："为什么哭得这样悲哀？"老太说："我有个女儿，守节独居三十年不嫁。前些年她在这儿捣丝，碰上一个身陷困境的先生，就立即给他饭吃。而怕事情泄露，便自己跳进溧水自杀了。现在听说伍先生来，却不能得到他的酬报。我伤心她白死了，所以才很悲哀啊。"那人说："子胥想用一百镒黄金报答她，因为不知道她的家在哪里，所以把黄金投入溧水中就走了。"老太就取了这些黄金回家了。

子胥归吴。吴主闻三帅将至[①]，治鱼为脍[②]。将到之日，过时不至，鱼臭。须臾，子胥至。阖闾出脍而食[③]，不知其臭。王复重为之，其味如故。吴人作脍者，自阖闾之造也[④]。

注释

①三帅：指伍子胥、白喜、孙武。

②脍 kuài：切细的鱼肉。

③食：给……吃。

④造：开始。

译文

子胥班师回吴。吴王听说三位将帅即将到来，便杀鱼做脍食。他们要来的那一天，超过时限还没有到，脍食臭掉了。一会儿，子胥到了。阖闾就端出脍食来给他吃，子胥却不觉得脍食臭。吴王又重新做了些脍食，它的味道还是像原来那样。吴国人做脍食，是从阖闾开始的。

诸将既从还楚，因更名阊门曰破楚门。复谋伐齐，齐子使女为质于吴[①]，吴王因为太子波聘齐女[②]。女少，思齐，日夜号泣[③]，因乃为病。阖闾乃起北门，名曰望齐门，令女往游其上。女思不止，病日益甚，乃至殂落[④]。女曰："令死者有知，必葬我于虞山之巅[⑤]，以望齐国。"阖闾伤之甚，如其言，乃葬虞山之巅。

注释

①齐子：当作"齐侯"，指齐景公。齐景公，名杵臼，公元前547—前490年在位。

②聘：送礼订婚。齐女：齐景公之女。

③号：大声哭。泣：小声哭。

④殂cú落：死亡。

⑤虞山：即海隅山（乌目山），在今常熟市。仲雍

死后葬于此，吴人纪念仲雍，故改为海虞山（仲雍又名虞仲），后省称虞山。

译文

各位将领已经从楚国回来后，便把阊门改称为破楚门。接着又谋划攻打齐国，齐景公让女儿到吴国做人质，吴王便替太子波聘齐景公的女儿为妻。这女孩儿年纪还小，所以老是思念齐国，日日夜夜痛哭抽泣，因此就患了病。阖闾便筑起了北门，名叫望齐门，让她到这城门上面去游玩。但她思念齐国不止，以致病情一天比一天加重，竟至于丧了命。她曾说："如果死人有知觉的话，那就一定要把我埋葬在虞山的山顶上，让我眺望齐国。"阖闾为此很伤心，就按照她的话，把她葬在虞山的山顶上。

是时，太子亦病而死。阖闾谋择诸公子可立者[①]，未有定计。波太子夫差日夜告于伍胥曰[②]："王欲立太子，非我而谁当立？此计在君耳。"伍子胥曰："太子未有定，我入则决矣。"

阖闾有顷召子胥，谋立太子。子胥曰："臣闻：'祀废于绝后，兴于有嗣。'今太子不禄[③]，早失侍御。今王欲立太子者，莫大乎波秦之子夫差[④]。"阖闾曰："夫愚而不仁[⑤]，恐不能奉统于吴国[⑥]。"子胥曰："夫差信以爱人，端于守节，敦于礼义。父死子代，经之明文。”阖闾曰：“寡人从子。”

立夫差为太子，使太子屯兵守楚，留止自治宫室。立射台于安平里⑦，华池在平昌，南城宫在长乐里⑧。阖闾出入游卧，秋冬治于城中，春夏治于城外姑苏之台⑨。旦食䱉山，昼游苏台，射于鸥陂⑩，驰于游台⑪，兴乐石城⑫，走犬长洲⑬。斯止阖闾之霸时。

注释

①公子：除嫡长子外，凡正妻生的小儿子以及小妾生的儿子均称公子。

②波太子：当作“次太子”。夫差是太子波之弟，故谓之次太子，实即次子耳。曰“次太子”，乃吴俗尊称也。

③不禄：死的委婉语。原意为不再享受俸禄，此指夭折。

④波秦之子：当作“次泰子”，即“次太子”。

⑤夫：彼，指夫差。

⑥统：古今相继的血统，此指吴王世代相传的国统。

⑦射台：举行射礼的地方。位于今苏州西南十公里处横山附近。

⑧华池、南城宫：《越绝》曰：“射台二：一在华池昌里，一在安阳里。南宫在长乐里。”华池、南城宫，旧传皆在长洲县（故城在今苏州市）境。

⑨姑苏之台：吴王娱乐之台，在姑苏山上。姑苏山，亦名胥山，在今苏州市西南十公里处的横山（即七子山）西北。

⑩鸥陂 bēi：射鸥的堤岸，故名。陂，江河之岸。

⑪游台：游玩的台榭。

⑫石城：在今苏州市西南十五公里处之灵岩山，越王献西施于此。

⑬走：使动用法，使……奔跑。长洲：此指长洲之苑，阖闾游猎之处。

译文

这时，太子也患病而死了。阖闾和大臣们商量着在众公子中挑选可以立为太子的人，还没有决策。次子夫差日日夜夜对伍子胥说：“父王想立太子，除了我还有谁该立？此事的谋划就全在您了。”伍子胥说：“太子还没有确定，我一进宫就决定了。”

过了不久阖闾召见子胥，商量立太子的事，子胥说：“我听说：‘祭祀因为断绝了后代而被废除，因为有了继承人而兴盛。’现在太子夭折，过早地离开了侍从。今天大王想立太子，没有谁能胜过次子夫差了。”阖闾说：“他这个人愚蠢而残暴，恐怕不能在吴国奉守国统啊。”子胥说：“夫差讲究信用而爱护民众，在坚守节操方面非常端正，在遵行礼义方面非常敦厚。而且，父亲死了由儿子替代，是经典上的明文规定。”阖闾说：“我听从您。”

于是阖闾立夫差为太子，派太子屯兵防御楚国，自己留下来修建宫殿房屋。在安平里建立了射台，华池在平昌，南城宫在长乐里。阖闾出外游览、进宫睡卧，秋冬两季在城中料理政事，春夏两季在城外姑苏台料理政事。早晨在鲴山吃早饭，白天在姑苏台游玩，在鸥陂射猎，在游台骑马驰骋，在石城寻欢作乐，在长洲之苑驱狗奔走。这就是阖闾称霸时的情况。

于是太子定，因伐楚。破师，拔番①。楚惧吴兵复至，乃去郢，徙于蔿若②。当此之时，吴以子胥、白喜、孙武之谋，西破强楚，北威齐、晋，南伐於越③。

注释

①番pó：通“鄱”，即今江西鄱阳县。

②蔿wěi：楚邑。若：通“鄀”。据古器铭文，鄀有上鄀、下鄀之分。下鄀即《左传·僖公二十五年》“秦、晋代鄀”之“鄀”，乃秦、楚边界上的一个小国，在今河南省内乡县西南。鲁文公五年（公元前623年），秦人攻入下鄀，鄀君迁于今湖北宜城县东南，即上鄀，成为楚国的附庸。此处即指上鄀而言，此时上鄀已为楚国所灭。因上鄀大概在蔿

附近，为与下都区别，故称“芳若”。

③於越：即越国。

译文

在这个时候太子已经确定了，就派他去攻打楚国。夫差打败了楚军，攻克了番邑。楚王怕吴军再来，就离开了郢都，移居于芳若。在这个时候，吴国用了伍子胥、白喜、孙武的谋略，西面攻破了强大的楚国，北面威胁到齐国、晋国，南面进攻越国。

夫差内传第二

题解

夫差内传，就是吴王夫差的传记。它记载了夫差十一年（公元前485年）到二十三年（公元前476年）间的事迹，具体地描绘了夫差北伐齐国、诛杀子胥、与晋争强以致国力大伤从而被越国击败乃至国灭身死的历史过程，充分展现了吴、越相争史上一些可歌可泣的动人场景。

本篇的记述也不拘于正史所载。作者略去了许多正史上记载的事迹，而尽量抓住那些具体的动人场面及其事迹进行铺叙和渲染，成功地塑造了一系列鲜明的人物形象，充分地体现了浓厚的历史演义色彩。例如，作者通过伍子胥的几次进谏与仰头呼怨，深刻地写出了他忠而不让、真而不佞的品性。而从大相径庭的占梦对比中，又鲜明地写出了太宰嚭的善谀与愚妄以及公孙圣的忠贞与正直。再如描写夫差败逃山中时“目视茫茫，行步猖狂”等等，也是形神俱出之笔。而写夫差自杀前的忍辱无耻、吞吞吐吐、悔恨莫及的神情，表面上似乎只用了“不自杀”“仍未肯自杀”等平凡无声之词，实际上却是用越王的瞋目之怒、侮辱之言加以反衬，故使此情此景写得入木三分，颇具一唱三叹之妙。如果我们将它与《左传·哀公二十二年》《国语·吴语、越语上》《史记·吴太伯世家》的描写相比，其韵味简直有天壤之别。当然，本篇的取材有时也嫌繁杂。

如子贡的出使，虽对存鲁、乱齐、破吴、霸越作用重大，但所占篇幅过大，读来不免有比例失调之感。

十一年[①]，夫差北伐齐。齐使大夫高氏谢吴师曰[②]：“齐孤立于国，仓库空虚，民人离散。齐以吴为强辅，今未往告急而吴见伐[③]。请伏国人于郊[④]，不敢陈战争之辞。惟吴哀齐之不滥也[⑤]。”吴师即还。

注释

①据《春秋》《左传》《史记·吴太伯世家》等记载，鲁定公十四年（公元前496年）阖闾战死后至此，吴国的大事尚有：夫差元年（公元前495年），以大夫伯嚭为太宰。夫差二年（公元前494年），夫差败越于夫椒，遂入越，越王以甲盾五千保于会稽，并派大夫文种因太宰嚭以求和，夫差不听子胥之谏而许之。八月，吴侵陈。夫差三年（公元前493年），吴洩庸至蔡国纳聘，吴军入蔡。夫差七年(公元前489年)，春，吴伐陈。夏，鲁国大夫叔还会吴于柤。夫差八年（公元前488年），夏，鲁哀公会吴于鄫。夫差九年（公元前487年）三月，吴伐鲁，与鲁盟而还。吴王使太宰嚭讨邾，囚邾子。夫差十年（公元前486年），春，齐悼公使公孟绰辞师于吴。秋，吴筑邗城，开

挖运河邗沟以通长江、淮河。冬，吴王派人与鲁谋伐齐。

②高氏：当是高无丕，齐国贵族高偃的孙子、高张的儿子。

③见：指代性副词，偏指自己。

④伏国人于郊：表示屈服求饶。

⑤不滥：不过度，不放肆，指守规矩。滥，过度。

译文

夫差十一年（公元前485年），夫差到北方讨伐齐国。齐国派大夫高无丕辞谢吴军说："齐君在国内孤立无援，粮仓兵库空空荡荡，民众都离心离德。齐国把吴国当作自己的强大辅助力量，现在我们还没有前来告急求救而吴国却来攻打我们。请让我们国都内的人都趴在城郊，我们不敢说有关交战的话。希望吴国可怜齐国的拘谨吧。"吴军便回去了。

十二年，夫差复北伐齐。越王闻之[①]，率众以朝于吴，而以重宝厚献太宰嚭[②]。嚭喜受越之赂[③]，爱信越殊甚，日夜为言于吴王。王信用嚭之计，伍胥大惧，曰："是弃吾也[④]。"乃进谏曰："越在心腹之病[⑤]，不前除其疾。今信浮辞伪诈而贪齐[⑥]。破齐，譬由磐石之田[⑦]，无立其苗也。愿王释齐而前越。不然，悔之无及。”吴王不听，使子胥使于齐，通期战之会。子胥谓其子曰：“我数谏王⑧，王不我用。今见吴之亡矣。汝与吾俱亡，亡无为也⑨。”乃属其子于齐鲍氏而还⑩。

太宰嚭既与子胥有隙，因谗之曰：“子胥为强暴力谏，愿王少厚焉。”王曰：“寡人知之。”

未兴师，会鲁使子贡聘于吴⑪。

注释

①越王：指勾践，公元前496—前465年在位。

②太宰：官名，辅佐君主治理国家。嚭：即白喜，楚大夫伯州犁之孙，出亡奔吴，后任太宰，故称太宰嚭。他善于逢迎，深得夫差宠信。吴破越后，他受越贿赂，许越媾和，并屡进谗言，谮杀伍子胥。吴亡后，被越王勾践所杀。

③赂：财物。

④奔吾：当作“奔吴”。

⑤越在心腹之病：此句有误，“在”字下当有“我”或“吴”；或当衍“在”字。《左传·哀公十一年》作：“越在我，心腹之疾也。”心腹之病，指体内致命的疾病，用来喻指严重的隐患。

⑥浮：虚浮，不切实际。伪：虚假，不真实。

⑦由：通“犹”，好像。

⑧数 shuò：屡次。

⑨汝与吾俱亡，亡无为也：“吾”当作“吴”，“亡”字当衍其一。无为，无用，没有意义。

⑩鲍氏：齐国大夫鲍牧。

⑪子贡：孔子的学生。《史记·仲尼弟子列传》：“端木赐，卫人，字子贡，少孔子三十一岁。子贡利口巧辞，孔子常黜其辩。……故子贡一出，存鲁、乱齐、破吴、强晋而霸越。子贡一使，使势相破。十年之中，五国各有变。子贡好废举，与时转货赀。喜扬人之美，不能匿人之过。常相鲁、卫，家累千金，卒终于齐。”

译文

十二年（公元前484年），夫差又向北进攻齐国。越王勾践听说了这件事，率领部属来朝见吴王，并拿贵重的珍宝大量地进献给太宰伯嚭。伯嚭高兴地接受了越国的财物，因而特别喜爱、信任越国，日夜替越王向吴王进说。吴王听信并采用了伯嚭的计策，伍子胥非常恐惧，说：“越国鼓励我们攻打齐国，这是在毁掉我们吴国啊。”就进宫劝谏吴王说：“越国对于我们吴国来说，实是个致命的病患，但大王却不首先除去这个隐患。现在竟然听信他们那些不切实际的话与虚假的谎言而去图谋齐国。即使攻破了齐国，也好比是得了块大石头的地，没有什么地方可以种植那禾苗啊。希望大王放弃齐国而先攻打越国。否则，就将后悔莫及。”吴王不听从子胥的话，派子胥出使到齐国去，通知约定交战的日期。子胥对自己的儿子说：“我屡次劝谏吴王，吴王不听我。现在我已预见到吴国的灭亡了。你和吴国一起灭亡，是毫无意义的。”于是就把自己的儿子托付给齐国的鲍牧，然后回到了吴国。

太宰嚭已经和子胥有了裂痕，就毁谤子胥说：“子胥就会干那种强硬粗暴竭力劝谏的事，希望大王对他稍微宽厚些。”吴王说：“我看穿他了。”

还没有起兵，正好碰上鲁国派子贡到吴国来访问。

十三年，齐大夫陈成恒欲弑简公[①]，阴惮高、国、鲍、晏[②]，故前兴兵伐鲁。鲁君忧之[③]。孔子患之[④]，召门人而谓之曰：“诸侯有相伐者，丘常耻之。夫鲁，父母之国也[⑤]，丘墓在焉。今齐将伐之，子无意一出耶？”子路辞出[⑥]，孔子止之。子张、子石请行[⑦]，孔子弗许。子贡辞出，孔子遣之。

注释

①陈成恒：即田常，“成”是他的谥号。春秋时齐国的大臣。他的祖先陈公子陈完因内乱而逃到齐国，从此将陈氏改姓田。田完的后代逐渐强盛。到齐悼公时，陈厘子田乞已控制了齐国大权。田

乞死后，其子田常代立。齐简公四年（公元前481年），田常杀死简公，拥立齐平公，任相国。从此，齐国的政权完全由田氏控制。简公：姓吕，名壬，齐悼公的儿子。公元前485年，悼公被杀，他被立为齐国国君，在位四年，被田常所杀。

②阴：私下。高：高氏，为齐桓公时上卿高傒的后代，此指高昭子高张的儿子高无丕。国：国氏，为齐桓公时上卿国懿仲的后代，此指国惠子国夏的儿子国书。鲍：此指鲍牧。晏：此指晏婴之子晏圉。

③鲁君：指鲁哀公，名蒋，定公之子，公元前494—前467年在位。

④孔子（前551—前479）：名丘，字仲尼，鲁国陬邑(今山东曲阜)人，是春秋末期著名的思想家和教育家，儒家学派的创始人。他在鲁国做过司寇（掌管刑狱的官），不很得志，后来周游列国，宣传自己的政治主张，也没有得到重用。晚年回到鲁国从事著述和讲学，广收弟子，从而形成了影响极大的儒家学派。

⑤父母之国：父母居住的国家，即自己出生的国家，等于现在说“祖国”。

⑥子路：孔子的学生。《史记·仲尼弟子列传》：“仲由，字子路，卞人也。少孔子九岁。子路性鄙，好勇力，志伉直。”

⑦子张、子石：都是孔子的学生。《史记·仲尼弟子列传》："颛孙师，陈人，字子张，少孔子四十八岁。""公孙龙，字子石，少孔子五十三岁。"

译文

十三年（公元前483年），齐大夫陈成恒想要杀掉齐简公，但心里又害怕高氏、国氏、鲍氏、晏氏，所以先起兵攻打鲁国。鲁哀公为此忧心忡忡。孔子也为此担忧，就召见弟子而对他们说："诸侯中有互相攻战的，我孔丘常常把它看作耻辱。鲁国，是我的祖国，我家的坟墓都在这里。现在齐国将来攻打鲁国，你们不想为国尽点力吗？"子路立刻告辞了要出国去，孔子阻止了他。子张、子石请求成行，孔子没同意。子贡要求出国去，孔子就派遣他去。

子贡北之齐，见成恒，因谓曰："夫鲁者，难伐之国。而君伐，过矣。"

成恒曰："鲁何难伐也？"

子贡曰："其城薄以卑[①]，其池狭以浅，其君愚而不仁，大臣无用，士恶甲兵，不可与战。君不若伐吴。夫吴，城厚而崇，池广以深，甲坚、士选、器饱、弩劲[②]，又使明大夫守之。此易邦也[③]。"

成恒忿然作色，曰："子之所难，人之所易；子之所易，人之所难。而以教恒，何也？”

子贡曰：“臣闻君三封而三不成者，大臣有所不听者也。今君又欲破鲁以广齐、隳鲁以自尊，而君功不与焉[4]。是君上骄主心，下恣群臣，而求以成大事，难矣。且夫上骄则犯[5]，臣骄则争。此君上于王有遽[6]，而下与大臣交争。如此，则君立于齐危于累卵。故曰：‘不如伐吴。’且吴王刚猛而毅，能行其令；百姓习于战守，明于法禁。齐遇为擒，必矣。今君悉四境之甲，出大臣以环之[7]，人民外死，大臣内空。是君上无强敌之臣，下无黔首之士。孤主制齐者，君也。”

陈恒曰：“善！虽然，吾兵已在鲁之城下矣。吾去之吴，大臣将有疑我之心。为之奈何？”

子贡曰：“君按兵无伐，请为君南见吴王，请之救鲁而伐齐，君因以兵迎之。”

陈恒许诺。

注释

①以：犹“而”，连，而且。

②器饱：当作“器宝”。“饱”当为“宝”之音误。

③此易邦也：当作“此易伐之邦也”。

④与yù：及。

⑤犯：欺凌，冒犯。

⑥遽：窘迫。

⑦环：通“擐”，穿。

译文

子贡向北到了齐国，拜见了陈成恒，就对他说：“那鲁国，是很难攻打的国家。您要去攻打它，那就错了。”

成恒说：“鲁国为什么难以攻打呢？”

子贡说：“因为它的城墙又薄又低，它的护城河又狭又浅，它的国君愚昧而不仁慈，大臣不中用，士兵厌恶战争，所以您不可以和他们交战。您还不如去攻打吴国。那吴国，城墙又厚又高，护城河又宽又深，铠甲坚固、士兵精良、器物珍贵、弓弩强劲，又派了英明的大夫来守卫它。这是容易攻打的国家啊。”

成恒愤怒地变了脸色，说：“你认为困难的事，是人家认为容易的；你认为容易的事，是人家认为困难的。您用这些话来教导我，是什么意思呢？”

子贡说：“我听说您三次受封而三次没有成功，这是因为大臣有不听从您的。现在您又想攻下鲁国来扩展齐国的领土，消灭鲁国来使自己尊贵，实际上您的功劳却不在这上面。因为如果是这样，那么您对上就使君主的思想更为骄纵，对下就使群臣更为恣肆。再想去成就一番大事业，那就难了。再说，那君主骄纵了就会凌辱人，臣子骄纵了就会与人争夺。这样，您对上就在齐王那里有了窘迫的处境，而在下就会和大臣们互相争夺了。像这样，那么您在齐国立足就会比堆起来的蛋还危险。

所以我说：‘您不如去攻打吴国。’再说，吴王刚强勇猛而果断，能够使他的命令贯彻执行；他的民众熟悉攻战防守，明白法律禁令。齐军和他们一交战，就会被他们擒获，那是必定无疑的了。现在您如果拿出国内的全部铠甲，派出大臣去穿着它们，那么民众就会在国外战死，大臣就会带兵出征而使朝廷空虚。这样，您上面没有强有力的与您作对的臣子，下面又没有身为平民的贤士和您抗争。孤立君主而控制齐国的，就只有您了。”

陈恒说：“好！但尽管这样，我的军队已在鲁国的城墙之下了。如果我让他们离开鲁国而开往吴国，大臣就会对我起疑心。对此该怎么办呢？”

子贡说：“您只要按兵不动，请让我替您到南方去拜见吴王，请他援救鲁国而攻打齐国，您就趁机用齐军去迎击吴军。”

陈恒同意了。

子贡南见吴王，谓吴王曰：“臣闻之：‘王者不绝世[①]，而霸者无强敌。千钧之重，加铢而移[②]。’今万乘之齐而私千乘之鲁，而与吴争强。臣窃为君恐焉。且夫救鲁，显名也；伐齐，大利也。义存亡鲁，害暴齐而威强晋，则王不疑也。”

吴王曰：“善。虽然，吾尝与越战，栖之会稽[③]，入臣于吴[④]，不即诛之，三年使归。夫越君贤主，苦身劳力，夜以接日，内饰其政[⑤]，外事诸侯，必将有报我之心。子待我伐越而听子。”

子贡曰：“不可。夫越之强不过于鲁，吴之强不过于齐。王以伐越而不听臣，齐亦已私鲁矣。且畏小越而恶强齐[⑥]，不勇也；见小利而忘大害，不智也。臣闻：‘仁人不因居[⑦]，以广其德；智者不弃时，以举其功；王者不绝世，以立其义。’且夫畏越如此，臣诚东见越王[⑧]，使出师以从下吏[⑨]。”

吴王大悦。

注释

①王：称王天下。世：父死子继曰世。

②千钧之重，加铢则移：喻指势均力敌的双方，虽然同样强大，但只要一方再稍稍加强，就会改变原有的平衡状态。千钧，形容重量之大。钧，古代重量单位，三十斤为一钧。铢，古代重量单位，二十四铢为一两。常用来形容重量之小。

③栖：鸟类歇宿树上叫“栖”，这里是使动用法，指被迫上山居住。会稽：指会稽山，在今浙江省绍兴市南。

④臣：奴仆。这里用作动词。

⑤饰：同“饬”，整治。

⑥恶：畏惧。

⑦因居：指安土重迁，老住在一个地方。因，因

循、沿袭。

⑧诚：当作“请”，音近而误。

⑨下吏：原意是下属官吏，此处用作对对方的尊称，可解为“您”。

译文

子贡到南方去拜见吴王，对吴王说：“我听说过这样的话：‘称王天下的人不会断绝继承人，而称霸天下的人没有强大的对手。就是上千钧的重量，只要再加上一铢，就会改变原有的格局。’现在拥有万辆兵车的齐国要把拥有千辆兵车的鲁国占为己有，以此来和吴国比个输赢。我私下里在替您担惊受怕。再说，援救鲁国，有美好显赫的名声；讨伐齐国，有极大的好处。名义上是保存了快要灭亡的鲁国，实际上是损害了强暴的齐国而震慑了强大的晋国，那么大王就不该再疑虑不决了。”

吴王说：“好。但尽管如此，我曾经和越国交战，使越王躲在会稽山上，并到吴国来当奴仆，我没有杀他，过了三年，我就让他回去了。那越王是个贤能的君主，他吃苦耐劳，夜以继日，在国内整治政务，在国外侍奉诸侯，他一定会有报复我的念头。你等我打下了越国后再照你的话去做吧。”

子贡说：“不行。那越国的强大不如鲁国，吴国的强大也不超过齐国。大王按自己的想法去攻打越国而不听从我，那么到时候齐国也就早把鲁国占为己有了。况且害怕小小的越国而不敢和强大的齐国作战，是不勇敢的表现；看见了小小的好处而忘记了重大的危害，是不明智的表现。我听说：‘仁慈的人不会老住在一个地方，以便扩大他的德行；明智的人不会放弃时机，以便建立他的功劳；称王天下的人不会断绝继承人，以便确立他的道德准则。’再说，如果您真是这样害怕越国的话，请让我到东边去见越王，让他派军队跟随您。”

吴王十分高兴。

子贡东见越王，王闻之，除道郊迎，身御至舍，问曰：“此僻狭之国，蛮夷之民[①]，大夫何索？然若不辱[②]，乃至于此！”

子贡曰：“君处，故来。”

越王勾践再拜稽首曰[③]：“孤闻：‘祸与福为邻。’今大夫之吊，孤之福矣。孤敢不问其说[④]？”

子贡曰：“臣今者见吴王，告以救鲁而伐齐，其心畏越。且夫无报人之志而使人疑之，拙也；有报人之意而使人知之，殆也；事未发而闻之者[⑤]，危也。三者，举事之大忌也。”

越王再拜，曰：“孤少失前人，内不自量，与吴人战，军败身辱遁逃，上栖会稽，下守海滨，唯鱼鳖见矣。今大夫辱吊而身见之，又发玉声以教孤[⑥]。孤赖天之赐也，敢不承教？”

子贡曰："臣闻：'明主任人，不失其能；直士举贤，不容于世。'故临财分利，则使仁；涉患犯难，则使勇；用智图国，则使贤；正天下，定诸侯，则使圣。兵强而不能行其威，势在上位而不能行其政令于下者，其君几乎难矣。臣窃自择可与成功而至王者，惟几乎！今吴王有伐齐、晋之志，君无爱重器，以喜其心；无恶卑辞[7]，以尽其礼。而伐齐[8]，齐必战。不胜，君之福也。彼战而胜，必以其兵临晋。骑士锐兵弊乎齐，重宝、车骑、羽毛尽乎晋[9]，则君制其馀矣。"

越王再拜，曰："昔者吴王分其民之众以残吾国，杀败吾民，鄙吾百姓[10]，夷吾宗庙，国为墟棘，身为鱼鳖[11]。孤之怨吴，深于骨髓[12]；而孤之事吴，如子之畏父、弟之敬兄。此孤之死言也。今大夫有赐，故孤敢以报情。孤身不安重席[13]，口不尝厚味，目不视美色，耳不听雅音，既已三年矣。焦唇干舌、苦身劳力，上事群臣，下养百姓，愿一与吴交战于天下平原之野，正身臂而奋吴、越之士，继踵连死、肝脑涂地者[14]，孤之愿也。思之三年，不可得也。今内量吾国，不足以伤吴；外事诸侯，而不能也。愿空国、弃群臣、变容貌、易姓名、执箕帚、养牛马以事之。孤虽知要领不属[15]，手足异处，四支布陈[16]，为乡邑笑，孤之意出焉。今大夫有赐存亡国、举死人[17]，孤赖天赐，敢不待令乎？"

子贡曰："夫吴王为人，贪功名而不知利害。"

越王慥然避位[18]。

子贡曰："臣观吴王，为数战伐，士卒不息，大臣内引[19]，谗人益众。夫子胥为人，精诚中廉，外明而知时，不以身死隐君之过，正言以忠君，直行以为国，其身死而不听[20]。太宰嚭为人，智而愚[21]，强而弱[22]，巧言利辞以内其身，善为诡诈以事其君，知其前而不知其后，顺君之过以安其私，是残国伤君之佞臣也。"

越王大悦。子贡去，越王送之金百镒、宝剑一、良马二，子贡不受。

注释

①蛮：我国古代对南部民族的污蔑性称呼。夷：我国古代对东部各民族的统称。

②然若：如此。

③再拜：连拜两次。稽qǐ首：古代"九拜"礼节之一，即头至地后再停留一会儿，这是最隆重虔敬的礼节。稽，停留。

④其：指代对方。

⑤发：发起。

⑥玉声：对别人言论的尊称，表示其言之贵重。

⑦无：通"毋"。恶wù：厌恶。

⑧而：犹"其"，代词，他。

⑨羽毛：同“羽旄”，用羽毛做成的旌旗，一般插于君王的游车之上，所以为人所重。

⑩百姓：百官。

⑪身为鱼鳖：自己成了鱼鳖，意为与鱼鳖为伍。

⑫骨髓：是人身上最难深入的地方，所以常用来形容怨恨或疼痛的程度之深。

⑬重chóng席：重叠的席子。古时坐席，以层数多少来区别尊卑。《礼记·礼器》：“天子之席五重，诸侯之席三重，大夫再重。”席，指坐席。

⑭继踵：接踵，表示紧跟着。踵，脚后跟。

⑮要领不属zhǔ：指腰斩、斩首。要，同“腰”。属，连接。

⑯支：通“肢”。

⑰举：起。

⑱慥zào然：惊恐不安的样子。

⑲引：引退。

⑳其身死而不听：依本书记载，子胥此时未死，此句当衍。

㉑智而愚：指处理小事很精明，处理大事很糊涂。

㉒强而弱：指外强中干。

译文

子贡到东边去见越王，越王听说此事，就清理好道路在城外迎接，并亲自陪同子贡到宾馆下榻，问子贡说：

“我们这偏僻狭小的国家，都是些南蛮东夷族之类文化落后的人，大夫来此是求什么呢？如此屈己，竟到了这种地步！”

子贡说：“您住在这儿，所以我来了。”

越王勾践拜了两次后磕头伏地说：“我听说：‘灾祸和幸福是相邻的。’现在大夫前来慰问，是我的福气了。我敢不请教一下您的高见么？”

子贡说：“我这次去见吴王，劝他援救鲁国而攻打齐国，他心里很害怕越国。再说，如果没有报复别人的念头而使别人怀疑自己，是笨拙；有了报复别人的心思而让别人知道，就不安全；事情还没有干起来就被人听说，也就危险了。这三种情况，是办事时最大的忌讳。”

越王又拜了两次，说：“我小时候就失去了父亲，心里也没有衡量一下自己的力量，就和吴国人作战了，结果军队战败，自己受辱逃跑，向上栖息在会稽山，在下守卫在大海边，只能与鱼鳖相见了。现在大夫屈辱了自己前来慰问而亲自会见我，又说出金玉良言来教导我。我真是依靠了上天的恩赐啊，敢不接受您的教导吗？”

子贡说：“我听说：‘英明的君主任用人才，不会错失他们的才能；正直的人士推荐贤能，不会被社会容忍。’所以面对财物、分配利益，就使用仁慈的人；碰到祸患、遭受灾难，就使用勇敢的人；要用智慧来谋划国事，就使用贤能的人；匡正天下，平定诸侯，就使用圣明的人。军队强大却不能施展自己的威力，权势处在君主的地位上却不能使自己的政策法令在下面得到贯彻执行，那样的君主也就临近于灾难了。我私下里挑选了一下可以和您成就功业而助您称王天下的人，那就只有我还差不多吧！现在吴王有攻打齐国、晋国的意向，请您不要吝惜贵重的宝器，而要把它们送给吴王来讨他的欢心；不要不愿说卑躬屈膝的话，而要用它来尽到对吴王的礼仪。他去攻打齐国，齐国一定会应战。如果他打不赢，就是您的福气。如果他作战获胜了，就一定会用他的军队进逼晋国。这样，他的骑兵和精锐部队将在齐国被搞得疲惫不堪，贵重的宝物、车辆马匹、羽毛之旗将会全部丧失在晋国，那么您就可以制服他的残余势力了。”

越王又拜了两次，说：“从前吴王分出了他所拥有的人口中的一部分人来残害我国，杀害摧残我的民众，鄙视侮辱我的群臣百官，铲平我祖宗的庙宇，我国都成了一片废墟荆棘，我自己也只能混迹于鱼鳖之中。我怨恨吴国，深入到了骨髓；而我侍奉吴国，就像儿子害怕父亲、弟弟尊敬兄长一样。这些都是我冒死说的话啊。现在大夫有所赐教，所以我敢告诉您真情。我身体不安坐在重叠的席子上，嘴巴不吃美味佳肴，眼睛不看美丽的女色，耳朵不听高雅的音乐，已经三年了。我使自己嘴唇枯焦、舌头干燥、身体辛苦、力量使尽，上面侍奉群臣百官，下面养育平民百姓，希望有朝一日和吴国在天下那广阔平坦的原野上交战，端正了身体进行指挥而使吴国、越国的战士奋起作战，我就是紧跟在吴王之后一起死去、肝脑涂地，我也愿意啊。但想此想了三年，也不能实现。现在我对内衡量了一下我的国力，还不够损伤吴国；对外侍奉诸侯，却又不能够。我愿意掏尽国内的一切、抛弃了群臣百官、毁坏自己的容貌、改变自己的姓名、手拿畚箕扫帚、饲养牛马来侍奉为我报仇的人。我即使知道这样做会使自己腰颈不连，手脚被肢解，四肢被四处抛散，被乡里的人所耻笑，但我的怨气出了。现在大夫恩赐了保存我这灭亡之国、救活我这将死之人的妙计，我真是靠了上天的恩赐啊，敢不俯首待命吗？”

子贡说：“吴王的为人，只贪图功业名声而不懂得利弊得失。”

越王惊恐不安地离开座位。

子贡说：“我看那吴王，进行多次战争，士兵不得休息，大臣在国内引退，说人坏话的人越来越多。那伍子胥的为人，极端真诚而内心正直，对身外之事一目了然而又懂得时务，不因为自己要被杀死就掩盖君主的过错，用正直的言论来效忠君主，用正直的行动来为国效劳，但他死了以后他的忠言也没有被吴王听从。太宰伯嚭的为人，小事上聪明大事上愚蠢，看似刚强实则脆弱，用花言巧语来使他自己得到进用，用精心编造的欺诈之言来侍奉他的君主，只知道那先前的事情而不知道那以后的事情，附和君主的错误来保全自己的私利，这是个残害国家伤害君主的谄谀之臣。”

越王十分高兴。子贡离开越国，越王送给他黄金百镒、宝剑一把、好马两匹。子贡没有接受。

至吴，谓吴王曰："臣以下吏之言告于越王，越王大恐曰：'昔者孤身不幸，少失前人，内不自量，抵罪于吴，军败身辱，逋逃出走[①]，栖于会稽，国为墟莽，身为鱼鳖。赖大王之赐，使得奉俎豆、修祭祀[②]。大王赐死且不敢忘，何谋之敢？'其志甚恐，将使使者来谢于王。"

子贡馆五日，越使果来，曰："东海役臣勾践之使者臣种[③]，敢修下吏[④]，少闻于左右[⑤]。昔孤不幸，少失前人，内不自量，抵罪上国[⑥]，军败身辱，逋逃会稽。赖王赐，得奉祭祀。死且不忘。今窃闻大王兴大义[⑦]，诛强救弱，困暴齐而抚周室[⑧]。故使贱臣以奉前王所藏甲二十领、屈卢之矛、步光之剑[⑨]，以贺军吏。若将遂大义，弊邑虽小[⑩]，请悉四方之内士卒三千人以从下吏，请躬被坚执锐以前受矢石[⑪]，君臣死无所恨矣。"

吴王大悦，乃召子贡曰："越使果来，请出士卒三千，其君从之，与寡人伐齐，可乎？"

子贡曰："不可。夫空人之国，悉人之众，又从其君，不仁也。受币，许其师，辞其君，即可。"

吴王许诺。

注释

①逋 bū：逃亡。走：跑。

②俎 zǔ：祭祀时盛牛羊等祭品的礼器。豆：古代一种盛食物的器皿，形似高脚盘，后多用作祭祀时盛肉酱等祭品的礼器。修：行。

③役臣：供人役使的奴仆。此为谦称。种：即文种，春秋末年越国大夫，姓文，名种，字少禽（一作子禽），楚国人，曾辅助勾践灭吴，后来被勾践赐剑自杀。

④修：指继续贡物以进一步加强原有的友好关系。

⑤少：稍微。表示不敢多说，含有敬意。闻：使……听见，报告。左右：原指左右两旁的侍臣，此处用作对对方的尊称，表示不敢直接指称对方，今有敬畏之意。

⑥上国：指吴国。越国靠海，地势低卑，以吴国为上流，所以称吴国为上国。

⑦大义：合于正义的大道理。此指春秋时人们公认的重要的道德准则。

⑧周室：周王之家，周朝王室。封建帝王以天下为自己一家所有，故朝廷乃至国家被称为王室。

⑨屈卢：原为古代造矛的良匠之名，此用作为良矛的代称。步光：良剑名。

⑩弊邑：对本国的谦称。

⑪被：通“披”。前：先。矢石：箭与石块。古代

作战，常发箭抛石来打击敌人。

译文

子贡回到吴国，对吴王说："我把您的话告诉给了越王，越王非常恐惧地说：'过去我很不幸，小时候就失去了父亲，心里又没有掂量一下自己的力量，得罪了吴国，结果军队战败，自身受辱，逃亡在外奔走，栖宿在会稽山，国都成了一片废墟草丛，自己只能混迹于鱼鳖之中。靠了大王的恩赐，才使我能捧着礼器进行祭祀。这种恩德，大王就是赐我一死都不敢忘记，哪里还敢有什么图谋呢？'他的神情非常恐惧，将要派遣使者前来向大王道谢。"

子贡在宾馆住了五天，越国的使者果然来了，说："东海边上的奴仆勾践的使者臣文种，冒昧地再来上贡以求和您加强原有的友好关系，稍微向您报告一下。从前勾践不幸，小时候就失去了父亲，又不自量力，得罪了贵国，以致军队战败，自己受辱，逃亡到会稽山。靠了大王的恩赐，才能奉享祭祀。这种恩德，就是死了也不会忘记。现在勾践私下里听说大王将要弘扬大义，讨伐强暴，援救弱小，制服暴虐的齐国而安抚周朝王室。所以派下臣来奉献前代国王所珍藏的铠甲二十件、屈卢良矛、步光利剑，以此来祝贺将士们。如果将要成就大义，敝国虽小，请让我们调发四境之内所有的士兵三千人来跟随您，勾践愿意亲自穿上坚固的铠甲、手握锋利的兵器来为大王打先锋，君臣就是身死疆场也没有什么遗憾的了。”

吴王十分高兴，就召见子贡说：“越国的使者果然来了，请求派出士兵三千人，他们的君主也要跟随我，和我一起去攻打齐国，这样行么？”

子贡说：“不行。掏空了别人的国家，带光了别人的士兵，又使他们的国君跟随自己，这是不仁的。您还是接受他的礼物，答应收下他的军队，辞退他的国君，那就可以了。”

吴王就答应了。

子贡去晋，见定公曰[①]：“臣闻：‘虑不预定，不可以应卒[②]；兵不预办，不可以胜敌。’今吴、齐将战，战而不胜，越乱之必矣；与战而胜，必以其兵临晋。君为之奈何？”定公曰：“何以待之？”子贡曰：“修兵伏卒以待之[③]。”晋君许之。子贡返鲁。

注释

①定公：晋定公，名午，公元前511—前475年在位。

②卒：通“猝”，突然，出乎意外。这里用作名词。

③伏：当作“休”，形近而误。

译文

子贡又到了晋国，见了晋定公说："我听说：'主意不预先打定，就不可以应付意外；军队不事先整治好，就不可能战胜敌人。'现在吴国和齐国将要开战，吴国如果打不赢，越国去扰乱它是必定的了；吴国和齐国打仗如果打赢了，一定会用它的军队进逼晋国。您对这种情况该怎么办呢？"定公说："用什么办法来对付它呢？"子贡说："您修理好兵器、休整好战士来对付它就行了。"晋君答应了他。子贡就返回了鲁国。

吴王果兴九郡之兵，将与齐战。道出胥门[①]，因过姑胥之台[②]。忽昼假寐于姑胥之台而得梦[③]，及寤而起，其心恬然怅焉[④]。乃命太宰嚭，告曰："寡人昼卧有梦，觉而恬然怅焉。请占之[⑤]，得无所忧哉？梦入章明宫，见两鬲蒸而不炊[⑥]，两黑犬嗥以南、嗥以北，两鋘殖吾宫墙[⑦]，流水汤汤越吾宫堂[⑧]，后房鼓震箧箧有锻工[⑨]，前园横生梧桐。子为寡人占之。"

太宰嚭曰："美哉！王之兴师伐齐也。臣闻：章者，德锵锵也[⑩]。明者，破敌声闻功朗明也[⑪]。两鬲蒸而不炊者，大王圣德气有馀也。两黑犬嗥以南、嗥以北者，四夷已服朝诸侯也[⑫]。两鋘殖宫墙者，农夫就成田夫耕也[⑬]。汤汤越宫堂者，邻国贡献财有馀也。后房箧箧鼓震有锻工者，宫女悦乐琴瑟和也。前园横生梧桐者，乐府鼓声也[14]。”

吴王大悦，而其心不已[15]，复召王孙骆[16]，问曰：“寡人忽昼梦，为予陈之。”

王孙骆曰：“臣鄙浅于道，不能博大。今王所梦，臣不能占。其有所知者，东掖门亭长长城公弟公孙圣[17]。圣为人，少而好游，长而好学，多见博观，知鬼神之情状。愿王问之。”

注释

①胥门：吴都城西门有二，靠北的为阊门，靠南的为胥门。相传胥门因伍子胥住宅近之而得名。

②姑胥台：即姑苏台。

③假寐：不解衣冠而睡。

④恬然：安闲的样子。怅焉：即“怅然”，失意的样子。

⑤占：此指占梦，即圆梦，就是根据梦中所见来附会预测人事的吉凶。

⑥鬲 lì：同“鬲”，古代烹饪器，样子像鼎，三足中空。

⑦锸：同“铧”，两刃臿，即挖土的锹。

⑧汤 shāng 汤：水大的样子。

⑨震：当作“橐”，形近而误。橐，用牛皮制成的两头相通的袋状鼓风设备。箧 qiè 箧：象声词，形容鼓风的声音细小。

⑩章：乐曲的段落，又泛指音乐或乐曲。“章”与音乐有关，所以伯嚭如此解释。锵qiāng锵：象声词，形容音乐声。

⑪声闻：名声。

⑫四夷：东夷、西戎、南蛮、北狄旧时统称四夷，它是古人对华夏族以外各族的蔑称。朝诸侯：指称霸诸侯。朝，使动用法，使……来朝见。

⑬成：方十里为成。此泛指农田。

⑭乐府：主管音乐的官署。

⑮已：止。

⑯王孙骆：王孙，姓。骆，吴大夫。

⑰东掖门：吴国都城东面边门的名称。掖门，边门。亭长：秦汉时城内和城厢的“都亭”以及城门的“门亭”，都设置亭长，掌管治安、诉讼等事。长城公弟：当作“越公弟子”，“长”字涉上“长”字而衍，“城”乃“越”之形讹，“弟”下又脱“子”字。“越”是姓，“公”是对人的尊称。公孙：复姓。

译文

吴王果然发动了九郡的军队，要和齐国作战。他从胥门出发，因而经过姑胥台。白天在姑胥台忽然打了个瞌睡并做了一个梦，等到醒了起床，他心里若无其事又若有所失。于是他叫来太宰伯嚭，说：“我白天睡觉做了个梦，醒来感到若无其事又若有所失。请你预测一下这梦的吉凶，该不会有什么忧患吧？我梦见自己进入章明宫，看见两口锅中热气上升却不烧火，两条黑狗向南叫、向北叫，两把铁锹竖直插在我的宫墙上，流水浩浩荡荡越过我宫内的大堂，后房拉风箱拉得切切作响而有打铁的工匠，前面的园子里横长着梧桐树。你为我解说一下这梦的吉凶吧。”

太宰嚭说：“大王起兵攻打齐国太好啦！我听说：章，就是有德的音乐玱玱响。明，是攻破敌人的名声功绩响亮卓著。两口锅中热气上升却不烧火，是大王圣明的德行元气有余。两条黑狗向南叫、向北叫，是四方各族已被征服而各国诸侯都来朝见。两把铁锹竖直插在宫墙上，是农民下地、种田人翻土。流水浩浩荡荡越过宫内的大堂，是邻国贡献的财物多得放不下。后房切切切地拉风箱而有打铁的工匠，是宫女喜欢音乐而琴瑟在合奏应和。前面的园子里横长着梧桐，是音乐官署中的鼓声啊。”

吴王听了十分高兴，但他心里却不能就此作罢，就又召见王孙骆，问道：“我忽然在白天做了个梦，请你给我解说一下。”

王孙骆说：“我对于方术孤陋寡闻，未能见多识广。现在大王所梦见的，我不能解说它的吉凶。我略有所知的，是东掖门亭长越公的学生公孙圣。公孙圣这个人，小时候喜欢旅行，长大了爱好学习，见多识广，知道鬼神的情况。请大王去问问他。”

王乃遣王孙骆往请公孙圣，曰：“吴王昼卧姑胥之台，忽然感梦，觉而怅然，使子占之。急诣姑胥之台。”

公孙圣伏地而泣，有顷而起，其妻从旁谓圣曰：“子何性鄙！希睹人主，卒得急召①，涕泣如雨。”

公孙圣仰天叹曰：“悲哉！非子所知也。今日壬午②，时加南方③；命属上天，不得逃亡④。非但自哀，诚伤吴王。”

妻曰：“子以道自达于主。有道当行，上以谏王，下以约身。今闻急召，忧惑溃乱，非贤人所宜。”

公孙圣曰：“愚哉！女子之言也。圣受道十年，隐身避害，欲绍寿命。不意卒得急召，中世自弃，故悲。与子相离耳。”遂去，诣姑胥台。

注释

①卒：通“猝”，突然。

②壬午：古代用干支纪日，此指壬午日。

③时加南方：指当时为午时，相当于现在的中午十一时至一时。南方，古代阴阳家把十二地支与四面八方相配，南方配午。

④《淮南子·天文训》：“午为定，未为执，主

陷。"这天不但是壬午日，又当午时，则陷于死地已成定局，所以公孙圣断言说："命属上天，不得逃亡。"命，兼指公孙圣与吴王而言。

译文

吴王就派王孙骆去请公孙圣，说："吴王白天睡在姑胥台，忽然做了个梦，醒来后十分惆怅，让你给他圆梦。请你赶快到姑胥台去。"

公孙圣趴在地上泣不成声，过了一会儿才起来，他的妻子在旁边对他说："你怎么性情这样鄙陋不开化！一直希望能看到君主，现在突然得到了紧急召见，你就哭得眼泪像下雨一样。"

公孙圣抬头望着苍天叹息说："可悲啊！这不是你所了解的啊。今天是壬午日，时辰正当午时；我和吴王的性命已属于上天，逃也逃不了了。我不但为自己感到悲哀，实在也是为吴王伤心啊。"

妻子说："你应该带着你的道术主动到吴王那里去。有了道术应当施展，对上用它来劝谏吴王，在下用它来约束自己。现在你听到紧急召见，就忧心忡忡、犹豫疑惑、精神崩溃、思绪混乱，这不是贤能的人所应有的表现啊。"

公孙圣说："你这女人的话，太愚蠢啦！我学习道术已十年，隐蔽自己、逃避祸害，只想延年益寿。想不到突然得到紧急的召见，活了半世就被上天捐弃，所以很悲哀。只好与你永别了。"于是就离开了家，到了姑胥台。

吴王曰："寡人将北伐齐救鲁，道出胥门，过姑胥之台，忽然昼梦。子为占之，其言吉凶[1]。"

公孙圣曰："臣不言，身名全；言之，必死百段于王前。然忠臣不顾其躯。"乃仰天叹曰："臣闻：'好船者必溺，好战者必亡。'臣好直言，不顾于命，愿王图之。臣闻：章者，战不胜败走傽偟也[2]。明者，去昭昭就冥冥也。入门见锸蒸而不炊者，大王不得火食也。两黑犬嗥以南、嗥以北者，黑者、阴也，北者、匿也[3]。两鋘殖宫墙者，越军入吴国、伐宗庙、掘社稷也。流水汤汤越宫堂者，宫空虚也。后房鼓震箧箧者，坐太息也。前园横生梧桐者，梧桐心空，不为用器，但为盲僮与死人俱葬也[4]。愿大王按兵修德，无伐于齐，则可销也。遣下吏太宰嚭、王孙骆，解冠帻[5]，肉袒徒跣[6]，稽首谢于勾践，国可安存也，身可不死矣。"

吴王闻之，索然作怒，乃曰："吾天之所生，神之所使。"顾力士石番以铁鎚击杀之[7]。圣乃仰头向天而言曰："吁嗟！天知吾之冤乎？忠而获罪，身死无辜。以葬我，以为直者不如相随？为柱，提我至深山，后世相属为声响[8]。"于是吴王乃使门人提之蒸丘[9]："豺狼食汝肉，野火烧汝骨，东风数至，飞扬汝骸，骨肉縻烂[10]，何能为声响哉？”太宰嚭趋进曰：“贺大王喜，灾已灭矣。因举行觞[11]，兵可以行。”

注释

①其：表示命令口气的语气词。

②偉偟：又作“偉遑”“章皇”，惊慌失措的样子。此句以“偉偟”解释“章”，下句以“冥冥”解释“明”，都是一种声训，即用语音相同或相近的词语来解释其含义。

③《白虎通·五行》：“北方者，伏方也，万物伏藏也。”所以此文把“北”解为“匿”。“阴”“匿”象征夫差死而“掩明”。

④但：仅，只。盲：当为“甬”之形讹，“甬”通“俑”，即殉葬用的木偶。

⑤解冠帻 zé：表示恭敬。帻，头巾。

⑥肉袒：脱去上衣，裸露肢体。古人在谢罪或祭祀时，常脱衣露体，表示虔敬和惶惧。徒跣：赤脚。其用意与“肉袒”同。

⑦顾：通“雇”，雇用。

⑧属：会，相见。

⑨蒸丘：当即“胥山之巅”，是姑胥山的一座山峰。

⑩縻：通“糜”，碎，散。

⑪行觞：传杯行酒，依次敬酒。

译文

吴王说："我将要到北方去攻打齐国援救鲁国，从胥门出发，经过姑胥台，忽然在白天做了个梦。你给我预测一下，说说吉凶。"

公孙圣说："我如果不说，身体和名声都能保全；如果说了，一定会死在大王面前而碎尸百段。然而忠臣是不顾自己身躯的。"于是就抬头朝天叹息说："我听说：'喜欢撑船的一定会溺死，喜欢打仗的一定会灭亡。'我喜欢直说，对自己的生命也就不顾了，希望大王好好考虑我的话吧。我听说：章，是打仗打不赢而仓皇地败退逃跑。明，是离开了明智而靠近昏庸愚昧。进门看见锅中热气蒸腾而不烧火，是大王不能吃到熟食。两条黑狗向南叫、向北叫，黑色，象征阴，北，表示隐藏。两把铁锹竖直插在宫墙上，是越国的军队打进吴国、铲除宗庙、掘掉土地神和谷神。流水浩浩荡荡越过宫内的大堂，是王宫被掠夺得空空荡荡。后房拉风箱拉得切切作响，是坐着长长地叹息。前园横长着梧桐树，梧桐树树心空疏，不能做实用的器物，只能做殉葬用的小木偶和死人一起埋葬。希望大王按兵不动、推行德政，不要攻打齐国，那么这灾祸就可以消除了。再派遣您的下属官吏太宰嚭、王孙骆，脱掉帽子，解开头巾，袒胸露臂、光着脚板，向勾践磕头谢罪，那么国家就可以安全地存在下去，您自己也可以不死了。"

吴王听了这番话，很不是滋味，一下子发怒了，便说："我是上天所生的，是神仙派来的。"就雇用大力士石番用铁锤打死他。公孙圣抬头朝天说道："哎呀！苍天知道我的冤枉吗？赤胆忠心却受到了惩处，没有罪过却被杀死。因此而埋葬我，难道认为正直地劝谏不如互相附和？给我立个木柱，把我带到深山，等到以后相会时我会发出声响的。"于是吴王就派守门人把他的尸体带到蒸丘，并说："豺狼吃你的肉，野火烧你的骨，东风屡次刮来，吹散你的残骸，你的骨肉腐烂，怎么能发出声响呢？"太宰嚭小步奔走进宫说："祝贺大王的喜事，灾祸已经消除了。请马上举行传杯敬酒的仪式，军队可以出发了。"

吴王乃使太宰嚭为右校[①]，司马王孙骆为左校，乃从勾践之师伐齐[②]。伍子胥闻之，谏曰："臣闻兴十万之众奉师千里[③]，百姓之费，国家之出，日数千金。不念士民之死，而争一日之胜，臣以为危国亡身之甚。且与贼居，不知其祸，外复求怨，徼幸他国，犹治救瘑疥而弃心腹之疾[④]，发当死矣。瘑疥，皮肤之疾，不足患也。今齐陵迟千里之外[⑤]，更历楚、赵之界[⑥]，齐为疾，其疥耳。越之为病，乃心腹也；不发则伤，动则有死。愿大王定越而后图齐，臣之言决矣。敢不尽忠？臣今年老，耳目不聪，以狂惑之心，无能益国。窃观《金匮》第八[⑦],其可伤也。”吴王曰：“何谓也？”子胥曰：“今年七月辛亥平旦[⑧]，大王以首事[⑨]。辛，岁位也[⑩]；亥，阴前之辰也[⑪]。合壬子，岁前合也[⑫]。利以行武，武决胜矣。然德在合，斗击丑[⑬]。丑，辛之本也[⑭]，大吉，为白虎而临[⑮]。辛，功曹，为太常所临[⑯]。亥，大吉[⑰]，得辛为九丑[⑱]，又与白虎并重。有人若以此首事，前虽小胜，后必大败。天地行殃，祸不久矣。”

注释

①右校：军官名。“校”本来表示军营，所以又用来指军队的一部，该部之长亦称“校”。

②从：使动用法，使……跟从，带领。

③奉：供给，供养。

④瘑guō：疽疮。

⑤陵迟：衰落。当时吕氏之齐完全为田氏所控制。

⑥赵：当作“鲁”。当时晋国尚未分，赵国尚未立，不得言“赵”。鲁在齐、吴之间，故当言“鲁”。

⑦《金匮》：根据五行的原理以及历法中的干支观天相地、推测吉凶的书；以下所述占术，可能是汉代所流行的“八会”(以日月星辰占六梦之吉凶)、“六壬”(也是一种用阴阳五行、干支时辰的搭配来占卜吉凶的方法)之类，作者依当时的习俗而将它附托于子胥等人，其实并不是

春秋时期的占法。

⑧平旦：早上太阳在地平线上的时刻。此指卯时。

⑨首事：开始起事。

⑩该年是辛卯年，所以说辛为岁位。

⑪阴前之辰：当指太阴尚未到达的地支。辛亥在辛卯之后20位，所以这么说。阴，指太阴，是古代天文占星家设想出来的与岁星(木星)背道而行的虚假之星，以便用它来和十二辰相配而纪年。辰，十二地支的统称。

⑫合：合日。壬子：是五月合日。古代有所谓八合之说，壬子为五合。古代所谓“八会”的占术，大概就是用这八合相附，看它是岁前合还是岁后合来推断吉凶。岁前：指太阴未至之辰。壬子在辛卯后21位，不到30位，所以说“岁前”。

⑬德：五行之说称天干为“德”。合：合日。辛卯是八月合日。斗：斗宿，即南斗六星。此象征越国。击：此指涉及，进入。丑：配星纪，此暗指吴。“斗击丑”当借自六壬法而变通指南斗击丑，暗应越击吴。

⑭丑，五行配“土”；辛，五行配“金”。土生金，所以说：“丑，辛之本也。”

⑮白虎：星宿名，占术中用作神名。它原是西方七宿的合称，即奎、娄、胃、昴、毕、觜、参。白虎七宿的分野是鲁国和晋国。这句说“丑为白虎而

临”，象征吴国将受到鲁国、晋国的逼迫，暗应子贡之事及与晋争长之事。

⑯功曹：官名，是汉代州郡中的副官，掌管考查记录功劳。太常：汉代官名，为九卿之一，掌管礼乐郊庙社稷事宜。此文功曹与太常均为占术中之神名。

⑰《淮南子·天文训》：“亥为收，主大德。”所以说：“亥，大吉。”

⑱九丑：丑是恶、不利的意思，主大杀。乙、戊、己、辛、壬与子、午、卯、酉相配则合天地之道，现在辛与亥相配，则不合天地之道，所以为九丑。

译文

吴王就让太宰伯嚭当右校，司马王孙骆任左校，便带领勾践的军队去攻打齐国。伍子胥听说了这件事，劝谏说：“我听说发动上十万民众去供奉军队于千里之外，百姓的费用，国家的支出，每天要几万两黄金。不顾念战士们的死亡，而去争夺一时的胜利，我以为这是一种使国家危险、使自己灭亡的极端做法。况且和强盗住在一起却不知道他会造成的祸患，又在外招致怨恨，到其他的国家去碰运气，这就好像治病时只救治疥疮而不顾心腹部的致命之病，等病情发作一定会死去。疥疮，是皮肤上的小毛病，不值得担忧。现在齐国衰落于千里之外，还要经过楚国、鲁国的边界才能到达我国，所以齐国如果成为我们的病患，那不过是疥疮罢了。越国如果成为我们的病患，才是心腹部的不治之症啊；它就是不发作，我们也会受到伤害，如果一发作，那是会让我们死亡的啊。希望大王先平定越国，然后再谋取齐国，我的主张是坚定不移的。我敢不竭尽忠诚么？我现在年纪已老，耳朵眼睛也不灵了，凭我这昏乱的脑子，也不能使国家再受益了。我私下里看了一下《金匮》第八章，您会受到伤害的。”吴王说：“怎么个说法呢？”子胥说：“今年七月辛亥日日出时分，大王在这时开始起事。辛，是今年年岁的位次；亥，是太阴尚未到达的地支。合日是壬子，这是一个太阴还没有到达的合日。这日子是有利于发动战争的，所以这次战争一定能打赢了。但是这日子的天干虽然在合日之中，斗宿却进入了丑。丑，是产生辛的本源，十分吉利，但又被白虎所紧逼。辛，是功曹，被太常所紧逼。亥，十分吉利，但再加上辛就成了九丑，又和白虎并重。有人如果在这个日子起事，那么开头虽然会取得一些小的胜利，但最后一定会大败。天地降下灾难，祸殃就在眼前了。”

吴王不听，遂九月使太宰嚭伐齐。军临北郊，吴王谓嚭曰：“行矣！无忘有功，无赦有罪。爱民养士，视如赤子。与智者谋，与仁者友。”太宰嚭受命，遂行。

译文

吴王不听伍子胥的劝告，于是就在九月派太宰嚭攻打齐国。吴军来到北郊，吴王对伯嚭说："走吧！别忘记奖赏有功的人，别赦免有罪的人。要爱护民众、将养战士，要像爱护婴儿那样去对待他们。要和聪明的人谋划，和仁慈的人交朋友。"太宰嚭接受了命令，就走了。

吴王召大夫被离，问曰："汝常与子胥同心合志，并虑一谋。寡人兴师伐齐，子胥独何言焉？"被离曰："子胥欲尽诚于前王，自谓老狂，耳目不聪，不知当世之所行，无益吴国。"

译文

吴王召见大夫被离，问道："你常常和子胥同心同德，一起出谋划策。我起兵攻打齐国，子胥独自一个人时说些什么呢？"被离说："子胥想对先王阖闾竭尽忠诚，自己说自己老得糊涂了，耳朵眼睛不灵了，不了解当代所实行的一切，所以对吴国也就没有什么裨益了。"

王遂伐齐，齐与吴战于艾陵之上[①]，齐师败绩。吴王既胜，乃使行人成好于齐[②]，曰："吴王闻齐有没水之虑，帅军来观，而齐兴师蒲草，吴不知所安集，设阵为备，不意颇伤齐师。愿结和亲而去。”齐王曰[3]：“寡人处此北边，无出境之谋。今吴乃济江、淮，逾千里而来我壤土，戮我众庶。赖上帝哀存，国犹不至颠陨。王今让以和亲，敢不如命？”吴、齐遂盟而去。

注释

①艾陵：在今山东莱芜市东。

②行人：通使之官，即使者。据《国语·吴语》，行人是吴大夫奚斯。

③齐王：指齐简公。

译文

吴王就去攻打齐国，齐国和吴国在艾陵附近交战，齐军大败。吴王已经获胜，就派使者奚斯到齐国讲和，说：“吴王听说齐国有被水淹没的忧虑，所以率领了军队来看望，但齐国却在菖蒲草丛之中起兵，吴国不知所措，只好布了战阵作为防备，没想到使齐军受到了不小的损伤。我们希望和你们缔结和睦友好的盟约然后再离去。”齐王说：“我住在这北边，又没有出境侵略的谋划。现在吴国渡过了长江、淮河，走了上千里的路来到我的国土上，杀戮我的民众。靠了上帝的怜爱抚恤，国家还不至于灭亡。大王现在谦让地要和我们和睦友好，我们敢不从命么？”吴国、齐国就订立了盟约，然后吴军就离开了。

吴王还，乃让子胥曰："吾前王履德明，达于上帝，垂功用力，为子西结强雠于楚。今前王，譬若农夫之艾杀四方蓬蒿[1]，以立名于荆蛮，斯亦大夫之力。今大夫昏耄而不自安[2]，生变起诈，怨恶而出。出则罪吾士众，乱吾法度，欲以妖孽挫衄吾师[3]。赖天降衷[4]，齐师受服。寡人岂敢自归其功？乃前王之遗德、神灵之佑福也。若子于吴，则何力焉？"

伍子胥攘臂大怒，释剑而对曰："昔吾前王有不庭之臣[5]，以能遂疑计[6]，不陷于大难。今王播弃[7]，所患外不忧，此孤僮之谋[8]，非霸王之事。天之所弃，必趋其小喜[9]，而近其大忧。王若觉寤，吴国世世存焉；若不觉寤，吴国之命斯促矣。员不忍称疾辟易[10]，乃见王之为擒。员诚前死，挂吾目于门以观吴国之丧。"

吴王不听，坐于殿上，独见四人向庭相背而倚。王怪而视之，群臣问曰："王何所见？"王曰："吾见四人相背而倚，闻人言则四分走矣。"子胥曰："如王言，将失众矣。"吴王怒曰："子言不祥。"子胥曰："非惟不祥，王亦亡矣。"

后五日，吴王复坐殿上，望见两人相对，北向人杀南向人。王问群臣："见乎？"曰："无所见。"子胥曰："王何见？"王曰："前日所见四人。今日又见二人相对，北向人杀南向人。"子胥曰："臣闻四人走，叛也。北向杀南向，臣杀君也。”王不应。

注释

①艾 yì：通“刈”，割。

②耄 mào：原义表示老，引申为昏乱、糊涂。

③妖孽：怪异反常的事物。此指前文所说的“辛亥”之类。衄 nǜ：失败，挫伤。

④衷：善。“降衷”是古代常语。

⑤不庭：此指在朝廷上持反对意见、极力谏诤。

⑥遂疑计：《国语·吴语》作“以能遂疑计恶”，此文“计”下也当有“恶”。遂，解决。计，考虑。

⑦播弃：放弃。下承上省“不庭之臣”。

⑧伍子胥年老，所以轻蔑地将伯嚭等人的计谋称为“孤僮之谋”。

⑨趋：使动用法，表示“使……马上来到”的意思。

⑩辟 bì 易：退避，此文指退隐。

译文

吴王回国后，就责备子胥说：“我先父阖闾王行德明智，通于上天，传下了功业为国家出了力，为了你在西面结下了楚国这个强大的仇敌。先父阖闾王，就像农民割掉四处的蓬蒿一样，因为打败楚国而在江南树立了名望，这也是大夫您的贡献啊。现在你老糊涂了却还不能安分守己，反而惹是生非，制造谣言，心怀怨恨地出来游说。出来就怪罪我的战士民众，扰乱我的法令制度，想用怪异反常的事物来挫败我的军队。幸赖上天降下洪福，齐军被制服了。我哪里敢把这战功归于自己？这是先王遗留下来的德行和神灵的保佑造成的啊。至于像你这种人，对于吴国，那又出了什么力呢？”

伍子胥挽袖捋臂十分愤怒，放下宝剑回答说：“从前我们的先王有谏诤的大臣，因而能够解决疑难考虑弊端，从而不陷入到大灾大难之中。现在大王却抛弃了谏诤大臣，对于值得担忧的灾难却置之度外而不加担忧，这只是孤儿小孩的计谋，决不能成就称霸称王的事业。上天所抛弃的人，一定使他马上碰到小小的喜事，而又使他靠近严重的祸患。大王如果能够觉悟，吴国就能世世代代存在下去；如果不觉悟，吴国的寿命就短促了。我伍员不忍心借口有病而退避隐居，却竟然要看到大王被人活捉。我如果先死的话，请把我的眼睛挂在城门上来观看吴国的灭亡。”

吴王不听子胥的话，坐在大殿上，独自看见有四个人面向庭院互相背对背地靠着。吴王奇怪地看着他们，大臣们问他说：“大王看见了什么？”吴王说：“我看见四个人背对背地靠着，听见人声就四散逃跑了。”子胥说：“照大王这么说，那就要失去民众了。”吴王愤怒地说：“你说话太不吉利了。”子胥说：“不只是不吉利，大王也要灭亡了。”

过了五天，吴王又坐在大殿上，望见有两个人面对面，朝北的人杀了朝南的人。吴王问大臣们："你们看见了吗？"大臣们说："没看见什么。"子胥说："大王看见了什么？"吴王说："前几天看见的是四个人。今天又看见两个人面对面，朝北的人杀了朝南的人。"子胥说："我听说那四个人逃跑，象征着背叛。朝北的人杀了朝南的人，象征着臣杀君啊。"吴王没有回应。

吴王置酒文台之上，群臣悉在。太宰嚭执政，越王侍坐，子胥在焉。王曰："寡人闻之：'君不贱有功之臣，父不憎有力之子。'今太宰嚭为寡人有功，吾将爵之上赏。越王慈仁忠信，以孝事于寡人，吾将复增其国，以还助伐之功。于众大夫如何？"

群臣贺曰：

"大王躬行至德，虚心养士。
群臣并进，见难争死。
名号显著，威震四海。
有功蒙赏，亡国复存。
霸功王事，咸被群臣。"

于是子胥据地垂涕曰[1]：

"於乎哀哉[2]！遭此默默。
忠臣掩口，谗夫在侧。
政败道坏，谄谀无极！
邪说伪辞，以曲为直。

舍谗攻忠，将灭吴国。

宗庙既夷，社稷不食。

城郭丘墟，殿生荆棘。”

吴王大怒曰：“老臣多诈，为吴妖孽。乃欲专权擅威，独倾吾国。寡人以前王之故，未忍行法。今退自计，无沮吴谋。”

子胥曰：“今臣不忠不信，不得为前王之臣。臣不敢爱身，恐吾国之亡矣。昔者桀杀关龙逢③，纣杀王子比干④。今大王诛臣，参于桀、纣⑤。大王勉之，臣请辞矣。”

注释

①据：通“踞”，蹲或坐。

②於乎：同“呜呼”，叹词。

③关龙逢：又作关龙逄。传说是夏朝的贤臣。夏桀无道，为酒池糟丘。关龙逢竭力劝谏，桀囚而杀之。

④王子比干：商朝的贤臣。传说纣淫乱，比干强谏，纣怒，剖其心而死。比干是纣王的叔父，商王文丁（太丁）的儿子，所以称“王子”。

⑤参：同“叁”，配合成三。

译文

吴王在文台上面设置了酒宴，大臣们都在。太宰嚭主持政务，越王勾践在旁陪坐，子胥也在那里。吴王说：

“我听说过这样的话：‘君主不卑视有功的臣子，父亲不憎恨得力的儿子。’现在太宰嚭为我立了功，我将用上等的奖赏给他封爵。越王慈爱仁厚、忠诚老实，用孝道来侍奉我，我将再增大他的封国，以此来回报他帮助我攻战的功劳。大夫们认为怎么样？”

群臣恭贺说：

“大王亲行最高德恩，虚心供养战士成群。
群臣百姓齐头并进，遇到危难勇于牺牲。
大王名声无人不闻，威慑天下四海震惊。
有了功劳受赏有份，灭亡之国又能生存。
称王业绩称霸功勋，群臣都受其利万分。”

在这个时候子胥却坐在地上流着眼泪说：

“哎呀哎呀可悲可怜！碰到这种沉默无言。
忠贞之臣把口挡掩，谗毁之人在王身边。
政事败坏道德沦丧，阿谀奉承如此无限！
坏话连篇虚伪诈骗，竟把邪曲说成正廉。
放过谗佞攻击忠贤，将要灭掉吴国政权。
祖宗庙宇已被铲遍，土神谷神不再祭奠。
内城外城废墟一片，荆棘野草长满宫殿。”

吴王大怒说：“你这老臣多搞欺诈，成了吴国的妖怪。竟想专权独断擅自耀武扬威，一个人来颠覆我的国家。我因为先王的缘故，所以还不忍心对你施行刑法。现在你回家去自己好好考虑考虑吧，不要来阻扰吴国的谋略。”

子胥说："我如果不忠贞不诚信，就不配做先王的臣子了。我不敢爱惜自己的身体，而是怕我们的国家要灭亡啊。从前夏桀杀死了关龙逄，商纣杀死了王子比干。现在大王杀死我，就和桀、纣合成了三个。大王努力去做它吧，我请求告辞了。"

子胥归，谓被离曰："吾贯弓接矢于郑、楚之界[①]，越渡江、淮，自致于斯。前王听从吾计，破楚——见凌之雠。欲报前王之恩，而至于此。吾非自惜，祸将及汝。"被离曰："未谏不听[②]，自杀何益？何如亡乎？"子胥曰："亡，臣安往？"

注释

①贯弓：弯弓，张满弓。贯，通"弯"。

②未：将来。

译文

子胥回到家中，对被离说："我曾在郑国、楚国的边界上拉弓接箭，横渡淮河、长江，自己来到这里。先王阖闾听从了我的计策，攻破了楚国——这个凌辱过我的仇敌。我想报答先王的恩德，却落到这种地步。我倒不是怜惜自己，而是这灾祸将波及你。"被离说："将来继续劝谏仍然不会被听从，但自杀又有什么益处呢？

自杀怎么赶得上逃走呢？”子胥说：“如果逃走的话，我到哪里去呢？”

吴王闻子胥之怨恨也，仍使人赐属镂之剑[①]。子胥受剑，徒跣褰裳，下堂中庭，仰天呼怨，曰：“吾始为汝父忠臣，立吴[②]，设谋破楚，南服劲越，威加诸侯，有霸王之功。今汝不用吾言，反赐我剑。吾今日死，吴宫为墟，庭生蔓草，越人掘汝社稷，安忘我乎？昔前王不欲立汝，我以死争之，卒得汝之愿，公子多怨于我。我徒有功于吴。今乃忘我定国之恩，反赐我死，岂不谬哉？”吴王闻之，大怒曰：“汝不忠信，为寡人使齐，托汝子于齐鲍氏，有我外之心[③]。”急令自裁：“孤不使汝得有所见。”子胥把剑，仰天叹曰：“自我死后，后世必以我为忠。上配夏、殷之世，亦得与龙逢、比干为友。”遂伏剑而死。

吴王乃取子胥尸，盛以鸱夷之器[④]，投之于江中，言曰：“胥，汝一死之后，何能有知？”即断其头，置高楼上，谓之曰：“日月炙汝肉，飘风飘汝眼[⑤]，炎光烧汝骨[⑥]，鱼鳖食汝肉。汝骨变形灰，有何所见？”乃弃其躯，投之江中[⑦]。子胥因随流扬波，依潮来往，荡激崩岸。

于是吴王谓被离曰：“汝尝与子胥论寡人之短[⑧]。”乃髡被离而刑之[⑨]。

注释

①属镂：剑名。此处所谓赐剑，是令其自杀。

②立吴：建立吴国，此当指子胥新建吴城。

③我外：即“外我”“弃我”。外，弃。

④鸱 chī 夷：革囊。

⑤飘风：即旋风。

⑥炎：通“焰”，火光。

⑦“即断其头……投之江中”与上文“吴王乃取子胥尸……何能有知”文义不相属。后者或是前者的补充说明，或是前者的异闻而作者并收附之。江：指松江。子胥死后，吴人在江边给他立了庙，后来庙址又有所迁徙。今苏州市吴中区胥口镇西伍相国祠内有伍子胥墓。

⑧尝：通“常”，经常。

⑨髡 kūn：剃去头发的刑罚。

译文

吴王听说子胥怨恨，就派人赐给他属镂剑叫他自杀。子胥接受了宝剑，赤着脚撩起下衣，走下厅堂来到院子中，抬头朝天喊怨，说：“我开始是你父亲的忠臣，建起了吴国都城，设计了谋略而攻破了楚国，向南制服了强劲的越国，威势压倒了诸侯各国，立有称霸称王的功劳。现在你不但不听我的话，反而还赐给我宝剑叫我自杀。我今天死了，吴国的王宫将成为废墟，庭院里将长满蔓生的杂草，越国人将掘掉你的土地神、谷神神像，到时候哪能忘记我呢？从前先王不想立你为太子，我拼命为你争取，终于实现了你的愿望，结果公子们多半怨恨我。我真是白白地有功于吴国。现在你竟然忘了我安国安邦的恩德，反而赐我一死，难道不荒谬吗？”吴王听说了这些话，十分愤怒地说：“你不忠诚老实，为我出使齐国时，把你的儿子托付给齐国的鲍牧，有抛弃我的心思。”吴王紧急传令叫他自杀，说：“我不让你再看见什么。”子胥握剑，抬头朝天叹息说：“从我死了以后，后代人一定会认为我是忠贞的。向上和夏朝、商朝的时代相比，我也能和关龙逄、比干成为朋友了。”于是就用剑自杀了。

吴王于是取来子胥的尸体，用皮袋子装了，把他抛到了江中，说道：“子胥，你一死之后，怎么能有知觉呢？”即割下了他的头，放在高楼上，对他说：“日月烤你的肉，旋风吹你的眼，火光烧你的骨，鱼鳖吃你的肉。你骨头变了，形体成了灰，还有什么能看得见呢？”于是就抛弃了他的躯体，把他扔进江中。子胥便随着流水兴起波浪，跟着潮汐来去往返，动荡冲击使江岸崩塌。

于是吴王又对被离说：“你常常和子胥议论我的短处。”于是就剃去了被离的头发而判刑惩罚了他。

王孙骆闻之，不朝。王召而问曰："子何非寡人而不朝乎[1]？"骆曰："臣恐耳。"曰："子以我杀子胥为重乎？"骆曰："大王气高，子胥位下，王诛之。臣命何异于子胥？臣以是恐也。"王曰："非听宰嚭以杀子胥，胥图寡人也。"骆曰："臣闻：'人君者必有敢谏之臣，在上位者必有敢言之交。'夫子胥，先王之老臣也。不忠不信，不得为前王臣。"吴王中心悷然[2]，悔杀子胥："岂非宰嚭之谗子胥？"而欲杀之。骆曰："不可。王若杀嚭，此为二子胥也。"于是不诛。

注释

①非：相背、避开。

②悷 lì：悲伤。

译文

王孙骆听说了这些事，就不上朝了。吴王召见他而问他说："您为什么要避开我而不上朝呢？"王孙骆说："我只是因为恐惧而已。"吴王说："您认为我杀子胥是太严苛了么？"王孙骆说："大王趾高气扬，子胥处在下位，所以大王杀了他。我的性命和子胥有什么不同呢？我因此而恐惧啊。"吴王说："我并不是因为听信了太宰嚭的话才杀掉子胥的，而是因为子胥算计我啊。"王孙骆说："我听说：'当君主的一定要有敢于谏诤的臣子，处在上位的一定要有敢于说话的知交。'那子胥，是先王阖闾的老臣。如果他不忠诚不老实，那就不可能成为先王的臣子。”吴王心里很悲伤，后悔杀了子胥，说：“难道不是因为太宰嚭诋毁了子胥么？”因而想要杀掉伯嚭。王孙骆说：“不行。大王如果杀了伯嚭，这就成了第二个子胥了。”于是吴王就不杀伯嚭了。

十四年，夫差既杀子胥，连年不熟，民多怨恨。吴王复伐齐，阙为阑沟于商、鲁之间[①]，北属蕲[②]，西属济[③]，欲与鲁、晋合攻于黄池之上[④]。恐群臣复谏，乃令国中曰：“寡人伐齐，有敢谏者死。”太子友知子胥忠而不用，太宰嚭佞而专政，欲切言之[⑤]，恐罹尤也[⑥]。乃以讽谏激于王。清旦，怀丸持弹，从后园而来，衣袷履濡[⑦]，王怪而问之曰：“子何为袷衣濡履、体如斯也？”太子友曰：“适游后园[⑧]，闻秋蜩之声[⑨]，往而观之。夫秋蝉，登高树，饮清露，随风㧑挠[⑩]，长吟悲鸣，自以为安，不知螳螂超枝缘条，曳腰耸距[⑪]，欲援其形。夫螳螂，翕心而进[⑫]，志在有利，不知黄雀缘茂林[⑬]，徘徊枝阴[⑭]，踙蹴微进[⑮]，欲啄螳螂。夫黄雀，但知伺螳螂之有味，不知臣挟弹危掷[⑯]，蹭蹬飞丸而集其背[⑰]。今臣但虚心[⑱]，志在黄雀，不知空坎其旁，暗忽坎中，陷于深井[⑲]。臣故袷体濡履，几为大王取笑。”王曰：“天下之愚莫过于斯。但贪前利，不睹后患。”太子曰：“天下之愚，复有甚者。鲁承周公之末[20]，有孔子之教，守仁抱德，无欲于邻国，而齐举兵伐之，不爱民命，惟有所获。夫齐，徒举而伐鲁，不知吴悉境内之士，尽府库之财，暴师千里而攻之[21]。夫吴，徒知逾境征伐非吾之国，不知越王将选死士出三江之口[22]，入五湖之中[23]，屠我吴国，灭我吴宫。天下之危，莫过于斯也。”吴王不听太子之谏，遂北伐齐。

注释

①阙：义与“掘”同，挖掘。阑沟：古称运河为“沟”，阑沟当是运河之名。商：即宋国。周灭商后，把商的旧都周围地区分封给商纣王的庶兄微子启以奉商祀，称宋国。宋国的君主是商王朝王族的后代，宋都商丘（在今河南商丘南）又是商的旧都（商时名亳），因而后世称宋为商。鲁：周初分封之国，姬姓，在今山东西南部，国都曲阜（今山东曲阜）。

②属：连接。蕲 qí：此“蕲”字当为“沂”之音讹。沂水源出山东曲阜东南的尼丘，西流经曲阜、兖州合于泗水。

③济：济水，源出河南济源市王屋山，其故道本过黄河而南，东流至山东，与黄河并行入海，后下游为黄河所夺。

④黄池：宋国地名，位于今河南封丘县西南，济水

故道南岸。

⑤切言：贴近问题直言劝说。

⑥罹：遭受。

⑦袷：当作“洽”，与“濡”同义，沾。

⑧适：刚才。

⑨秋蜩：秋蝉，又名鸣蜩，是蝉之一种，秋间鸣于日暮，其声相续甚长，无高低相间的节奏。

⑩扮：通“挥”，挥动。

⑪曳：拖。距：鸡爪叫“距”，此指螳螂前部呈镰刀状的前腿。

⑫翕：聚。

⑬黄雀：鸟名，也称芦花黄雀。雄者上体浅黄带绿，雌者上体微黄而有褐色条纹。

⑭阴：同“荫”。

⑮踂踧 niè yuè：轻轻地提脚挪腿。微：隐微，暗中。

⑯危：高。掷：投掷，扔，此指发射。

⑰蹭蹬 cèng dèng：失势之貌。此指弹弓已拉足，弹丸即将离开弹弓的样子。

⑱虚心：指排除心中其他的一切意念而专心致志。虚，空。这里用作使动词，表示“使……空”。

⑲井：通“阱”，陷阱。

⑳鲁国原封给周公旦，周公留佐周成王，其子伯禽便受封至鲁为鲁公，鲁国之君为周公的后代，所以说“鲁承周公之末”。

㉑暴师：使军队在外蒙受风霜雨露。

㉒三江之口：在今苏州市东南三十里处，大约在今吴中区胜浦新镇之南，西南与太湖相距（水道之长）七十里。

㉓五湖：原来可能指太湖东侧的五个小湖，后便用来指称太湖。

译文

十四年（公元前482年），夫差杀了子胥后，庄稼连年歉收，民众多半怨恨他。吴王又准备攻打齐国，在宋国、鲁国之间挖成运河阑沟，向北连接沂水，向西连接济水，想和鲁国、晋国在黄池附近会战。他怕大臣们再来劝阻，就命令国内说："我要去攻打齐国，有谁敢来劝阻，就处死。"太子友知道子胥忠心耿耿却不被重用，太宰嚭能说会道而专权独断，他原想直言劝阻这件事，怕遭罪，于是就用委婉含蓄的劝告去打动吴王。清晨，他带了弹丸，手握弹弓，从后花园而来，衣服沾湿了，鞋子弄潮了。吴王奇怪地问他说："你干了什么而把衣服鞋子搞得湿淋淋的，身上弄成了这个样子？"太子友说："刚才在后花园游玩，听见秋蝉的鸣叫声，就去观望它。那秋蝉，登上了高高的树梢，喝着清澈的露水，随着风儿舞动，拖长了声音啼鸣，凄切地叫着，自以为很安全，不知道螳螂越过树枝沿着枝条，拖着细腰、高举脚爪，要抓住它的身体。那螳螂，聚精会神地向前爬，心思只放在取得利益上，不知道黄雀凭借着茂密的树林，徘徊在树阴中，轻轻地提脚挪腿，暗暗地向前迈进，想啄螳螂。那黄雀，只知道窥视那美味的螳螂，不知道我手握弹弓要向高处发射，弹弓拉尽即将飞出弹丸而射中它的背脊。而我，只是排除心中一切杂念，把心思都放在黄雀身上，却不知道坑穴就在那旁边，在阴暗中忽然掉进了坑穴里，陷入了深深的陷阱中。所以我弄得身上湿了、鞋子潮了，差一点被大王取笑。”吴王说：“天下的愚蠢没有比这更厉害的了。只贪图眼前的利益，看不到后面的祸患。”太子说：“天下的愚蠢，还有比这更厉害的。鲁国，继承了周公旦的余绪，又有孔子的教化，牢守仁义，坚持德教，对邻国没有贪欲，但齐国却起兵攻打它，不爱惜民众的性命，只希望有所获得。那齐国，只顾起兵攻打鲁国，不知道吴国全数动用了国内的将士，用尽了府库中的资财，出师千里之外去攻打它。而吴国，只知道越过国境去攻打不属于自己的国家，不知道越王将挑选拼死作战的勇士从三江口出来，进入太湖之中，屠杀我们吴国的民众，灭掉我们吴国的王宫。天下的危亡，没有什么能超过这个了。”吴王不听从太子的劝告，就向北攻打齐国去了。

越王闻吴王伐齐，使范蠡、洩庸率师屯海、通江[①]，以绝吴路。败太子友于始熊夷[②]，通江淮[③]，转袭吴，

遂入吴国，烧姑胥台，徙其大舟。

注释

①范蠡：春秋末楚国人，后为越国大夫，字少伯。越为吴所败时曾赴吴为仆三年，回越后帮助勾践灭掉吴国。后游齐国，改称陶朱公，以经商致富。洩庸：又作“曳庸”，越国大夫。

②始熊夷：“始”当作“姑”，据《左传》，姑熊夷当在今苏州市西南横山附近。

③通江淮：“淮”字当衍，或为连类而及之辞。江，吴江。

译文

越王勾践听说吴王去攻打齐国，就派范蠡、洩庸率领军队驻扎在东海边，打通长江沿线，以此来截断吴军的退路。越王把吴国太子友打败在姑熊夷，打通了松江，转而袭击吴国，于是就进入了吴国国都，焚烧了姑胥台，取走了吴国的大船。

吴败齐师于艾陵之上，还师临晋，与定公争长[①]，未合，边候乃至[②]，以越乱告。吴王夫差大惧，合诸臣谋曰：“吾道辽远，无会、前进[③]，孰利？”王孙骆曰：“不如前进，则执诸侯之柄以求其志。请王属士，以明其令，劝之以高位，辱之以不从，令各尽其死。”

夫差昏秣马食士，服兵被甲[4]，勒马衔枚[5]，出火于造[6]，暗行而进。吴师皆文犀长盾、扁诸之剑[7]，方阵而行。中校之军皆白裳、白髦、素甲、素羽之矰[8]，望之若荼[9]。王亲秉钺，戴旗以阵而立[10]。左军皆赤裳、赤髦、丹甲、朱羽之矰，望之若火。右军皆玄裳、玄舆、黑甲、乌羽之矰，望之如墨。带甲三万六千，鸡鸣而定阵，去晋军一里。天尚未明，王乃亲鸣金鼓[11]，三军哗吟以振其旅，其声动天徙地。

晋大惊，不出，反距坚垒[12]，乃令童褐请军，曰：“两军偃兵接好[13]，日中为期。今大国越次而造弊邑之军垒[14]，敢请乱故。”吴王亲对曰：“天子有命，周室卑弱，约诸侯贡献，莫入王府，上帝鬼神而不可以告[15]。无姬姓之所振[16]，惧，遣使来告，冠盖不绝于道[17]。始周依负于晋，故忽于夷狄。会晋今反叛如斯，吾是以蒲服就君[18]。不肯长弟[19]，徒以争强。孤进，不敢；去，君不命长，为诸侯笑。孤之事君，决在今日；不得事君，命在今日矣。敢烦使者往来，孤躬亲听命于藩篱之外[20]。”童褐将还，吴王蹑左足，与褐决矣[21]。

及报，与诸侯、大夫列坐于晋定公前。既以通命[22]，乃告赵鞅曰[23]：“臣观吴王之色，类有大忧。小则嬖妾、嫡子死，否则吴国有难；大则越人入，不得还也。其意有愁毒之忧，进退轻难，不可与战。主君宜许之以前期[24]，无以争行而危国也[25]。然不可徒许，必明其信。”赵鞅许诺，入谒定公曰：“姬姓于周，吴为先老[26]，可长，以尽国礼。”定公许诺，命童褐复命。

于是吴王愧晋之义，乃退幕而会。二国君臣并在，吴王称公，前歃，晋侯次之，群臣毕盟。

注释

①争长：即争先，争第一，此指争抢先歃血。在会盟时，盟主先歃血。所以争长即指争当盟主，争取高人一等的地位。

②边候：在边界关卡负责侦察敌情的官吏。

③前：先。进：当为“晋”之音讹。

④服：握，持。被：通“披”。

⑤勒：有嚼口的马络头。这里用作动词。枚：古代行军时让士兵衔在口中以防喧哗的木片，状如筷子。

⑥造：当为“灶”之音讹。

⑦文犀：有纹理的犀角。扁诸之剑：剑名。阖闾铸成干将、莫耶二剑后，又铸剑三千，并号扁诸之剑。

⑧中校之军：中央营垒中的军队，即“中军”。古代行军作战分左、右、中（或上、下、中）三军，由主将所处的中军发号施令。髦：通“旄”，竿顶用旄牛尾做装饰的一种旗帜。矰：短矢。

⑨荼：菅茅的花，白色。

⑩戴：载，载之于头。此指吴王站在旗帜下，旗帜

在他头顶上飘动。以：相当于“于”。

⑪金鼓：即“钲鼓”，锣与鼓。击鼓是使人前进的信号，敲锣是使人后退的信号。

⑫反距：反抗。距，通“拒”，抵御。坚：使动用法，使……坚固。垒：防护军营的墙壁或建筑物。

⑬偃兵：藏起兵器，即休战。偃，藏匿。

⑭次：顺序。这里指时间而言。造：到。弊邑：对本国的谦称。

⑮上帝鬼神而不可以告：即“无以告祭于天神人鬼”，指财物紧缺，以致没有东西来祭祀鬼神。

⑯姬姓：指周王朝。振：同“赈”，救济。

⑰冠盖不绝于道：指使者连续不断，形容情况的紧急。冠盖，礼帽和车盖，这里指代使者及其车子。

⑱蒲服：伏地而行。这里用作谦词，谦称自己无能，只能匍匐而来。

⑲不肯长弟：言晋不顾长幼之节，而征伐同姓兄弟之国。长，抚养。

⑳藩篱：篱笆，此指军营的围墙。

㉑决：同“诀”，辞别。

㉒通命：复命，指奉命出使回来后向君主汇报执行使命的情况。通，陈述。

㉓赵鞅：即赵简子，晋顷公、晋定公时为晋国正卿。

㉔主君：指赵鞅。当时家臣常称卿大夫为主，因而赵简子又称为赵简主，故此文称之为“主君”。

㉕争行：争位，指争夺盟主之位。行，列位。此指在行列中的位置。

㉖吴国的始祖太伯是古公亶父的长子、季历的长兄、文王的大伯父，所以说“姬姓于周，吴为先老”。

译文

吴王在艾陵附近打败了齐军以后，把军队调过来进逼晋国，和晋定公争当盟主，还没有成功，边界上侦察敌情的官吏就来了，把越国扰乱吴国的事情作了汇报。吴王夫差非常恐惧，就召集了各位大臣商量说：“我们离国内路途遥远，不参加会盟而赶回去与争当盟主而在晋国之前先饮血，两者哪一个有利？”王孙骆说：“不如在晋国之前先饮血而当盟主，当了盟主就可以掌握诸侯的权柄而争取实现自己的愿望。请大王集合将士，向他们申明自己的法令，用高官厚禄来激励他们，对不服从的就使他们受到刑辱，从而使每个人都能拼命。”

于是夫差在黄昏时命令将士们喂好马，让将士吃饱饭，带上兵器，披好铠甲，套好马络头，让士兵口衔行枚，把火种从灶里倒出来灭掉，在黑暗中行军挺进。吴国的战士都手持带有花纹的犀牛皮做成的长形盾牌和扁诸剑，排成了方形的队列前进。中央营垒中的将士都穿着白色的衣裳，手拿白色的旗帜，身披白色的铠甲，使用白色羽毛做箭尾的短箭，望上去好像是茅草花。吴王亲自手执大斧，头顶着战旗，在队列中站着。左翼部队都穿着红色的衣裳，手拿红色的旗帜，身披红色的铠甲，使用大红色羽毛做箭尾的短箭，望上去好像是火。右翼部队都穿着黑色的衣裳，驾着黑色的战车，身披黑色的铠甲，使用黑色羽毛做箭尾的短箭，望上去好像是墨。身披铠甲的将士有三万六千人，在鸡鸣的时候已经摆好阵势，距离晋军只有一里路。天还没有亮，吴王便亲自敲响锣鼓，左、中、右三军都大声呐喊来振作自己的部队，那声音震天动地。

晋国人大为惊骇，不敢出来，只能防御抵抗而加固营垒，于是就叫童褐拜见吴军，说：“双方的军队休战和好，约好中午进行会晤。现在贵国提前来到敝国的军营，我大胆地来请问这扰乱时间顺序的缘故。”吴王亲自回答说：“天子早已有了命令，但由于周朝王室卑微衰弱，所以虽然约定诸侯各国进贡奉献，却没有谁把贡品交纳到周天子的府库中去，因而就是对上帝鬼神也不能再用什么东西去向他们报告了。周天子因为没有救济姬姓王族的东西了，所以十分恐惧，派使者来告急，使者及其车子在路上连续不断。开始时周王朝依赖晋国，所以忽视中原之外的异族。现在碰上晋国竟像这样背叛了周王朝，我因此才爬着来到你们国君跟前。你们国君不肯抚养幼小，只是凭自己的力量和别国竞争强弱。我不敢逾越先君的爵位等级；但如果就这样离去，你们国君不称我为盟主，那我就要被诸侯耻笑了。我侍奉天子，得取决于今天这一仗；我不能侍奉天子，那命运也在于今天这一仗了。我大胆地劳驾使者你来回奔波传达，我将亲自在你们军营的围墙之外听从你们国君的命令。”童褐将要回去的时候，吴王踩了一下童褐的左脚，就和童褐告别了。

等到童褐回报的时候，与诸侯、大夫依次坐在晋定公的前面。童褐向定公汇报了执行使命的情况后，便告诉赵鞅说：“我观察吴王的脸色，好像有很伤心的事。小一点的话，就是他宠爱的姬妾或者夫人生的儿子死了，要不就是吴国有了内乱；大一点的话，就是越国人打进了吴国，他不能再回去了。他心头有了很深的愁苦忧虑，进退就不考虑祸患了，所以不能和他交战。您应该答应他在会盟的时候先饮血，不要因为争夺盟主的位子而使国家陷于危险的境地。但也不可以白白地答应他，而一定要表明自己的信用。”赵鞅答应了，告诉定公说：“姬姓在当初的周国来说，吴太伯是在先的老大，可以让吴王先饮血，以此来尽到国家的礼仪。”定公答应了，命令童褐向吴王回报。

于是吴王因为晋国的礼仪而感到惭愧，就退让到帐篷中去与晋国会盟。两国君臣都在场，吴王改称为吴公，先饮血，晋定公在他之后饮血，群臣也都立誓而缔结了盟约。

吴既长晋而还，未逾于黄池。

越闻吴王久留未归，乃悉士众将逾章山[①]，济三江，而欲伐之。

吴又恐齐、宋之为害，乃命王孙骆告劳于周，曰："昔楚不承供贡，辟远兄弟之国[②]。吾前君阖闾不忍其恶，带剑挺铍[③]，与楚昭王相逐于中原。天舍其忠[④]，楚师败绩。今齐不贤于楚，又不恭王命，以远辟兄弟之国。夫差不忍其恶，被甲带剑[⑤]，径至艾陵。天福于吴，齐师还锋而退。夫差岂敢自多其功？是文、武之德所佑助[⑥]。时归吴，不熟于岁，遂缘江溯淮，开沟深水，出于商、鲁之间而归。告于天子执事[⑦]。"

周王答曰[⑧]："伯父令子来乎[⑨]？盟国，一人则依矣[⑩]。余实嘉之。伯父若能辅余一人，则兼受永福，周室何忧焉？"乃赐弓弩、王阼[⑪]，以增号谥。

吴王还归自池，息民散兵。

注释

①章山：在今湖北钟祥市西南汉水边上，时为楚地，越王不可能逾此章山而济三江。此"章山"恐为"长山"之音误，长山是太湖东岸的山名，在三江附近，所以说"逾章山，济三江"。

②辟：同"僻"。兄弟之国：指姬姓各国。

③挺：拔。铍：兵器，剑属，较长，形如刀而两边有刃。

④忠：通"衷"，善。"舍其忠"即言天舍善于吴。

⑤被：通“披”。

⑥文、武：文王、武王。

⑦执事：原指从事劳役的人，这里用作尊称。

⑧周王：指周敬王，名丐。公元前519—前476年在位。

⑨伯父：周天子称同姓诸侯为伯父或叔父。吴为荆蛮之国，并非大国。大概它当时甚强，而周室则衰微，所以周敬王尊称吴王为伯父。

⑩一人：天子自称。

⑪阼：当作“胙”，宗庙祭祀用的肉。生的叫脤，熟的叫膰。赐王胙，即赐给祭祀先王的肉。周天子祭祀祖先后，常赐同姓诸侯以胙，以密切关系，而对有功者，也常常赐胙以表示尊重。

译文

吴王胜过了晋定公而当上盟主之后，就班师回国，没有再越过黄池。

越王听说吴王长久待在外地而没有回国，就调发全部的将士将越过长山，渡过三江，想攻打吴国。

吴王又怕齐国、宋国给自己造成危害，于是就叫王孙骆去向周敬王报功，说：“从前楚国不承担供给贡品的职责，疏远我们同姓的兄弟之邦。我们的先君阖闾不能容忍他们的罪恶，佩带着宝剑、拔出长铍，与楚昭王在原野中互相追击。上天降给我们先君洪福，楚军大败。

现在齐国还不如楚国，又不恭敬地听从大王的命令，疏远我们同姓的兄弟之邦。夫差不能容忍他们的罪恶，身披铠甲、带着宝剑，直到艾陵。上天保佑吴国，齐军掉转矛头败退了。夫差哪敢自夸自己的功劳？这是文王、武王的德行所保佑辅助的结果啊。当时打败齐国后回到吴国，年成不丰收，于是就沿着长江顺流而下，又由淮河逆流而上，开掘运河、挖深河道，从宋国和鲁国之间出兵后准备回国了。现谨向天子报告。”

周敬王回答说：“是伯父叫您来的吗？你们和别的诸侯国缔结了盟约，我就可以依靠他们了。我非常赞赏这种行为。伯父如果能辅助我，那么我就能同时受到长久的福佑了，周朝王室还忧虑什么呢？”于是就赐给了弓弩以及祭祀先王用的肉，并且赠给了名称谥号。

吴王从黄池班师回国，让民众休养生息，放下了兵器而不再戒备。

二十年[①]，越王兴师伐吴，吴与越战于檇李[②]。吴师大败，军散，死者不可胜计[③]。越追，破吴。吴王困急，使王孙骆稽首请成，如越之来也。越王对曰：“昔天以越赐吴，吴不受也。今天以吴赐越，其可逆乎[④]？吾请献勾甬东之地[⑤]，吾与君为二君乎！”吴王曰：“吾之在周，礼前王一饭[⑥]。如越王不忘周室之义，而使为附邑，亦寡人之愿也。行人请成列国之义[7]，惟君王有意焉。”大夫种曰：“吴为无道，今幸擒之[8]。愿王制其命[9]。”越王曰：“吾将残汝社稷，夷汝宗庙[10]。”吴王默然。请成七反[11]，越王不听。

注释

①据《左传》记载，此年前吴国的大事尚有：夫差十六年（公元前480年）夏，楚伐吴。夫差十七年（公元前479年），吴伐慎。夫差十八年（公元前478年）三月，越伐吴，战于笠泽，吴败。

②槜 zuì 李：地名。在今浙江嘉兴市西南。

③胜：尽。

④其：同“岂”，难道。

⑤勾甬东之地：句章甬江之东的地方，指今浙江舟山岛。

⑥礼前王一饭：当指在周王朝的盟会上自己的位次在越王之前。夫差为太伯后裔，与周同姓（姬姓）；勾践则为夏禹之后（禹，姒姓），与周异姓。所以在周王朝的朝廷上，他比勾践要高贵些。

⑦行人：使者。列国：古称诸侯国为列国。

⑧前文仅说“困急”，则此时尚未擒获，此处“擒之”乃夸饰之词，意思实是说吴王已成掌中之物，无可逃脱了。

⑨制其命：等于说“斩其首”。制，截割。

⑩社稷、宗庙：都是国家政权的象征。所以越王的

话等于说“我将灭汝国”。

⑪反：通“返”。

译文

二十年（公元前476年），越王起兵攻打吴国，吴国与越国在檇李交战。吴军大败，军队溃散，死亡的人不计其数。越军继续追击，攻破了吴国。吴王困窘危急，派王孙骆去磕头求和，就像当初越国来求和那样。越王回答说：“过去上天把越国赐给吴国，吴国不接受。现在上天把吴国赐给越国，我难道可以违背天意吗？请让我献上句章甬江东面的地方，我和你还算是两个君主吧！”吴王说：“我在周王朝朝廷上，按照礼仪要比你先吃一口饭。如果越王能不忘记周朝王室的礼仪，而使吴国成为越国的附属国，也是我的心愿啊。使者前来请求您成全我们保持诸侯国的名义，希望大王对此有所考虑啊。”大夫文种说：“吴王暴虐无道，现在幸运地擒获了他。希望大王置之死地。”越王传话给吴王说：“我将摧毁你的土地神、谷神神像，铲平你的祖宗庙宇。”吴王沉默了。使者去求和往返了七次，越王还是没同意。

二十三年十月，越王复伐吴。吴国困，不战士卒分散，城门不守，遂屠吴。

吴王率群臣遁去，昼驰夜走，三日三夕，达于秦馀杭山[①]。胸中愁忧，目视茫茫，行步猖狂，腹馁口饥，顾得生稻而食之，伏地而饮水，顾左右曰："此何名也？"对曰："是生稻也。"吴王曰："是公孙圣所言'不得火食''走傽偟'也。"王孙骆曰："饱食而去。前有胥山[②]，西坂中可以匿止[③]。"

王行有顷，因得自生之瓜，已熟，吴王掇而食之，谓左右曰："何冬而生瓜？近道而人不食，何也？"左右曰："谓粪种之物，人不食也。"吴王曰："何谓粪种？"左右曰："盛夏之时，人食生瓜，起居道傍[④]，子复生，秋霜恶之[⑤]，故不食。"吴王叹曰："子胥所谓旦食者也。"

谓太宰嚭曰："吾戮公孙圣，投胥山之巅。吾以畏责天下之惭，吾足不能进，心不能往。"太宰嚭曰："死与生，败与成，故有避乎[⑥]？"王曰："然。曾无所知乎？子试前呼之，圣在，当即有应。"吴王止秦馀杭山。呼曰："公孙圣！"三反呼[⑦]。圣从山中应曰："公孙圣。"三呼三应。吴王仰天呼曰："寡人岂可返乎？寡人世世得圣也[⑧]。"

注释

①秦馀杭山：即阳山，也称"万安山"。在今苏州市西北十五公里处。

②胥山：指姑胥山，在今苏州市西南十公里处。

又，吴王当先到姑胥山，后至秦馀杭山，此文所述之事次序颠倒。

③坂：山坡。

④起居：拉屎。傍：同“旁”。

⑤恶：谓刑戮。此指摧残损害。

⑥故：通“固”，本来。

⑦反：通“返”。

⑧得：当作“待”，形近而误。

译文

二十三年（公元前473年）十月，越王又攻打吴国。吴国人困倦了，不应战，士兵四下逃跑，城门无人把守，于是越军就进入吴国国都进行屠杀。

吴王率领大臣们逃跑，日夜奔驰，三天三夜，到达了秦馀杭山。吴王心中愁苦忧虑，眼睛看东西迷迷糊糊，走起路来到处乱闯，肚子饿、嘴里馋，看见那未煮熟的米就把它拿来吃了，又趴在地上喝水，接着回过头来望着身旁的侍从说：“这东西叫什么？”侍从回答说：“这叫生米。”吴王说：“这就是公孙圣所说的‘不能吃到熟食’而‘仓皇地逃跑’啊。”王孙骆说：“饱饱地吃一顿就走吧。前面有胥山，那西山坡中可以藏起来歇歇脚。”

吴王走了一会儿，便发现那自己长出来的瓜，已经熟了，吴王就拾起来把它吃了，并对身边的侍从说：“为什么冬天还生出瓜来？靠近路边而人们没吃掉，为什么呢？”侍从说：“这叫作用大粪种下的东西，所以人们不吃啊。”吴王说：“什么叫作用大粪种下？”侍从说：“夏天最热的时候，人们吃了生瓜后，在路边大便，瓜子就又长出来了，秋霜摧残了它，所以人们不吃。”吴王叹息着说：“这就是子胥所说的早餐吧。”

吴王又对太宰嚭说：“我杀了公孙圣，把他扔在胥山的山顶上。我因为心怀害怕被天下人责备的那种惭愧，所以我的脚不能向前挪动，心里不情愿到胥山去。”太宰嚭说：“死亡和生存，失败和成功，本来是能回避的吗？”吴王说：“是的。我怎么这样无知呢？你试着先去喊喊他，公孙圣如果在的话，该马上会有回应的。”吴王便留在秦馀杭山。太宰嚭前去喊道：“公孙圣！”一共来回喊了三次。公孙圣从山中回答说：“公孙圣。”喊了三次他回答了三次。吴王抬头朝天喊道：“我是否还能回去呢？如果还能回到国都，我就世世代代侍奉公孙圣。”

须臾，越兵至，围吴三重。大夫文种相拜，范蠡在中行[1]，左手提鼓，右手操枹而鼓之。

吴王书其矢而射种、蠡之军，辞曰："吾闻：'狡兔以死[2]，良犬就烹；敌国如灭，谋臣必亡。'今吴病矣，大夫何虑乎？"

大夫种、相国蠡急而攻。大夫种书矢射之，曰："上天苍苍，若存若亡[3]。越君勾践下臣种敢言之：昔天以越赐吴，吴不肯受，是天所反。勾践敬天而功，既得返国。今上天报越之功，敬而受之，不敢忘也。且吴有大过六，以至于亡，王知之乎？有忠臣伍子胥忠谏而身死，大过一也。公孙圣直说而无功，大过二也。太宰嚭愚而佞言，轻而谗谀，妄语恣口，听而用之，大过三也。夫齐、晋无返逆行[4]，无僭侈之过[5]，而吴伐二国，辱君臣，毁社稷，大过四也。且吴与越同音共律[6]，上合星宿[7]，下共一理[8]，而吴侵伐，大过五也。昔越亲戕吴之前王，罪莫大焉，而幸伐之、不从天命而弃其仇[9]，后为大患，大过六也。越王谨上刻青天[10]，敢不如命？"

大夫种谓越君曰："中冬气定[11]，天将杀戮。不行天杀，反受其殃。"越王敬拜，曰："诺。今图吴王，将为何如？"大夫种曰："君被五胜之衣[12]，带步光之剑[13]，仗屈卢之矛[14]，瞋目大言以执之[15]。"越王曰："诺。"乃如大夫种辞吴王曰："诚以今日闻命。"言有顷，吴王不自杀。越王复使谓曰："何王之忍辱厚耻也？世无万岁之君，死生一也。今子尚有遗荣，何必使吾师众加刃于王？"吴王仍未肯自杀。勾践谓种、蠡曰："二子何不诛之？"种、蠡曰："臣，人臣之位，不敢加诛于人主。愿主急而命之：'天诛当行，不可久留。'"越王复瞋目怒曰："死者，人之所恶。恶者，无罪于天，不负于人。今君抱六过之罪，不知愧辱而欲求生，岂不鄙哉？"吴王乃太息，四顾而望，言曰："诺。"乃引剑而伏之死。越王谓太宰嚭曰："子为臣，不忠无信，亡国灭君。"乃诛嚭并妻子。

吴王临欲伏剑，顾谓左右曰："吾生既惭，死亦愧矣。使死者有知，吾羞前君地下，不忍睹忠臣伍子胥及公孙圣；使其无知，吾负于生。死必连蘗组以罩吾目⑯。恐其不蔽，愿复重罗绣三幅以为掩明。生不昭我，死勿见我形。吾何可哉？"

越王乃葬吴王以礼于秦馀杭山卑犹。越王使军士集于我戎之功人一隰土以葬之⑰。宰嚭亦葬卑犹之旁。

注释

①中行：即"行中"，队列中。

②以：通"已"。

③若：或。

④返：通“反”，反叛。“行”上宜有“之”字。

⑤僭 jiàn：超越本分，过分。侈：放纵。

⑥音律：五音六律。宫、商、角、徵、羽，谓之五声。黄钟、太族、姑洗、蕤宾、无射、夷则谓之六律。此文“音律”偏指“音”而言。古代阴阳五行家把五音与方位相配，如：宫—中，商—西，角—东，徵—南，羽—北。吴与越同处东南地带，对应的音相同，所以说“同音共律”。

⑦星宿：五星二十八宿。五星：岁星（木星）、荧惑（火星）、镇星（又作填星，即土星）、太白（金星）、辰星（水星）。二十八宿：东方角、亢、氐、房、心、尾、箕，北方斗、牛、女、虚、危、室、壁，西方奎、娄、胃、昴、毕、觜、参，南方井、鬼、柳、星、张、翼、轸。此文“星宿”偏指“宿”而言。古人将天上的二十八宿分别与地上的列国相配。吴、越同配斗、牛、女三宿而不加分别，所以此文说“上合星宿”。

⑧理：地。此指分野而言。吴、越与天上的斗、牛、女三宿相配，属同一分野，所以说“下共一理”。

⑨此指吴王夫差在公元前494年（吴夫差二年、越勾践三年）打败越国，越王勾践困守于会稽山，派大夫文种向吴求和而成。接着勾践于公元前492年（夫差四年、勾践五年）到吴国给夫差当奴仆，

后又被夫差放回。

⑩上刻青天：指对上严格尊奉天意。刻，严格。

⑪中冬：冬季的第二个月，即农历十一月。中，通“仲”。定：止。

⑫被：通“披”。五胜之衣：缀有五行相胜图的衣服。五胜，五行相胜。水胜火，火胜金，金胜木，木胜土，土胜水，称为五胜。

⑬步光：良剑名。

⑭仗：执。屈卢：古代造矛的良匠。

⑮瞋：发怒时睁大眼睛。

⑯纛pī组：丝带。

⑰集：成就。隰：低湿地。此文指取低湿地上的土埋葬吴王，以表示鄙夷之意。

译文

一会儿，越军赶到，把吴王围了三层。大夫文种行礼相拜，范蠡则在队伍中，左手提着战鼓，右手握着鼓槌而敲鼓令士兵进击。

吴王把信绑在他的箭上射给文种、范蠡的部队，信上的文辞是：“我听说：‘狡猾的兔子已经死光，优良的猎狗投锅煮汤；敌对的国家如果灭亡，谋议的大臣一定遭殃。’现在吴国精疲力尽了，大夫还图个什么呢？”

大夫文种、相国范蠡仍加紧进攻。大夫文种也把信绑在箭上射给吴王，说：“上天苍苍，或存或亡。越王勾践的贱臣文种大胆地说这样的话：从前上天把越国赐给吴国，吴国不肯接受，这是违背天意的行为。勾践尊重上天而尽心竭力，当时才能返回祖国。现在上天报答越王的功德，就该恭敬地接受吴国，不敢有所疏忽啊。况且吴国犯了六个重大的过错，因此才落到灭亡的地步，大王知道吗？有忠臣伍子胥忠诚地劝谏却被杀死，这是第一个重大的过错。公孙圣正直地解说却没有功劳，这是第二个重大的过错。太宰伯嚭愚昧而能说会道，轻浮而说人坏话、讨好君主，胡言乱语在口中放肆地说出来，你却听信而任用他。这是第三个重大的过错。那齐国、晋国没有反叛的行为，没有超越本分、恣肆放纵的过错，而吴国却攻打这两个国家，侮辱他们的君臣，毁坏他们的土地神、谷神，这是第四个重大的过错。再说吴国和越国对应相同的音律，在天上配合同样的星宿，在地上同属一个分野，但吴国却侵略越国，这是第五个重大的过错。从前越国亲手杀害了吴国的先王阖闾，罪过没有比这个更大的了，而侥幸的是吴国攻下了越国却不顺从天命而放了自己的仇人，使他在后来成为自己的大祸患，这是第六个重大的过错。越王对上谨慎严格地尊奉天意，敢不服从天命么？”

大夫文种对越王说：“仲冬生气止息，上天将行杀戮。如果不奉行上天的意志去杀戮，那就会反过来遭到它的祸害。”越王恭敬地向文种行了礼，说：“是的。现在图谋吴王，该采取什么办法呢？”大夫文种说：“请您穿上缀有五行相胜图的衣服，佩带步光宝剑，手执屈卢矛，瞪着眼睛大声呵斥去拘捕他。”越王说：“好。”于是就按照大夫文种所说的那样派人去告诉吴王说：“实在想在今天听到你自我裁决的消息。”说罢过了一会儿，吴王没有自杀。越王又派了使者去对吴王说：“为什么大王这样容忍羞辱、厚颜无耻呢？世界上没有万年在世的君主，死和生是一样的啊。现在您还有一点残留的体面，为什么一定要让我军的士兵把刀砍到大王的脖子上呢？”吴王仍然不肯自杀。勾践对文种、范蠡说：“二位为什么不杀了他？”文种、范蠡说：“我们处在臣子的位子上，不敢对君主施加杀戮。请大王急切地命令他说：‘上天的惩罚应该施行，不能再长久地拖下去了。’”越王就又瞪着眼睛愤怒地说：“死亡，是人所厌恶的。厌恶死亡，就该不得罪上天，不亏欠别人。现在你拥有了六条罪过，却还不知道惭愧羞辱而想求得一命，难道不鄙陋么？”吴王于是长长地叹息，向四方回头眺望，说道：“行。”于是就拿过剑来用它自杀了。越王对太宰嚭说：“你当臣子，不忠诚、不老实，以致使国家灭亡、使君主覆没。”于是就杀了伯嚭及其妻子儿女。

吴王将要用剑自杀时，回头对身边的人说：“我活着也惭愧，死了也惭愧啊。假如死人有知觉的话，我没有脸在地下见先父，不愿意去见忠臣伍子胥及公孙圣；假如死人没有知觉的话，我也对不起这一生啊。我死了，你们一定要联结丝带来罩住我的眼睛。我怕那丝带不能完全蒙住我的眼睛，请你们再重叠三幅轻软的丝织刺绣品来遮盖我的视线，使活着的人不显现在我的眼前，死了的人也见不到我的形状。我还能怎么样呢？”

越王就按照礼节把吴王埋葬在秦馀杭山的卑犹。越王让那些在这次战争中立功的将士每人挖一块低湿地上的土来埋葬吴王。太宰嚭也葬在卑犹的旁边。

勾践入臣外传第三

题解

勾践入臣外传，就是勾践到吴国做奴仆的传记。它记述了勾践战败后背井离乡、告别臣民，到吴国服劳役以及最后返回祖国的事迹。本篇所载事迹，今本《左传》不载，《国语》所记甚略，而《史记》所记又不同，所以它在保存吴、越史料方面，具有非常重要的价值。

文章从越国群臣为勾践饯行写起，君臣之间的一番对答，既反映了越国君臣间的亲密情谊，又鲜明地刻画出了越国群臣的忠诚与才能。接着写越王赴吴途中，其夫人一曲悲歌，给文章增添了无限韵味。然后文章才写越王在吴为臣之事，但作者写越王服役养马之事极略，而把主要的笔墨用在是杀越王还是不杀越王、是放越王还是不放越王的斗争上。范蠡想方设法，越王忍辱负重，力求获释；而伍子胥则从其政治经验出发，主张杀而不放；太宰嚭由于过去曾受越王贿赂，所以时时为越王说情；吴王夫差则迟疑不决，通过一番思想斗争，终于赦免了越王。正是由于作者抓住了这一富于戏剧冲突的核心内容来写，因而使文章颇具波澜，也因此将这几个主要人物的性格特征具体生动地展示在读者的面前：范蠡忠信守节而深于谋算，勾践老成持重而善于屈伸，伍子胥赤胆忠心而精于政治，太宰嚭善谀巧佞而暗于时务，夫差优柔寡断而惑于仁义。

越王勾践五年五月[1]，将与大夫种、范蠡入臣于吴[2]。群臣皆送至浙江之上[3]，临水祖道[4]，军阵固陵[5]。大夫文种前为祝，其词曰：

"皇天佑助，前沉后扬[6]。
祸为德根，忧为福堂。
威人者灭，服从者昌。
王虽牵致[7]，其后无殃。
君臣生离，感动上皇。
众夫哀悲，莫不感伤。
臣请荐脯，行酒二觞[8]。"

越王仰天太息，举杯垂涕，默无所言。种复前祝曰：

"大王德寿，无疆无极。
乾坤受灵[9]，神祇辅翼[10]。
我王厚之，祉佑车侧[11]。
德销百殃，利受其福。
去彼吴庭，来归越国。
觞酒既升，请称万岁。"

注释

①据《左传》及《史记·越王勾践世家》，此前所略去的勾践之事有：勾践元年（公元前496年），

吴王阖闾闻允常死，乃兴师伐越，越王勾践败吴于槜李，阖闾伤足而死。勾践三年（公元前494年）春伐吴，吴王夫差败越于夫椒，吴军入越，越王勾践以余兵五千保栖于会稽山，使大夫文种通过太宰嚭向吴王求和，表示勾践夫妻愿为吴王奴婢。三月，吴与越和。此文即承其后，写勾践离越入吴为臣仆之事。

②臣：奴仆。这里用作动词。

③浙江：古渐水，又名之江，以其多曲折，故称浙江。上游为新安江与兰溪二水，东北合流而渐次称为桐江、富春江、钱塘江。

④祖道：古人于出行前祭祀路神称祖道，后因称饯行为祖道。

⑤固陵：在今浙江省杭州市萧山区西。春秋时称固陵，六朝时为西陵戍，五代吴越改名西兴。

⑥前沉：指兵败夫椒，栖于会稽。后扬：是祝愿日后兴旺强盛。

⑦牵：牵制，受制约。致：被招引，到。

⑧行酒：巡行酌酒劝饮。觞：杯。

⑨乾坤：天地。受：同“授”。灵：福。

⑩神：天神。祇qí：地神。翼：辅佐，扶助。

⑪祉：福。佑：福佑，指神明的佑助。

译文

越王勾践五年（公元前492年）五月，勾践将和大夫文种、范蠡到吴国去做奴仆。大臣们都送到浙江的边上，面对江水设宴饯行，军队排列在固陵。大夫文种走上前为越王祝愿，那祝词说：

“玉皇天帝保佑帮忙，从前下沉以后上扬。
灾祸就是福气之根，忧患便是幸福之堂。
强暴待人的将灭亡，顺服依从的必兴旺。
大王虽然被迫前往，从那以后必无祸殃。
君臣之间活活拆散，深深感动上天玉皇。
广大民众哀愁悲痛，无不感到凄恻忧伤。
请让臣下献上干肉，巡行酌酒劝饮两趟。”

越王抬头朝天长长地叹息，举起酒杯流下了眼泪，默默地没有一句话。文种又走上前祝愿说：

“大王所享福气寿命，没有边际没有极限。
上天大地赐给洪福，天神地祇辅佐支援。
我的大王德行深厚，福祚神助常在身边。
道德消除各种祸殃，利于受到它的恩惠。
前往那个吴国宫廷，必将回到越国家内。
一杯祝酒已经举起，请让我们高呼万岁。”

越王曰："孤承前王馀德，守国于边。幸蒙诸大夫之谋，遂保前王丘墓。今遭辱耻，为天下笑，将孤之罪耶？诸大夫之责也？吾不知其咎，愿二三子论其意。"

大夫扶同曰："何言之鄙也？昔汤系于夏台[①]，伊尹不离其侧[②]；文王囚于石室[③]，太公不弃其国。兴衰在天，存亡系于人。汤改仪而媚于桀[④]，文王服从而幸于纣。夏、殷恃力而虐二圣，两君屈己以得天道。做汤王不以穷自伤，周文不以困为病[⑤]。"

越王曰："昔尧任舜、禹而天下治，虽有洪水之害，不为人灾。变异不及于民，岂况于人君乎？"

大夫苦成曰："不如君王之言。天有历数[⑥]，德有薄厚。黄帝不让，尧传天子；三王臣弑其君[⑦]，五霸子弑其父[⑧]。德有广狭，气有高下。今之世犹人之市，置货以设诈，抱谋以待敌。不幸陷厄，求伸而已。大王不览于斯，而怀喜怒。"

越王曰："任人者不辱身，自用者危其国。大夫皆前图未然之端、倾敌破雠、坐招泰山之福[⑨]。今寡人守穷若斯，而云汤、文困厄后必霸，何言之违礼仪？夫君子争寸阴而弃珠玉[⑩]。今寡人冀得免于军旅之忧，而复反系获敌人之手，身为佣隶，妻为仆妾，往而不返，客死敌国。若魂魄有，愧于前君；其无知，体骨弃捐。何大夫之言不合于寡人之意？”

于是大夫种、范蠡曰：“闻古人曰：‘居不幽，志不广；形不愁，思不远。’圣王贤主皆遇困厄之难，蒙不赦之耻；身拘而名尊，躯辱而声荣；处卑而不以为恶，居危而不以为薄。五帝德厚[11]，而穷厄之恨[12]，然尚有泛滥之忧。三守暴困之辱[13]，不离三狱之囚；泣涕而受冤，行哭而为隶；演《易》作卦，天道佑之；时过于期，否终则泰[14]；诸侯并救，王命见符[15]；朱鬣玄狐[16]，辅臣结发[17]，拆狱破械，反国修德[18]，遂讨其雠；擢假海内[19]，若覆手背；天下宗之，功垂万世。大王屈厄，臣诚尽谋。夫截骨之剑，无削剟之利[20]；臽铁之矛[21]，无分发之便；建策之士，无暴兴之说[22]。今臣遂天文[23]，案墬籍[24]，二气共萌，存亡异处。彼兴，则我辱；我霸，则彼亡。二国争道[25]，未知所就[26]。大王之危，天道之数，何必自伤哉？夫吉者，凶之门；福者，祸之根。今大王虽在危困之际，孰知其非畅达之兆哉？”

大夫计砚曰：“今君王国于会稽，穷于入吴，言悲辞苦，群臣泣之。虽则恨悷之心[27]，莫不感动。而君王何为谩辞哗说用而相欺[28]？臣诚不取。”

注释

①夏台：狱名。地在阳翟（今河南禹州市）。夏桀曾囚禁商汤于此。

②伊尹：一名伊挚，商汤的相。据载，伊尹想求得汤的任用而没有什么途径。汤娶有莘氏的女儿，他就作为有莘氏女儿的陪嫁之臣，当厨师来接近汤。汤发现他有才能，就任用他为相。后来他帮助汤攻灭了夏桀。

③石室：西伯（即周文王）所囚之室，在羑里（今河南汤阴县北）。

④改仪：改变仪表，指装出笑脸阿谀奉承。媚：谄媚，讨好。

⑤病：耻辱。

⑥历数：天数，天道，支配人类命运的天神意志。

⑦三王臣弑其君：三王，三代开国之王，即夏代禹、商代汤、周代文王、武王。相传禹流放舜；商汤流放夏桀；周武王打败商纣王，割下首级而悬之白旗。

⑧五霸：古代说法不一，此当指齐桓公（公元前685—前643年在位）、晋文公（公元前636—前628年在位）、秦穆公（公元前659—前621年在位）、宋襄公（公元前650—前637年在位）、楚庄王（公元前613—前591年在位）。“五霸子弑其父”当为夸饰之词，无关史实。

⑨泰山之福：指登上泰山封禅之福，等于说“称帝称王之福”；或指大如泰山之福。

⑩争寸阴而弃珠玉：人的寿命有限，故“争”；珠

玉是身外之物，故“弃”。寸阴，一寸光阴，即极短暂的时间。

⑪五帝：古代说法不一，最为流行的说法是指黄帝、颛顼、帝喾、尧、舜。此文“五帝”乃泛指之词，其实只是指尧、舜而言。

⑫而：当作“无”。

⑬三：当为“王”之误。暴：欺凌，损害。

⑭否 pǐ 终则泰：物极必反，否极泰来。否，闭塞，不通达，穷厄。泰，通达。

⑮见：同“现”。符：吉祥的征兆。

⑯鬣 liè：某些兽类如马、狮子等颈上的长毛。

⑰辅臣结发：等于说“辅臣似妻子”，指太公、散宜生等侍奉文王就像妻子侍奉丈夫一样。结发，原指夫妻成婚之夕男左女右共髻束发，因而又指称妻子。

⑱反：通“返”。

⑲擢 zhuó：取。假：凭借，引申指凌驾、统治。

⑳剟 duō：削。利：便利。

㉑臽 xiàn：同“陷”，小陷阱，引申指陷入、刺进。

㉒暴：突然，一下子，快速。

㉓遂：推究。

㉔墬 dì：古“地”字。

㉕争道：指争取天神意志的支持。道，指天道。

㉖所就：指天道所就，天神意志所靠近的对象。

就，靠近，趋向。

㉗恨悷：通“狠戾”，狠毒残暴。

㉘谩：通“漫”，浮夸，不切实，不着边际。哗：虚夸，浮夸。“哗说”与“谩辞”义同。

译文

越王说：“我秉承了先王遗留下来的功德，在边疆守卫国家。幸运地得到各位大夫的出谋划策，才保住了先王的坟墓。今天遭受耻辱，被天下人取笑，这是我的罪过呢？还是各位大夫的责任？我不知道该责怪谁，希望诸位评论一下我的意见。”

大夫扶同说：“您为什么说得这样鄙俗呢？从前商汤囚禁在夏台，伊尹不离开他的身边；周文王关押在石室，太公不抛弃他的国家。是兴盛还是衰微在于上天，是生存还是灭亡却和人相关。商汤改变了自己的仪表去向夏桀献殷勤，文王俯首从命而受到了商纣王的宠爱。夏桀、商纣王依靠暴力而虐待商汤、周文王这两位圣人，商汤、周文王这两位国君却委屈自己从而得到了天道。所以商汤并不因为困厄而自我忧伤，周文王也不把窘迫看作耻辱。大王何必以此为耻辱呢？”

越王说：“从前尧任用了舜、禹而天下得到了治理，即使有了洪水的危害，也没有给人们造成灾难。精变怪异连平民百姓都不曾遭遇，更何况是君主呢？”

大夫苦成说：“事实并不像大王所说的那样。上天有天道，德行有厚薄。黄帝不禅让，而尧把天子的位子传给了舜；三代之王干的是臣子杀掉自己君主的事，五霸干的是儿子杀掉自己父亲的事。道德有宽厚狭窄之分，气质有高尚卑下之别。现在的社会就好像人们的集市一样，摆出了货物来搞欺诈，胸怀各种计谋来对付敌人。不幸陷入困境，那么寻求解脱就是了。大王看不到这一点，却心怀喜怒之情。”

越王说：“任用别人的人不会使自己受到耻辱，刚愎自用的人就会使自己的国家危在旦夕。大夫们都是在事先谋划那还没有形成的事业的开头，幻想颠覆敌人、打败寇仇而不费气力地坐着招来在泰山上封禅那样大的福气。现在我身处困境到了这个样子，而你们却还说什么商汤、周文王身陷困厄以后一定会称霸，怎么把话说得这样违背礼义法度呢？君子分秒必争而不顾惜珍珠宝玉。现在我只盼能逃避战争的祸患，反而又被敌人所俘获，自己沦为奴仆，妻子成为婢女，去而不归，旅居他乡而死在敌国。如果人的魂魄有知觉的话，那就愧对先君；即使魂魄没有知觉，那么身体尸骨也被抛弃在外。为什么大夫的话不合乎我的心意呢？”

在这个时候，大夫文种、范蠡说：“听说古代的人讲过：‘处境如果不困厄，那么志向就不会远大；形体如果不忧愁，那么考虑就不会深远。’圣明的帝王、贤能的君主都遭遇到困厄的灾难，蒙受到不能免除的耻辱；身体被拘禁而名望却很崇高，躯体受屈辱而声誉却很荣耀；处在卑下的地位而不把它看作环境恶劣，处在危险的时刻而不把它看作情况紧迫。五帝德行深厚，因此没有困厄的遗憾，但还是有洪水泛滥的忧患。周文王身受欺凌困厄的屈辱，不能逃避多处监狱的囚禁；痛哭流涕而受到委屈，边走边哭而当了奴隶；推演古代《易》书而制作了六十四卦，天神的意志保佑了他；时间经过了一定的期限，困厄到极点就转向了通达；诸侯都来援救文王，文王的命运显现出吉祥的征兆；长有大红色鬣毛的马匹和黑色的狐狸皮被搞来了，文王的辅佐大臣就像结发的贤妻一样，拆除监狱打破枷锁，使文王返回封国而施行德政，终于起兵去讨伐自己的仇人；攻克其国而统治天下，就像把手背翻过来一样容易；天下的人都尊奉他，他的功德将流传千秋万代。大王现在遭到委屈与困厄，我们做臣子的的确都在出谋划策。那斩断骨头的宝剑，却不利于刮削；能刺穿铁甲的长矛，却不利于剖开头发；立议策划的谋士，没有一下子就兴盛的言论。现在我们推究天文气象，考查地理典籍，看到天地两种元气一起萌生，所以存在和灭亡处在不同的地方。他们兴盛，那么我们就受屈辱；我们称霸，那么他们就灭亡。吴、越二国争夺天道，现在还不知道那天神的意志支持哪一方。大王的危难，也是天神意志的定数，何必自我忧伤呢？那吉利的事情，是不幸的源头；幸福的事情，是灾祸的根源。现在大王虽然处在危难困厄之中，但谁能知道它就一定不是通达得志的征兆呢？”

大夫计砚说："现在大王在会稽山建立了国家，走投无路而到吴国去。说出的言辞悲哀痛苦，群臣都为此而哭泣。即使是生有凶狠暴虐的心肠，也没有不感动的。大王为什么尽说一些不切实际的空话用它来自欺欺人呢？我实在不敢苟同。"

越王曰："寡人将去入吴，以国累诸大夫[①]。愿各自述，吾将属焉[②]。"

大夫皋如曰："臣闻大夫种忠而善虑，民亲其知[③]，士乐为用。今委国一人，其道必守。何顺心佛命群臣[④]？"

大夫曳庸曰[⑤]："大夫文种者，国之梁栋，君之爪牙。夫骥不可与匹驰[⑥]，日月不可并照。君王委国于种，则万纲千纪无不举者[⑦]。"

越王曰："夫国者，前王之国。孤力弱势劣，不能遵守社稷、奉承宗庙。吾闻：'父死子代，君亡臣亲。'今事弃诸大夫，客官于吴[⑧]，委国归民以付二三子[⑨]，吾之由也[⑩]，亦子之忧也。君臣同道[⑪]，父子共气，天性自然。岂得以在者尽忠、亡者为不信乎？何诸大夫论事一合一离令孤怀心不定也？夫推国任贤、度功绩成者[⑫]，君之命也；奉教顺理、不失分者[⑬]，臣之职也。吾顾诸大夫以其所能而云'委质'而已[⑭]。於乎[⑮]！悲哉！"

计砚曰：“君王所陈者，固其理也。昔汤入夏，付国于文祀[16]；西伯之殷，委国于二老[17]。今怀夏将滞，志在于还。夫适市之妻，教嗣粪除[18]；出亡之君，敕臣守御[19]。子问以事，臣谋以能。今君王欲士之所志，各陈其情，举其能者，议其宜也。”

越王曰：“大夫之论是也。吾将逝矣，愿诸君之风。”

注释

①累：拖累，烦劳，是表示托付的礼貌用语。

②属zhǔ：委托。

③知：通“智”。

④佛：通“拂”，违逆。

⑤曳庸：越国大夫。

⑥匹：配对，并比，双。

⑦纲、纪：提网的总绳叫“纲”，丝缕的头绪叫“纪”，引申而指法度准则。

⑧官：当作“宦”，形近而误。为臣隶。

⑨委国：把国事委托（给二三子）。归民：使民众归向（二三子）。付：交给。

⑩由：遵行。

⑪同道：共同的原则，指把国家治理好。

⑫度duó：衡量。绩成：即“积功”。绩，通“积”。

⑬分：职分。

⑭委质：即把自己的生命作为抵押品交给君主，表示愿为君主卖命。

⑮於乎：同“呜呼”。

⑯文祀：汤之大臣。

⑰二老：指散宜生、闳夭，或太公、散宜生。

⑱嗣：后代。此“嗣”字即指下文“子问以事”之“子”。粪除：扫除。

⑲敕：告诫，帝王命令。

译文

越王说：“我将离开祖国到吴国去，拿国家来烦劳各位大夫。请各位自己陈说一下自己的情况吧，我将根据情况把国事委托给你们。”

大夫皋如说：“我听说大夫文种忠诚而善于谋划，民众信任他的智慧，贤士乐于被他使用。现在把国家委托给他一人，从那道理上来说，国家是一定能保住的。大王为什么还要随心所欲违背情理大动干戈来任命群臣呢？”

大夫曳庸说：“大夫文种，是国家的栋梁，是君主的得力助手。那骏马，是不可以并驾齐驱的；太阳月亮，是不可以同时照耀天下的。大王把国家托付给文种，那么各种各样的法度准则就没有不实行的了。”

越王说：“这国家，是先王的国家，我力量弱小，不能继续保住象征国家政权的土地神谷神、供奉祭祀祖宗的庙宇。我听说：‘父亲死了，儿子就起来顶替；君主外出了，臣子就亲近团结。’现在的事情是我抛弃了各位大夫，外出到吴国当奴仆，把国家、民众都托付给诸位，这是我要遵行的，也是你们所忧虑的。君主和臣子有着共同的原则，父亲和儿子有着相同的气质，这是一种天生的本性，是自然而然的。哪能因为君主在国内就竭尽忠诚、君主一外出就不守信义呢？为什么各位大夫议论事情时一会儿意见相同一会儿意见分歧以致使我心神不定呢？推让国政、任用贤人、衡量功劳而积累成果，是君主的使命；奉行教令、服从原则而不失职，是臣子的职事。我看各位大夫还是根据自己的能力而说声‘献身于君’就算了。哎呀！真可悲啊！”

计砚说：“国君所说的，当然是合乎情理的。从前商汤到夏王朝去，把国家托付给文祀；西伯昌到商王朝去，把国家托付给二老。现在已到夏天，国君将要前往吴国，但心愿仍在于返回祖国。那到市场上赶集的妻子，总会教后代打扫卫生；出外亡命的国君，总会命令臣子守卫好国家。子女应该询问需要做的家务，臣子应该根据自己的能力出谋划策。现在大王想要了解各人的志向，让各人陈说一下自己的情况，表白一下自己的才能，大家议论一下那也是合适的啊。”

越王说：“计砚大夫说得很对。我将要走了，希望能了解一下各位的风范。”

大夫种曰："夫内修封疆之役，外修耕战之备；荒无遗土，百姓亲附；臣之事也。"

大夫范蠡曰："辅危主，存亡国；不耻屈厄之难，安守被辱之地；往而必反[①]，与君复雠者；臣之事也。"

大夫苦成曰："发君之令，明君之德；穷与俱厄，进与俱霸；统烦理乱，使民知分；臣之事也。"

大夫曳庸曰："奉令受使，结和诸侯；通命达旨，赂往遗来[②]；解忧释患，使无所疑；出不忘命，入不被尤，臣之事也。"

大夫皓进曰："一心齐志，上与等之；下不违令，动从君命；修德履义，守信温故；临非决疑，君误臣谏，直心不挠[③]，举过列平[④]；不阿亲戚，不私于外；推身致君，终始一分[⑤]；臣之事也。"

大夫诸稽郢曰[⑥]："望敌设阵，飞矢扬兵；履腹涉尸，血流滂滂[⑦]；贪进不退，二师相当；破敌攻众，威凌百邦；臣之事也。"

大夫皋如曰："修德行惠，抚慰百姓；身临忧劳，动辄躬亲；吊死存疾，救活民命；蓄陈储新，食不二味[⑧]；国富民实，为君养器[⑨]；臣之事也。"

大夫计砚曰："候天察地，纪历阴阳[⑩]；观变参灾[⑪]，分别妖祥[⑫]；日月含色，五精错行[⑬]，福见知吉，妖出知凶；臣之事也。"

越王曰："孤虽入于北国，为吴穷虏，有诸大夫怀德抱术，各守一分以保社稷，孤何忧焉？"遂别于浙江之上，群臣垂泣，莫不感哀。越王仰天叹曰："死者，人之所畏。若孤之闻死，其于心胸中曾无怵惕。"遂登船径去，终不返顾。

注释

①反：通"返"。

②遗 wèi：赠送。赂：赠送财物。

③挠：弯曲，屈从。

④列：治理。

⑤一分：指专心致志、忠贞守节。分，志，节。

⑥诸稽郢：姓诸稽，名郢，越国大夫，越国兵败夫椒时他曾到吴国求和。

⑦滂滂：大水涌流，此形容流血之多。

⑧食不二味：即只吃一种食物，表示节俭。

⑨器：才能。

⑩纪历：即历法。纪，法度准则，此指天文历数方面的法度准则。

⑪参灾：指观望天上预示灾祸的征兆。参，望。

⑫妖祥：凶兆为"妖"，吉兆为"祥"。

⑬五精：金、木、水、火、土五星。

译文

大夫文种说："在内整治守卫边疆的兵役，对外搞好耕战的准备；使荒地上不再有被遗弃的土地，使百姓爱戴归附国君；这是我力所能及的事。"

大夫范蠡说："辅佐身处危难的君主，保存危亡的国家；不把屈辱困厄的灾难看作羞耻，安心地处于被侮辱的境地；到了吴国一定设法回国，和国君一起报仇；这是我力所能及的事。"

大夫苦成说："发布国君的命令，彰明国君的德行；国君走投无路时我和国君一同身处困厄，国君进取时我和国君一起成就霸业；总管繁杂的政务，处理纷乱的事情，使民众知道自己的职分；这是我力所能及的事。"

大夫曳庸说："接受命令被委派出使，与诸侯各国结交而建立和睦友好关系；通知国君的命令，传达国君的旨意，来来往往赠送财物；解除忧患，使国君不再有什么疑虑；出国不忘记国君的命令，回到国内不被抱怨；这是我力所能及的事。"

大夫皓走上前说："同心同德，在上和国君保持一致；在下不违背法令，行动都依从君主的命令；修养德行、履行道义，坚守信用、温习旧业；面对错误决断疑虑，国君失误我为臣劝谏；心地正直不屈不挠，检举过错治理公正；不偏袒亲戚，不偏私外人；把自身拿出来交给国君，自始至终专心一致；这是我力所能及的事。"

大夫诸稽郢说："侦察敌情布置阵势，飞射利箭挥动刀枪；踩着胸腹跨过尸体，杀得敌人血流成江；贪图进取决不后退，两支军队互相对抗；打破敌国进攻敌军，威势压垮邻邦各国；这是我力所能及的事。"

大夫皋如说："修养德行给人恩惠，体恤安慰平民百姓；亲身来到忧苦之处，做事总是身体力行；悼念死者看望病人，尽力救活民众生命；囤积陈米储藏新谷，吃饭不吃两种食物；国家富裕民众充实，为我国君培养人才；这是我力所能及的事。"

大夫计砚说："瞭望天文观察地理，推演历法掐算阴阳；观察变异瞭望灾气，分清辨别凶险吉祥；日月是否带有异色，五星是否运行失常；福气出现预知吉利，怪异出现预知凶丧；这是我力所能及的事。"

越王说："我虽然要去北方的吴国，成为吴王手中走投无路的奴隶，但有各位大夫胸怀道德，又掌握了各种各样的手段，各人都尽到自己的一份职责来保住国家，我还担忧什么呢？"于是就在浙江边上和群臣分别，群臣都痛哭流涕，无不感到悲哀。越王抬头朝天叹息说："死，是人所害怕的。而我听说要死，心里竟然没有一点儿害怕。"于是就上船径直走了，始终没有回头看一下。

越王夫人乃据船而哭，顾见乌鹊啄江渚之虾[①]，飞去复来，因哭而歌之，曰：

"仰飞鸟兮乌鸢[2]，凌玄虚号翩翩[3]。
集洲渚兮优恣[4]，啄虾矫翮兮云间[5]。
任厥兮往还[6]。
妾无罪兮负地，有何辜兮谴天[7]？
飒飒独兮西往[8]，孰知返兮何年？
心惙惙兮若割[9]，泪泫泫兮双悬[10]。"

又哀吟曰：

"彼飞鸟兮鸢乌，已回翔兮翕苏[11]。
心在专兮素虾，何居食兮江湖？
徊复翔兮游飏[12]，去复返兮於乎[13]！
始事君兮去家，终我命兮君都。
终来遇兮何幸[14]，离我国兮入吴。
妻衣褐兮为婢，夫去冕兮为奴。
岁遥遥兮难极，冤悲痛兮心恻。
肠千结兮服膺[15]，於乎哀兮忘食。
愿我身兮如鸟，身翱翔兮矫翼。
去我国兮心摇，情愤惋兮谁识？"

越王闻夫人怨歌，心中内恸[16]，乃曰："孤何忧？吾之六翮备矣[17]。"

注释

①乌鹊：指乌鸦，是一种贪食凶猛的鸟。

②乌鸢 yuān：乌鸦与老鹰，均贪食而凶猛。

③玄虚：天空。凌玄虚，即"凌空"。玄，天青

色。翩翩：轻快地飞舞的样子。

④优：悠闲自得。恣：放纵，无拘束。

⑤矫：举起，抬起来。翮 hé：羽毛中间的硬管，泛指鸟的翅膀。

⑥“厥”下当脱七字。

⑦谴：贬谪。这里用作被动词。

⑧飒 fān 飒：马快跑的意思。

⑨惙 chuò 惙：忧愁的样子。

⑩泫 xuàn 泫：流泪的样子。

⑪翕 xī：收敛，此指收翼停飞。苏：歇息，困顿后获得休息。

⑫飏：飞扬，翻腾。

⑬於乎：呜呼。这里是触景生情，联想到自己返越无期而感叹乌鸢的来去自如。

⑭遇：遇合，投合，指受到君主的恩宠。

⑮肠千结：肠子有上千个结，形容忧愁郁结的心肠无法解脱。服膺：指胸中郁结，形容悲痛的样子。服，通“愊”，郁结。膺，胸。

⑯恸：极度悲哀。

⑰六翮：指众多健壮的翅羽。此喻指众多得力的辅佐大臣。

译文

越王夫人却靠着船旁哭了，她回头看见乌鸦在啄食江中小洲上的虾，一会儿飞走了，一会儿又来了，因而哭着吟唱这种情景，她唱道：

“抬头看见飞鸟啊是那乌鸢，
高高地在空中啊轻快地回旋。
停留在小洲上啊恣肆悠闲，
啄食小虾展翅啊直冲云间。
任凭它……啊来去往返。
贱妾没有罪过啊没有辜负大地。
又有什么罪过啊被上天所贬？
又迅速又孤独啊驶向西边，
有谁知道回国啊要在哪年？
心中凄凄惨惨啊像用刀割，
眼泪汪汪直淌啊挂在双眼。”

接着她又悲哀地吟诵说：

“那飞翔的鸟儿啊是些鸢乌，
回旋飞翔之后啊收翅停住。
心思专门放在啊白虾一物，
为什么住的吃的啊都在江湖？
回旋往来翱翔啊遨游飞舞，
去后再次返回啊哎呀呜呼！
当初侍奉君主啊离开娘家，
过完我的一生啊君之国都。
终于过来得宠啊多么幸运，
突然离开我国啊前往勾吴。

妻子穿着粗布衣啊成为婢女，
夫君摘去皇冠啊当了奴仆。
岁月悠悠无尽啊难以了结，
怨恨悲哀痛苦啊心里凄切。
愁肠千缠万绕啊胸中郁结，
哎呀呜呼啊忘了饮食。
希望我的身体啊像那鸟儿，
身体凌空翱翔啊奋展双翼。
离开我的祖国啊心神不安，
心情愤懑惋惜啊又有谁知？”

越王听了夫人这怨恨的歌吟，心中十分内疚悲痛，于是自我排解说：“我担忧什么呢？我那健壮的翅膀已经具备了。”

于是入吴，见夫差，稽首再拜称臣，曰：“东海贱臣勾践，上愧皇天，下负后土[①]；不裁功力[②]，污辱王之军士，抵罪边境[③]。大王赦其深辜，裁加役臣，使执箕帚。诚蒙厚恩，得保须臾之命，不胜仰感俯愧[④]。臣勾践叩头顿首。”吴王夫差曰：“寡人于子亦过矣。子不念先君之雠乎？”越王曰：“臣死则死矣。惟大王原之。”伍胥在旁，目若熛火[⑤]，声如雷霆，乃进曰：“夫飞鸟在青云之上，尚欲缴微矢以射之[⑥]，岂况近卧于华池、集于庭庑乎？今越王放于南山之中，游于不可存之地[7]，幸来涉我壤土，入吾梐梱[8]。此乃厨宰之成事食也，岂可失之乎？”吴王曰：“吾闻：‘诛降杀服，祸及三世。’吾非爱越而不杀也，畏皇天之咎，教而赦之。”太宰嚭谏曰：“子胥明于一时之计，不通安国之道。愿大王遂其所执[9]，无拘群小之口[10]。”夫差遂不诛越王，令驾车养马，秘于石室之中[11]。

注释

①后土：土神，地神。后，帝王。

②不裁功力：即前文所说“内不自量”，不自量力。裁，裁断，度量。

③抵罪：得罪，犯罪。

④胜：尽。

⑤熛 biāo：即迸出的火星。

⑥缴 zhuó：拴在箭上的生丝线。依靠它可把射中的鸟收回。

⑦南山之中、不可存之地：指会稽山南部的勾嵊山一带。

⑧梐梱 bì kǔn：用木条交叉制成的栅栏，置于官署前以拦截人马。又叫行马。

⑨遂：办成，成功。

⑩群小：指众小人。

⑪石室：俗传吴王囚范蠡之地。在今苏州市西南十五公里处灵岩山。

译文

于是越王到了吴国，拜见夫差，磕头拜了两次而自称臣下，说："东海边上的卑贱之臣勾践，向上愧对天帝，在下对不起地神；不自量力，污辱了大王的战士，在边境上犯了罪。大王赦免了我的严重罪行，判决加给我劳役，让我拿着畚箕扫帚来做家务。我实在是蒙受到大王优厚的恩惠，才得以保住短暂的生命，抬头说不尽对您的感激，低头道不尽自己的惭愧。臣下勾践谨向大王叩头再叩头。"吴王夫差说："我对你的处理也错了。你就没想到我先君的仇恨吗？"越王说："我如果该死那也就只好死了。只希望大王能原谅我。"伍子胥在旁边，眼睛就像迸出的火星，声音就像雷霆，立即走上前说："那飞翔的鸟在青云之上，尚且想要用拴有生丝线的小箭去射它，更何况是极近地栖息在华池、停留在堂前空地与堂下走廊的呢？越王被放纵在南面的山野之中，活动于不能发现的地方，现在幸好来到我们的国土上，进了我们的木栅栏。这正是厨师办成事情而大吃一顿的时候，怎么能放了他呢？"吴王说："我听说：'诛杀投降归服的人，灾祸将延及三代。'我并不是爱越王才不杀他的，而是怕天帝的责怪，所以对他采取教育的方法而把他赦免了。"太宰嚭劝谏说："子胥只明白暂时的权宜之计，而不精通安国定邦的策略。希望大王实施您所拿定的主意，不要囿于小人们的胡言乱语。"夫差也就没杀越王，叫他驾车养马，秘密地住在石洞之中。

三月，吴王召越王入见。越王伏于前，范蠡立于后。吴王谓范蠡曰："寡人闻：'贞妇不嫁破亡之家，仁贤不官绝灭之国。'今越王无道，国已将亡，社稷坏崩，身死世绝，为天下笑。而子及主俱为奴仆，来归于吴，岂不鄙乎？吾欲赦子之罪，子能改过自新、弃越归吴乎？"范蠡对曰："臣闻：'亡国之臣不敢语政，败军之将不敢语勇。'臣在越，不忠不信，今越王不奉大王命号[①]，用兵与大王相持，至今获罪，君臣俱降。蒙大王鸿恩，得君臣相保。愿得入备扫除、出给趋走[②]，臣之愿也。"此时越王伏地流涕，自谓遂失范蠡矣。吴王知范蠡不可得为臣，谓曰："子既不移其志，吾复置子于石室之中。"范蠡曰："臣请如命。"吴王起，入宫中。越王、范蠡趋入石室。

注释

①今：当作"令"，形近而误。

②备：备用。这是一种谦词。给趋走：供驱使而奔跑效劳，指当奴仆。给，供。趋走，奔跑。

译文

过了三个月，吴王召越王进宫拜见。越王趴在吴王跟前，范蠡站在越王后边。吴王对范蠡说："我听说：'有操守的女子不嫁给破落的家庭，仁人贤士不在灭亡的国家做官。'现在越王暴虐无道，国家已将灭亡，土地神谷神毁坏崩塌，他自己死后世系就断绝了，被天下人所讥笑。而你和主子都做了奴仆，前来归顺吴国，难道不卑下吗？我想赦免对你的处罚，你能改变心志、悔过自新、抛弃越国而投奔吴国吗？"范蠡回答说："我听说：'亡国的臣子不敢侈谈政治，败退的将军不敢侈谈勇敢。'我在越国的时候，不忠贞不诚信，使越王不接受大王的命令，用兵和大王相对抗，使我们得到了惩处，君臣都投降了。承蒙大王的大恩，我们君臣才得以保全。我希望能在您回家时让我来打扫卫生、在您外出时供您驱使而为您奔走，这才是我的愿望啊。"这时越王趴在地上流泪，自以为就要失去范蠡了。吴王知道范蠡不可能做自己的臣子，就对他说："你既然不改变自己的志向，我就再把你安置在石洞之中。"范蠡说："臣请求服从命令。"吴王起身，到宫内去了。越王、范蠡小步快走进入石洞中。

越王服犊鼻①，着樵头②。夫人衣无缘之裳③，施左关之襦④。夫斫剉养马⑤，妻给水、除粪、洒扫。三年，不愠怒，面无恨色。吴王登远台，望见越王及夫人、范蠡坐于马粪之旁，君臣之礼存，夫妇之仪具。王顾谓太宰嚭曰："彼越王者，一节之人；范蠡，一介之士[⑥]。虽在穷厄之地，不失君臣之礼。寡人伤之。"太宰嚭曰："愿大王以圣人之心，哀穷孤之士。"吴王曰："为子赦之。"

注释

①犊鼻：又作"犊鼻裈"，是一种没有裤口（裤脚管）的"裤子"，类似于今江南农村干活时穿在衣裤外的"作裙"与"系身"之类的下衣。穿好后中间的盖布形如犊鼻（小牛之鼻），或即因此而得名。

②着：穿戴。樵头：当为"幧头"的假借字，古又写作"帩头"，是一种头巾，用来包发，以便戴帽。

③衣：穿。缘：古时衣服的边饰，一般采用与衣服不同的质料做成。裳：下衣，类似今之"作裙"。

④施：穿。左关：即"左衽"，指衣襟向左开阖。这是古代少数民族的服装式样。古代中原地带的服装是胸襟向右开阖，只有死者的葬服才做成左衽。

⑤斫：斩，指铡断草料。剉cuò：通"莝"，即斩细的草料。这里用作动词，指铡断草料。

⑥介：高洁有节操的意思。

译文

越王束着犊鼻，扎着头巾。夫人下穿没有镶边的作裙，上着衣襟向左开阖的短袄。丈夫铡草养马，妻子供给饮水、清除马粪、洒水扫地。像这样过了三年，他们也毫不怨怒，脸上没有一点儿不满的神色。吴王登上远处的高台，望见越王及夫人、范蠡坐在马粪旁边，那君臣之间的礼节仍保持着，夫妇之间的礼仪仍很完备。吴王回头对太宰嚭说："那越王啊，是一个有气节的人；范蠡，是一个有操守的贤士。他们虽然处在困厄的境地，仍不丢掉君臣之间的礼节。我真为他们感到悲伤。"太宰嚭说："希望大王以圣人的心肠，怜悯这几个困厄孤苦的人。"吴王说："我就为你赦免他们吧。"

后三月，乃择吉日而欲赦之。召太宰嚭谋曰："越之与吴，同土连域；勾践愚黠[1]，亲欲为贼。寡人承天之神灵、前王之遗德，诛讨越寇，囚之石室。寡人心不忍见，而欲赦之，于子柰何？"太宰嚭曰："臣闻：'无德不复。'大王垂仁恩加越，越岂敢不报哉？愿大王卒意。"

越王闻之，召范蠡告之曰："孤闻于外，心独喜之，又恐其不卒也。"范蠡曰："大王安心，事将有意[2]，在《玉门》第一[3]。今年十二月戊寅之日[4]，时加日出。

戊，囚日也[5]；寅，阴后之辰也[6]。合庚辰，岁后会也[7]。夫以戊寅日闻喜，不以其罪罚日也[8]。时加卯而贼戊[9]，功曹为腾蛇而临戊[10]，谋利事在青龙[11]。青龙在胜先而临酉，死气也[12]，而克寅[13]。是时克其日[14]，用又助之，所求之事，上下有忧[15]。此岂非天网四张、万物尽伤者乎？王何喜焉？"

果子胥谏吴王曰："昔桀囚汤而不诛，纣囚文王而不杀，天道还反，祸转成福。故夏为汤所诛，殷为周所灭。今大王既囚越君而不行诛，臣谓大王惑之深也。得无夏、殷之患乎？"

吴王遂召越王，久之不见。范蠡、文种忧而占之，曰："吴王见擒也。"有顷，太宰嚭出，见大夫种、范蠡，而言越王复拘于石室。

伍子胥复谏吴王曰："臣闻王者攻敌国，克之则加以诛，故后无报复之忧，遂免子孙之患。今越王已入石室，宜早图之，后必为吴之患。"太宰嚭曰："昔者，齐桓割燕所至之地以贶燕公[16]，而齐君获其美名；宋襄济河而战[17]，《春秋》以多其义。功立而名称，军败而德存。今大王诚赦越王，则功冠于五霸，名越于前古。"吴王曰："待吾疾愈，方为太宰赦之。"

注释

①愚黠：即"智而愚"，指处理小事很聪明，处理大事很糊涂。黠，聪慧，狡猾，此指耍小聪明。

②意：怀疑。

③《玉门》：当是一种书或一种占吉凶的法式，与《金匮》类似。

④今年：指越王入吴后第三个年头，即勾践七年(公元前490年)。戊寅：是越王听到好消息的日子，所以作为推测吉凶的根据。

⑤《说文》："戊，中宫也，象六甲五龙相拘绞也。戊承丁，象人胁。"《说文》解释干支，每多阴阳之论。此文说戊是囚日，或为此义。

⑥阴后之辰：指太阴已经过的地支。此时太阴在丙戌。戊寅在丙戌前八位，所以说寅是阴后之辰。

⑦合、会：指合日。庚辰：即此月初三。岁后：指太阴已历之辰。庚辰在丙戌前六位，所以说"岁后"。"岁后会"是一种凶兆。

⑧其罪：戊是囚日，所以有罪。日：天干。古代"十干"又称"十日"。

⑨时加卯：即上文"时加日出"。卯贼戊：据《淮南子》，卯在五行配"木"，戊在五行配"土"。而根据五行相胜之道，木胜土，所以说卯贼戊。

⑩功曹：官名，是汉代州郡中的副官，掌管考查记录功劳。此用为神名。腾蛇：本指一种能飞行的神蛇，占术中用为神名，主杀伐。

⑪青龙：指太岁。

⑫据《黄帝金匮玉衡经》，“胜先”为一占卜术语。此文“青龙在胜先”等于说“太岁在午”。太岁与十二辰运行顺序一致，所以从“午”前行，将经过“未”“申”而临近“酉”。《淮南子·天文训》：“午为定，未为执，主陷；申为破，主衡；酉为危，主杓。”可见太岁在午而前行，直至酉，均不吉利，所以说“青龙在胜先而临酉”是死气。

⑬克寅：此时太岁在申而临酉，申、酉在五行配“金”，寅在五行配“木”，根据五行相胜之道，金胜木，所以说“克寅”。

⑭时克其日：指上文“时加卯而贼戊”。时辰克日是一种小克大的逆克，是不吉利的。

⑮上下：此指天干地支。因为戊被贼而寅被克，所以这戊寅日所闻之事尚有意外。

⑯齐桓公：齐国的君主，名小白，公元前685—前643年在位。他曾任管仲为相，实行政治改革，国力大增，九合诸侯，一匡天下，成为春秋时期第一个霸主。贶kuàng：赐。燕公：指燕庄公，燕国君主，公元前690—前658年在位。公元前663年，山戎攻打燕国，齐桓公帮助燕国驱逐了山戎。燕庄公为表示感激之意，亲自送齐桓公出燕，恋恋不舍，不知不觉就送入齐境，齐桓公就划地割燕庄公所至之齐地给燕国。

⑰宋襄：宋襄公，宋国君主，宋桓公之子，名兹甫，公元前650—前637年在位，春秋五霸之一。河：指泓水，故道在今河南柘城县北。

译文

三个月以后，吴王就选择吉日想赦免他们。他叫来太宰嚭商量说："越国和吴国，在同一块土地上而疆域相连；勾践愚昧而狡猾，还想亲自来伤害我。我禀受了上天的神明以及先王遗留下来的恩德，谴责讨伐越寇，终于把他囚禁在岩洞之中。我不忍心看到他像这样困窘，因而想赦免他，你看怎样？"太宰嚭说："我听说：'没有什么德行不受到报答。'大王赐下仁爱恩惠而施加给越王，越王难道敢不报答吗？希望大王兑现您的想法。"

越王听说了这件事，叫来范蠡告诉他说："我在外面听说了这件事，心里暗自高兴，但又怕他不兑现啊。"范蠡说："大王别激动，这事情还有点可疑，因为它对应《玉门》第一类。大王听到这消息，是在今年十二月戊寅日，时辰是太阳初升之际的卯时。戊，是个被囚禁的日子；寅，是太阴经过以后的地支。合日是庚辰，这是一个太阴已经经过的合日。大王在戊寅日听到喜讯，可见上天并不因为戊的罪过而处罚天干。但时辰正当卯时就伤害了戊，而功曹又是腾蛇并且逼近戊，这样，谋取有利的事就取决于太岁了。而现在太岁已经过午并且临近酉，这是一股死气，而且在五行上它又克过寅。这样看来，不但时辰胜过了这戊寅的天干，而且太岁的运行又辅助了它，所以大王渴求的事情，从天干与地支来看都有值得担忧的地方。这难道不是上天的罗网四下张开、一切事物都要被伤害的时刻吗？大王高兴什么呢？”

伍子胥果然劝谏吴王说：“从前夏桀囚禁了商汤而不杀掉，商纣王囚禁了周文王而不杀掉，天神的意志再反过来，结果灾祸就转变成了福气，所以夏桀被商汤所惩处，商朝被周国所消灭。现在大王已经囚禁了越君却不加以杀戮，我以为大王迷惑得也太深了。能没有夏桀、商纣那样的祸患吗？”

吴王于是就召见越王，但过了很久也不出来接见。范蠡、文种十分担忧而为此占了个卜，那占卜的结果说：“吴王捉住了我们。”过了一会儿，太宰嚭出来，见了大夫文种、范蠡，通知越王要再被关押在石洞中。

伍子胥又劝告吴王说：“我听说称王天下的人攻打敌国，如果战胜了他们，就加以杀戮，所以到后来也就没有被报复的忧虑，也最终免除了子孙的祸患。现在越王已经到了石洞中，应该及早设法除掉他；如果不趁早把他杀了，他以后一定会成为吴国的祸水。”太宰嚭说：“从前，齐桓公割让了燕庄公送他时所走到的地方，把它赐给了燕庄公，而齐桓公便获得了那美好的名声；宋襄公等楚军过了河再和他们交战，《春秋》因而赞扬他的道义。齐桓公功业已建立而名声被称颂，宋襄公作战虽失败而德行被传扬。现在大王如果真能赦免了越王，那么功德就在五霸之上，名声就超过了以前的一切人。”吴王说：“等我的病痊愈，将为太宰赦免他。”

后一月，越王出石室，召范蠡，曰：“吴王疾，三月不愈。吾闻人臣之道，主疾臣忧。且吴王遇孤，恩甚厚矣。恐疾之无瘳①，惟公卜焉。”范蠡曰：“今日日辰阴阳②，上下和亲，无相入者。法曰：‘天一救，且何忧？’吴王不死明矣。到己巳日③，当瘳。惟大王留意。”越王曰：“孤所以穷而不死者，赖公之策耳。中复犹豫④，岂孤之志哉？可与不可，惟公图之。”范蠡曰：“臣窃见吴王真非人也⑤。数言成汤之义而不行之⑥。愿大王请求问疾，得见，因求其粪而尝之，观其颜色，当拜贺焉。言其不死，以瘳起日期之⑦。既言信后，则大王何忧？”

注释

①瘳 chōu：疾病好转。

②日辰阴阳：是阴阳五行家用来推断吉凶的依据。日辰，干支。

③己巳日：即鲁哀公六年（公元前489年）四月廿三日，越国置闰不同，此当在三月。

④犹豫：迟疑不决。指范蠡说的话迟疑不定，没有个决策，只是让越王留意。

⑤见：看，引申而表示“持有……看法”“认为”。

⑥数：屡次。成汤之义：指商汤的慈善之心。据《史记·殷本纪》载，汤有一次到野外，见人围猎，张网四面而祷告说：“天下四方，都入我网。”汤说：“这样不是要一网打尽了吗？”就要他撤去三面，祷告说：“想向左的就向左跑，想向右的就向右跑。不听我命令的就钻进我的罗网。”诸侯听到了这件事，说：“汤的德行高极了，连禽兽也照顾到了。”成汤，即汤。

⑦期：约定日期。

译文

一个月以后，越王走出石洞，召见范蠡，说：“吴王生了病，已经三个月了还没有痊愈。我听说做臣子的原则是，君主生病臣子担忧。况且吴王对待我，恩情已非常深厚了。我怕他的病一直不好，希望您为他占个卜。”范蠡说：“今天的干支阴阳，上下和顺相亲，没有互相侵犯的。占卜的法书上说：‘上天一救，还有何忧？’吴王不会死是很明显的了。到己巳日，病情将会好转。希望大王注意。”越王说：“我之所以陷入困境而仍然没死，只是靠了您的计策罢了。您现在说话说了一半又迟疑不定没有个决策，这难道是我所希望的吗？事情无论是可行还是不可行，希望您想想办法。”范蠡说：“我个人认为吴王真不是个有道之人。他屡次称说商汤的道义却不能付诸实施。希望大王前去请求问候他的疾病，如果能见到他，就求取他的粪便尝尝，再看他的脸色，然后该向他行礼祝贺。说他不会死，并拿病情好转而起床的日子和他约好。等到您的话被证实以后，那么大王还担忧什么呢？”

越王明日谓太宰嚭曰：“囚臣欲一见问疾。”太宰嚭即入言于吴王。王召而见之，适遇吴王之便，太宰嚭奉溲、恶以出[①]，逢户中[②]。越王因拜：“请尝大王之溲以决吉凶。”即以手取其便与恶而尝之，因入曰：“下囚臣勾践贺于大王。王之疾至己巳日有瘳，至三月壬申病愈[③]。”吴王曰：“何以知之？”越王曰：“下臣尝事师闻粪者[④]，顺谷味、逆时气者[⑤]，死；顺时气者，生。今者臣窃尝大王之粪，其恶味苦且楚酸[⑥]。是味也，应春、夏之气。臣以是知之。”吴王大悦，曰：“仁人也。”乃赦越王，得离其石室，去就其宫室，执牧养之事如故。越王从尝粪恶之后，遂病口臭。范蠡乃令左右皆食岑草以乱其气[⑦]。

注释

①溲：大小便。又特指小便。恶：大便。

②户：单扇的门，此当指卧室之门。

③三月壬申：即鲁哀公六年（公元前489年）四月廿

六，越国置闰不同，所以在三月。

④事师：指从师学习。事，侍奉，古代从师学艺称“事”或“服役”。师，用作动词，以……为老师。

⑤顺谷味：因循谷物的味道，指所吃的饭食没消化。

⑥楚酸：即“辛酸”，辣味与酸味。楚，辛辣。

⑦岑草：蕺儿菜，又名鱼腥草，撷之小有臭气。凶年民刨其根食之。

译文

第二天越王对太宰嚭说：“囚犯我想看一下吴王，问候他的疾病。”太宰嚭就进去报告了吴王。吴王叫他进去准备接见他，正好碰上吴王大小便，太宰嚭捧着吴王的尿粪出来，在门口遇上了。越王便作揖行礼，说：“请让我尝一下大王的粪便来判断一下大王的病情是吉是凶。”便用手抓了一些吴王的小便和大便尝了一下，接着就进去说：“在下的囚犯奴仆勾践向大王祝贺。大王的疾病到己巳曰会有好转，至三月壬申日疾病就痊愈了。”吴王说：“凭什么知道我的病到三月壬申曰会痊愈？”越王说：“下臣曾经向闻粪的人学习过，那粪便因循谷物的味道而违背时令元气的人，就会死；那粪便顺应了时令元气的人，就能活。现在我私下尝了一下大王的粪便，那大便的味道又苦又辣又酸。这种味道，对应了春、夏之间的元气。我因此知道大王的病在三月壬申日会痊愈。”吴王十分高兴，说：“真是个仁慈的人。”

于是就赦免越王，让他离开那个石洞，来到自己的王宫，还是像原来那样掌管养马的事。越王自从尝了粪便之后，就患了口臭病。范蠡就命令身边的侍从都吃岑草来扰乱他的臭气。

其后，吴王如越王期日疾愈，心念其忠，临政之后，大纵酒于文台。吴王出令曰："今日为越王陈北面之坐[1]，群臣以客礼事之。"伍子胥趋出，到舍上，不御坐。酒酣，太宰嚭曰："异乎！今日坐者。各有其词。不仁者逃，其仁者留。臣闻：'同声相和，同心相求。'今国相，刚勇之人，意者内惭至仁之存也[2]，而不御坐，其亦是乎？"吴王曰："然。"于是范蠡与越王俱起，为吴王寿，其辞曰："下臣勾践、从小臣范蠡，奉觞上千岁之寿。"辞曰：

"皇在上令[3]，昭下四时；
并心察慈[4]，仁者大王。
躬亲鸿恩，立义行仁。
九德四塞[5]，威服群臣。
於乎休哉[6]！传德无极。
上感太阳，降瑞翼翼[7]。
大王延寿万岁，长保吴国。
四海咸承，诸侯宾服[8]。
觞酒既升，永受万福。"

于是吴王大悦。

注释

①北面之坐：面向北的座位，指臣位。古代君主朝南而坐，群臣朝北而拜。

②至仁：具有最高的仁德的人，指勾践。

③令：指“今日为越王陈北面之坐，群臣以客礼事之”之令。

④察慈：明察仁慈。指上文吴王说越王是“仁人”。

⑤九德：九种品德。《书·皋陶谟》所载九德是：“宽而栗，柔而立，愿而恭，乱而敬，扰而毅，直而温，简而廉，刚而塞，强而义。”《逸周书·常训》：“九德：忠、信、敬、刚、柔、和、固、贞、顺。”《逸周书·文政、宝典》《左传·昭公二十八年》《国语·周语下》等都有关于九德的记载，内容不尽相同。此文之“九德”，泛指吴王品德之博大。四塞：布满，充塞。

⑥於乎：同“呜呼”。休：美善，喜庆。

⑦翼翼：众多的样子。

⑧宾服：臣服，归顺。

译文

之后，吴王到了越王所预言的日期而疾病痊愈了，心里惦念他的忠诚，所以临朝听政以后，就在文台大肆狂饮。吴王发布命令说："今天给越王安排一个朝北的座位，群臣用对待贵宾的礼节来侍奉他。"伍子胥小步快跑出门，回到家里，不陪坐。酒喝得畅快的时候，太宰嚭说："多么奇怪啊！今天在座的，各人都有自己要说的话。没有仁德的人才逃跑，有仁德的人都会留下。我听说：'声音相同就会互相应和，思想一致就会互相追求。'那相国，是个刚毅勇猛的人，料想他内心因为极为仁慈的人在场而感到惭愧，因而不陪坐，这难道也对吗？"吴王说："说得对。"于是范蠡和越王一同站起来，为吴王祝寿，他们说道："下臣勾践、随从小臣范蠡，捧起酒杯敬祝大王有千岁的寿数。"又吟诵祝词道：

"皇帝在上发布命令，光明下照四季如春；
一心明察慈爱之情，仁德之人就是大王。
大王亲自布赐大恩，树立道义实行仁政。
道德无量充满四境，威势慑服诸位大臣。
哎呀美啊值得喜庆！传下道德无边无垠。
在上感动太阳之神，降下吉祥繁多丰盛。
延年益寿大王万岁，永远保住吴国江山。
四海之内都来奉承，诸侯各国臣服归顺。
一杯寿酒已经举起，永远享受无限福运。"

在这个时候，吴王十分高兴。

明日，伍子胥入谏曰："昨日大王何见乎？臣闻：'内怀虎狼之心，外执美词之说，但为外情以存其身。豺[①]，不可谓廉；狼，不可亲。'今大王好听须臾之说，不虑万岁之患；放弃忠直之言，听用谗夫之语。不灭沥血之仇[②]，不绝怀毒之怨[③]，犹纵毛炉炭之上幸其焦[④]、投卵千钧之下望必全[⑤]，岂不殆哉？臣闻：'桀登高自知危，然不知所以自安也；前据白刃自知死[⑥]，而不知所以自存也。惑者知返，迷道不远。'愿大王察之。"

吴王曰："寡人有疾三月，曾不闻相国一言，是相国之不慈也；又不进口之所嗜，心不相思，是相国之不仁也。夫为人臣不仁不慈，焉能知其忠信者乎？越王迷惑，弃守边之事，亲将其臣民来归寡人，是其义也；躬亲为虏，妻亲为妾，不愠寡人，寡人有疾，亲尝寡人之溲，是其慈也；虚其府库，尽其宝币，不念旧故，是其忠信也。三者既立，以养寡人。寡人曾听相国而诛之[⑦]，是寡人之不智也，而为相国快私意耶[⑧]。岂不负皇天乎？"

子胥曰："何大王之言反也？夫虎之卑势，将以有击也；狸之卑身，将求所取也。雉以眩移拘于网[⑨]，鱼以有悦死于饵。且大王初临政，负《玉门》之第九，诫事之败，无咎矣[⑩]。今年三月甲戌[⑪]，时加鸡鸣[12]。甲戌，岁位之会[13]，将也[14]。青龙在酉，德在土，刑在金[15]，是日贼其德也[16]。知父将有不顺之子，君有逆节之臣。大王以越王归吴为义，以饮溲食恶为慈，以虚府库为仁。是故为无爱于人[17]，其不可亲[18]；面听貌观以存其身。今越王入臣于吴，是其谋深也；虚其府库不见恨色[19]，是欺我王也；下饮王之溲者，是上食王之心也；下尝王之恶者，是上食王之肝也。大哉！越王之崇吴。吴将为所擒也。惟大王留意察之。臣不敢逃死以负前王。一旦社稷丘墟，宗庙荆棘，其悔可追乎？”

吴王曰："相国置之，勿复言矣。寡人不忍复闻。"

注释

①豺：俗名豺狗，形似犬而残猛如狼。谓：以为。

②沥血：滴血，指滴血为誓，表示誓不两立。

③毒：憎恨。怨：怨恨。这里用作名词。

④其：当作"不"。

⑤千钧：形容极大的重量。钧，古代重量单位，三十斤为一钧。

⑥据：靠近。

⑦曾：用作"诚"，如果。

⑧快私意：使个人的心意痛快。快，使动用法。

⑨眩移：眼昏发花而多眼屎。移，当作"眵 chī"，形近而误。

⑩无：通“毋”。

⑪今年：指勾践八年（鲁哀公六年，公元前489年）。三月甲戌：即鲁哀公六年四月廿八，越国置闰不同，所以在三月。吴王于己巳（三月廿三）病情好转，于壬申（三月廿六）病愈，甲戌日当是他这次“初临政”之日，所以作为推测吉凶的根据。

⑫鸡鸣：鸡啼之时，当指寅时（清晨三点到五点）。

⑬位：当作“后”。“岁后”，指太阴已历之辰。该年太阴在丁亥，在甲戌之后13位，所以说“岁后”。会指合日。甲戌是三月的合日。岁后之会是一种凶兆。

⑭将：率领，引申指牵制。

⑮德、刑：五行之说称天干为“德”，称地支为“刑”。此年太岁在己酉，所以“德”为“己”，“刑”为“酉”。己，在五行配土；酉，在五行配金。所以说“德在土，刑在金”。

⑯是日：指甲戌日。“甲”在五行配“木”。根据五行相胜之道，“木”胜“土”，这也就是“甲”胜“己”，所以说“日贼其德”。这甲戌的干支胜过了太岁的干支，是日胜年，这是一种逆胜，象征着下胜上，所以下文说：“知父将有不顺之子，君有逆节之臣。”

⑰此句指吴王对子胥的看法。无爱于人：指吴王所说的相国对他“不慈”“不仁”。人，实指吴王。

⑱ 其：指“无爱于人”者。亲：用作被动词。

⑲ 见：同“现”，显现。

译文

第二天，伍子胥进宫劝谏说：“昨天大王看见什么啦？我听说：‘胸内包藏着虎狼般的狠心，在外使用好话连篇的说辞，这不过是伪装外表的感情来保存他的生命罢了。对于豺，决不可认为它廉洁；对于狼，决不可亲近。’现在大王喜欢听那快活一时的说辞，却不考虑到有关千秋万代大业的祸患；抛弃了忠诚正直的建议，而采用谗毁之人的花言巧语。不消灭誓不两立的仇敌，不根除心怀仇恨的冤家，这就好像是把毛发放在炉子里的炭火之上而指望它不烧焦、把禽蛋扔到上千钧的重物之下而指望它完好无损，难道不危险吗？我听说：‘夏桀登上高处而知道自己很危险，却不知道使自己安全的办法；向前靠近雪白的刀口而知道自己会死，却不知道保全自己的办法。迷惑的人如果知道走回头路，那么迷失的路途不会太远。’希望大王明察。”

吴王说：“我患病三个月，竟听不到相国一句问候的话，这是相国不慈善啊；又不进献我嘴里所爱吃的东西，心里又不惦念我，这是相国不仁爱啊。做臣子的不仁爱不慈善，怎么能知道他是忠贞诚信的呢？越王迷惑昏乱，抛弃了守卫边疆的大事，亲自率领了他的臣民来归顺我，这是他有道义啊；他本人亲自当奴仆，妻子亲自当婢女，心中也不怨恨我，我有疾病，他亲口尝我的粪便，这是他的慈善啊；掏空他的金库，拿出他所有的珍宝礼物，不计较过去的恩怨，这是他忠贞诚信啊。这三种品德已经有了，并且用它们来奉养我。我如果听从相国而把他杀了，这就是我的不明智，而只是给相国逞个人的痛快。这难道不是辜负天帝么？”

子胥说：“为什么大王的话说反了？那老虎压低姿势，是将要有所攻击；那野猫压低身子，是将要求得它要猎取的东西。野鸡因为双眼发花、被眼屎挡住视线而被罩在罗网中，鱼因为贪图一时痛快而死在诱饵上。再说大王这次病愈后开始临朝听政的时候，正应了《玉门》第九类，这实在是事情本身注定要失败，所以也不要再怪罪了。大王这次临朝听政，是在今年三月甲戌日，时辰是鸡啼时的寅时。甲戌，是一个太阴已经经过的不吉利的合日，但它却牵制了大王。今年太岁又在己酉，则天干配土，地支配金，这样看来，那么这甲戌日就伤害了太岁的天干。所以我知道父亲将会有不孝顺的儿子，君主会有背叛节义的臣子。大王认为越王归顺吴国是出于道义，认为他喝尿吃粪是出于慈善，认为他掏空金库是出于仁爱。所以认为不爱别人的人，就不能和他亲近；而听了表面的话、看了他的外貌就据此保全了越王的生命。那越王到吴国来做奴仆，这是他谋划深远啊；掏空他的金库而不暴露出怨恨的脸色，这是在欺骗我的大王啊；在下喝大王的小便，这是在向上吃大王的心啊；在下尝大王的大便，这是在向上吃大王的肝啊。越王这样来尊重大王，那意义多么重大啊！大王一定会被他擒获。希望大王注意审察他。我不敢因为逃避死亡而辜负了先王。一旦国家成了荒山废墟，宗庙长满荆棘，那后悔还来得及吗？”

吴王说：“相国把这些事放在一边吧，别再说了。我没有耐心听这样的话。”

于是遂赦越王归国，送于蛇门之外[①]，群臣祖道[②]。吴王曰：“寡人赦君，使其返国，必念终始，王其勉之。”越王稽首曰：“今大王哀臣孤穷，使得生全还国。与种、蠡之徒，愿死于毂下[③]。上天苍苍，臣不敢负。”吴王曰：“於乎！吾闻：‘君子一言不再[④]。’今已行矣，王勉之。”越王再拜跪伏，吴王乃引越王登车，范蠡执御，遂去。至三津之上[⑤]，仰天而叹，泪下沾襟，曰：“嗟乎！孤之屯厄[⑥]，谁念复生渡此津也！”谓范蠡曰：“今三月甲辰，时加日昳[⑦]。孤蒙上天之命，还归故乡。得无后患乎！”范蠡曰：“大王勿疑！直视道行。越将有福，吴当有忧。”至浙江之上，望见大越，山川重秀，天地再清。王与夫人叹曰：“吾已绝望，永辞万民。岂料再还，重复乡国。”言竟掩面，涕泣阑干[⑧]。此时万姓咸欢，群臣毕贺。

注释

①蛇门：吴国国都的南面靠东侧的城门。

②祖道：古人于出行前祭祀路神称祖道，后因称饯行为祖道。

③毂gǔ下：尊称，与“阁下”“麾下”之类相似。

④不再：指不说第二次，不再反悔。再，第二次。

⑤三津：即三江口的渡口。

⑥屯zhūn：艰难。

⑦昳dié：未时，即今下午一时至三时。

⑧阑干：多。

译文

于是，吴王就释放越王回国，在蛇门之外送别，群臣设宴饯行。吴王说：“我赦免您，让您返回祖国，您一定要想想前因后果，您就努力吧。”越王伏地磕头说：“今天大王哀怜我孤苦困厄，使我能保全生命返回祖国。我与文种、范蠡之辈，愿意为您效死。苍天在上，我不敢忘恩负义。”吴王说：“哎呀！我听说：‘君子一言为定。’现在已经要走啦，您努力吧。”越王又拜了两次，跪伏在地上，吴王就拉着越王上车，范蠡手握马鞭驾车，就走了。来到三江口的渡口边，越王抬头朝天叹了口气，眼泪直往下淌，沾湿了衣襟，说道：“哎呀！我时运艰难困厄，谁想到又活着渡过这个渡口啊！”又对范蠡说：“今天是闰三月甲辰日，时辰是太阳偏西的未时。我秉承天神的意志，返回故乡。该不会有后患吧？”范蠡说：“大王不要疑惑！盯着前方道路一直往前走就是了。越国将有福气，吴国会有忧患。”来到浙江边上，远远望见越国，山河重新呈现出秀丽的景色，天地再次显得清爽明净。越王和夫人叹息说：“我们早已经绝望了，所以上次和民众诀别。哪里想到还能回来，重新回到故乡之国。”说完便遮住脸，泪流满面。这时老百姓都欢天喜地，大臣们都来庆贺。

勾践归国外传第四

题解

勾践归国外传，就是勾践刚从吴国回到越国时的传记。它记述了勾践回到越国之后二三年间的事迹。这些事迹，今本《左传》《国语》《史记》等均略，所以它具有较为重要的史料价值。

文章从百姓欢迎越王归国入笔，生动地写出了民众与越王之间的深情厚谊。民众说越王归国是霸王大业的开始，这就一下子将文章纳入了越国称霸的主旋律之中；而且，民众的拥护与支持，也正是越王后来战胜吴国、称霸诸侯的决定性因素。所以这开头寥寥数语，不但提纲挈领地亮出了此后各篇文章的主线，而且也是后两篇的重要伏笔。接着，文章交代了吴国封给越国的百里之地，以及范蠡筑城立郭的事迹，这些笔墨，也明显地是围绕着破吴称霸的主线来记述的。当然，越国的破吴称霸，除了百姓的拥护与范蠡的策划之外，还得力于越王及其他大臣的努力与谋划。所以文章接着又记述了越王在内尝胆苦身、修德行道，在外尽力讨好吴王以及众大夫出谋划策的经过。所有这一切，都不外乎是为了灭吴称霸。正因为全文紧紧围绕着这一中心，所以显得十分紧凑；而其中的某些谋敌克吴的策略，也足为后世政治家与军事家借鉴。

越王勾践臣吴，至归越勾践七年也。百姓拜之于道，曰："君王独无苦矣[①]。今王受天之福，复于越国，霸王之迹自斯而起。"王曰："寡人不慎天教，无德于民。今劳万姓拥于岐路，将何德化以报国人？"顾谓范蠡曰："今十有二月己巳之日[②]，时加禺中[③]，孤欲以此到国，何如？"蠡曰："大王且留，以臣卜日。"于是范蠡进曰："异哉！大王之择日也[④]。王当疾趋车驰人走[⑤]。"越王策马飞舆[⑥]，遂复宫阙。吴封地百里于越，东至炭渎[⑦]，西止周宗[⑧]，南造于山[⑨]，北薄于海[⑩]。

注释

①独：相当于"乃"，才。

②今十有二月己巳：即鲁哀公六年（勾践八年，公元前489年）十二月廿七日。有，通"又"。

③禺中：巳时，即现在上午九时至十一时。

④《淮南子·天文训》："辰为满，巳为平，主生。"所以范蠡称赞越王所选择的己巳日巳时。

⑤疾：快。趋：通"促"，催促。

⑥策：鞭打。飞：使动用法，使……飞。

⑦炭渎：在今浙江绍兴市东。

⑧周宗：又作"朱室"，在今绍兴市西古代浙江的

西岸。

⑨造：到。山：今浙江省诸暨市越山乡境内之勾嵊山。

⑩薄：迫。海：指东海，今杭州湾、王盘洋。

译文

越王勾践在吴国当奴仆，到他返回越国时已是勾践七年（公元前490年）。百姓在路上向他跪拜，说："大王这才没有痛苦了。现在大王蒙受上天的福佑，回到越国，称霸称王的业绩就从此开始。"越王说："我不能谨慎地对待上天的教令，对于民众也没有什么恩德。今天劳累广大民众围在岔道上，我将用什么德行来报答国内的广大民众呢？"越王又回过头对范蠡说："现在是十二月己巳日，时辰是巳时，我想在这个时刻回到国都，您看怎么样？"范蠡说："大王暂且留步，让我来预测一下这个日子是吉还是凶。"占卜后，范蠡便走上前去说："大王选择这日子，多么奇特啊！大王应当赶快催促车马快速奔驰，让随行人员快速奔跑。"越王便快马加鞭使车子飞速前进，于是就回到了宫中。吴国划了方圆上百里的土地封给越国，东面到炭渎，西面到周宗为止，南面到勾嵊山，北面靠近东海。

越王谓范蠡曰："孤获辱连年，势足以死，得相

国之策，再返南乡。今欲定国立城，人民不足，其功不可以兴，为之奈何？”范蠡对曰：“唐、虞卜地[①]，夏、殷封国[②]，古公营城周、雒[③]，威折万里，德致八极[④]，岂直欲破强敌、收邻国乎[⑤]？”越王曰：“先君无馀，国在南山之阳[⑥]，社稷宗庙在湖之南。孤不能承前君之制、修德自守，亡众破军，栖于会稽之山，请命乞恩，受辱被耻[⑦]，囚结吴宫。幸来归国[⑧]，追以百里之封。将遵前君之意，复于会稽之上，而宜释吴之地。”范蠡曰：“昔公刘去邰而德彰于夏[⑨]，亶父让地而名发于岐。今大王欲国树都、并敌国之境[⑩]。不处平易之都、据四达之地，将焉立霸王之业？”越王曰：“寡人之计未有决定。欲筑城立郭，分设里闾。欲委属于相国。”

注释

①唐：即陶唐氏，传说中的远古部落名。此指唐尧，因为尧是陶唐氏的部落首领。虞：即有虞氏，传说中的远古部落名。居于蒲坂（今山西永济西蒲州镇）。此指舜，因为舜是有虞氏的部落首领。

②夏：即夏后氏，朝代名。此指夏禹。殷：即商，此当指商汤。封：在边疆上堆起土作为界限。

③古公：即古公亶父。姓姬，名亶，豳(今陕西省旬邑县)人。中国上古周族领袖。是周文王的祖父。

营城：营筑城郭室屋。雒：洛阳。汉光武帝建都洛阳，自以汉为火德忌水，所以改洛阳为雒阳。据史载，古公亶父仅仅筑城于周而未筑城于雒。雒邑相传为周公所筑。此文说"古公营城周、雒"，"雒"只是连类而及之辞，这是一种常见的古文辞例，

④八极：八方极远的地方。

⑤直：只。

⑥南山：指秦望山，是会稽山脉的一座山峰。

⑦被：受。

⑧来归：回归。

⑨公刘：古代周部族的祖先，不窋的孙子。开始居住于邰，后带领周民自邰迁豳，极大地开拓了周的基业。邰：古国名，故址在今陕西武功县境内。

⑩并敌国之境：即上文"释吴之地"。并，通"摒"，排除。

译文

越王对范蠡说："我一连几年受到屈辱，那情势也足够使我死了，幸亏得到相国的计策，才又返回到南方的故乡。现在我想确定国都筑起城墙，但人手不够，功业就不能建立起来，对此该怎么办呢？"范蠡回答说："唐尧、虞舜用占卜的方法来选择建都之地，夏禹、商汤在国都的边上垒土为界，古公亶父在周原营造城郭，他们

的威势折服了万里以外的人，他们的德化传布到了八方极远之地，难道只是想攻破强大的敌人、夺取邻国吗？”越王说：“先君无馀，把国都建立在秦望山之南，把土地神谷神神像及祖宗的庙宇建在长湖的南面。我不能继承先君的制度，不能修养德行而保全自己，反而使民众逃亡，军队被攻破，自己躲在会稽山上，祈求别人才保全生命，讨要别人的开恩施惠，蒙受奇耻大辱，被囚禁在吴国的房舍之中。现在侥幸地回到了祖国，吴王还补给我上百里见方的封地。我将遵循先君的意志，再回到会稽山上，所以应该放弃吴国的土地。”范蠡说：“从前公刘离开了郃国而他的品德在夏朝更加显扬，古公亶父让掉了土地而名声从岐山脚下扩散开来，所以现在大王也想要确定与建立国都而抛弃敌国的区域。但不住在平坦开阔进出方便的都市中，占据四通八达的地方，将怎么来建立称霸称王的事业呢？”越王说：“我的计划还没有确定。我只是想筑起内城、建起外城，分别设置里巷。我想把这件事委托给相国。”

于是范蠡乃观天文，拟法于紫宫[1]，筑作小城。周千一百二十二步，一圆三方。西北立飞翼之楼[2]，以象天门；为两蟉绕栋[3]，以象龙角。东南伏漏石窦[4]，以象地户。陵门四达，以象八风。外郭筑城而缺西北，示服事吴也，不敢壅塞；内以取吴，故缺西北，而吴不知也。北向称臣，委命吴国，左右易处，不得其位，明臣属也。城既成，而怪山自至⑤。怪山者，琅琊东武海中山也⑥，一夕自来，百姓怪之，故名怪山；形似龟体，故谓龟山。范蠡曰："臣之筑城也，其应天矣。昆仑之象存焉。"越王曰："寡人闻昆仑之山乃天地之镇柱也⑦。上承皇天，气吐宇内⑧；下处后土，禀受无外⑨。滋圣生神，呕养帝会⑩。故五帝处其阳陆，三王居其正地。吾之国也，扁天地之壤，乘东南之维⑪，斗去极北⑫，非粪土之城？何能与王者比隆盛哉？"范蠡曰："君徒见外，未见于内。臣乃承天门制城，合气于后土，岳象已设，昆仑故出，越之霸也。"越王曰："苟如相国之言，孤之命也。"范蠡曰："天地卒号以著其实。"名东武，起游台其上，东南为司马门⑬，立增楼冠其山巅以为灵台⑭。起离宫于淮阳⑮，中宿台在于高平⑯，驾台在于成丘⑰。立苑于乐野⑱，燕台在于石室⑲，斋台在于襟山⑳。勾践之出游也，休息石台㉑，食于冰厨㉒。

注释

①紫宫：即"紫微"，星座名。古代天文家把天体恒星分为三垣、二十八宿等等。中垣紫微有十五星。

②飞翼：指两端水戗翘起，如飞鸟之双翼。范蠡所建飞翼之楼，唐以后改名为望海亭，在今绍兴市区府山山顶。

③蟉：同“虬”，传说中的龙类动物。

④伏：埋伏，指砌于城下。漏：泄漏，排泄。

⑤怪山：在浙江省绍兴市区南，海拔三十二米。此山远望似龟，故又名龟山。山顶有宝林寺，寺旁有塔，故又称宝林山、塔山。范蠡曾于此筑三层游台以观天象。

⑥琅琊：郡名，秦置。地在今山东诸城市一带。东武：地名，在今山东诸城市。海：即今黄海。

⑦镇：一方的主山称镇。

⑧宇内：即天下。宇，空间。

⑨无外：指范围极大，没有什么东西在其范围之外。

⑩呕：通“煦”，抚育。

⑪维：角落，靠边的地方。

⑫斗：北斗七星。去：离开。极：北极星，古又称为北辰。古人认为北斗、北极居于天之中央而统率着众星。此文喻指中央的统治地位。“斗去极北”的言外之意是：自己的地理位置远离政治中心而不具有统治地位。

⑬司马门：王宫的外门。

⑭增：同“层”，重叠的意思，“层楼”即现在所说“楼房”。灵台：西周时建有灵台，是一种高台，用以象征文王的精明。此处指观测天象灵气的地方。

⑮离宫：古代帝王在正式的宫殿之外建造于别处以

便随时游居的宫室。因为它与正式的宫殿分离，所以称为离宫。

⑯中宿台：中途歇宿的地方，故名。

⑰驾台：停放车驾的地方。

⑱苑：养禽兽植树木以供帝王游乐打猎的场所。

⑲燕台：宴饮的地方。燕，通“宴”。

⑳襟山：“襟”当作“稷”。稷山，在浙江省绍兴市东。斋台：斋戒的地方。

㉑石台：石室之燕台。

㉒冰厨：当为燕台内部较为深邃的山洞，故又名“冰室”；因其中温度很低，故以“冰”名之。由于低温便于储藏食物，所以勾践常在此饮食。

译文

于是范蠡就观察天文，模拟仿效紫微星座，筑成小城。周长一千一百二十二步，一个城角呈圆形，三个城角呈方形。在城的西北角建起了一座两端水戗翘起如鸟儿展翅的城楼，用它来象征天上的门；并做了两条小龙盘绕在屋脊两端，用它们来象征龙角。在城的东南角下面砌了一个排水的石洞，用它来象征大地的门。陆地上的城门四面畅通，用它们来象征八个方向来的风。外城筑起了城墙而空下了西北角，表示臣服侍奉吴国，而不敢堵住通道；实际上是想凭借它来攻取吴国，所以才空下了这西北角，但吴国并不知道这个用意。越王朝北称臣，把自己的生命都交给吴国来支配，所以城内的布局都改变了通常的安排，将左边的改置于右边，将右边的改置于左边，使它们不能得到那正常的位置，以此来表明自己是臣属。城郭筑成后，那怪山便自己来了。怪山，原是琅玡郡东武县领海中的山，有一个晚上它自己飞来了。百姓都觉得它很奇怪，所以称之为怪山；它的形状像乌龟的身体，所以又叫作龟山。范蠡说："我建造城郭，大概是顺应天意了。所以昆仑山的景象也在这里。"越王说："我听说昆仑山是天地之间的主柱。它向上承应天帝，把云气吐向天下；下面居住着土地神，所禀受的东西无所不包。它培植圣人、产生神仙，是培育抚养帝王的都会。所以五帝居住在它南面的陆地上，三王居住在它正面的大地上。而我的国都，偏僻地占有天地之间的一块土地，只凭借着东南方这个边远的角落，北斗星、北极星远离在北方，这不是个卑贱的都城么？又怎么能和帝王居住的都会比试昌盛呢？"范蠡说："您只是看到了外表，还没有看到那内在的实质。我是顺应天门来建造城郭，又迎合土地神的元气，崇山峻岭的景象已经设置好，所以昆仑山的景象才会出现，看来越国要称霸了。"越王说："如果真是像相国所说的这样，也是我的命。"范蠡说："天地之间的东西终究要给个称号来表明它的实际内容。"于是就把怪山命名为"东武"。在它的上面垒起游观的高台，在它的东南造司马门，又建起楼房加在它的山顶上作为观测天象的灵台。在淮阳里造起离宫，在高平里造中宿台，在成丘造驾台，在乐野建立射猎游乐场，在岩洞中建立燕台，在稷山建造斋台。勾践出去游玩的时候，在岩洞中的燕台休息，在冰凉的山洞中吃东西。

越王乃召相国范蠡、大夫种、大夫郢[①]，问曰："孤欲以今日上明堂[②]，临国政，布恩致令，以抚百姓。何日可矣？惟三圣纪纲维持。"范蠡曰："今日，丙午日也。丙，阳将也[③]。是日吉矣，又因良时，臣愚以为可。无始有终[④]，得天下之中[⑤]。"大夫种曰："前车已覆，后车必戒。愿王深察。"范蠡曰："夫子故不一二见也[⑥]。吾王今以丙午复初临政，解救其本[⑦]，是一宜；夫金制始而火救其终[⑧]，是二宜；蓄金之忧，转而及水[⑨]，是三宜；君臣有差，不失其理，是四宜；王相俱起，天下立矣，是五宜。臣愿急升明堂临政。"越王是日立政[⑩]，翼翼小心，出不敢奢，入不敢侈。

注释

①大夫郢：姓诸稽，名郢，越国大夫，越国兵败夫椒时他曾到吴国求和。

②明堂：古代帝王宣明政教的地方。此文则指君主听政之处。

③"丙"与"丁"在五行配"火"，丙为阳火，丁

为阴火，所以“丙”是“阳将”。

④始：始日，指地支首位子日。终：终日，指地支末位亥日。“午”为地支第七位，已过子日、未过亥日，所以说“无始有终”。

⑤“午”在十二地支中处于第七，即位于地支中部，所以说“得天下之中”。

⑥故：本来。不一二见：即“不见一二”。

⑦本：元气。

⑧“始”指子日，在丙午之前的子日是庚子，“庚”在五行配“金”，所以说“金制始”。“终”指亥日，在丙午之后的亥日是辛亥，“辛”在五行也配“金”，金主刑杀，不吉利。而“丙午”在五行配“火”，火能克金，所以说“火救其终”。

⑨“始”与“终”均配“金”，“金”主刑杀，故有“蓄金之忧”。但终日“辛亥”之下是“壬子”，壬子在五行配水，所以说“转而及水”。水主收获，所以“转而及水”为宜。

⑩立政：即莅政、临政。立，通“莅”。

译文

越王于是召见相国范蠡、大夫文种、大夫诸稽郢，问道：“我想在今天登上明堂，治理国家政事，布施恩惠、颁发命令，以此来安抚百姓。到底什么日子适宜呢？还望三位圣人统管把握。”范蠡说：“今天，是丙午日。丙，是阳气的主帅。这个日子很吉利，又加上美好的时辰，愚以为这日子是适宜的。它没有开始之日而有终了之日，得到了天下的正中位置。”大夫文种说：“前面的车子已经翻了，后面的车子一定要戒备。希望大王深入地加以审察！”范蠡说：“文先生本来就没有看到一点头绪。我们的大王今天在丙午日重新开始治理政事，来解救他的元气，这是第一个适宜的地方；那金德造成了它的开始之日庚子，而现在用这火德的丙午来挽救它的终了之日辛亥，这是第二个适宜的地方；积累了金德的忧虑，又转变为水德，这是第三个适宜的地方；君臣之间有一定的等级差别，现在不丧失这一原则，这是第四个适宜的地方；君主和相国一同振作起来，天下的统治秩序就能建立了，这是第五个适宜的地方。我希望大王赶快登上明堂治理政事。”越王就在这一天登堂治理政事，小心翼翼，出去不敢奢侈，入内不敢放纵。

越王念复吴雠非一旦也。苦身劳心[①]，夜以接日。目卧，则攻之以蓼[②]；足寒，则渍之以水。冬常抱冰，夏还握火[③]。愁心苦志，悬胆于户，出入尝之不绝于口。中夜潜泣，泣而复啸。于是群臣咸曰：“君王何愁心之甚？夫复雠谋敌，非君王之忧，自臣下急务也。”

注释

①苦：使……苦。劳：使……劳累。

②蓼 liǎo：一种带有辣味的菜。

③冬抱冰、夏握火，与下文尝胆一样，是为了使自己不沉溺于安乐之中而忘了复仇。

译文

越王想报吴国之仇已不是一朝一夕的事了。他常常熬苦了自己、操碎了心，夜以继日地工作。眼睛打瞌睡了，就用辣蓼来刺激它；脚冷了，就用水来泡它。冬天常常抱着冰，夏天反而握着火。整天使自己心里发愁，刻苦磨炼着自己的意志，还把苦胆挂在房门上，进出房门时就不断地用嘴去舔它。半夜里常常暗中哭泣，哭罢又仰天长啸。于是大臣们都说："大王为什么要忧心忡忡到这种地步？那报仇雪恨、设法对付敌国，并不是国君应该担忧的事，这本是臣下的当务之急啊。"

越王曰："吴王好服之离体[①]，吾欲采葛[②]，使女工织细布献之，以求吴王之心，于子何如？"群臣曰："善！"乃使国中男女入山采葛，以作黄丝之布，欲献之。

未及遣使，吴王闻越王尽心自守，食不重味[③]，衣不重彩[④]，虽有五台之游，未尝一日登玩。"吾欲因而赐之以书，增之以封。东至于勾甬[5]，西至于檇李[6]，南至于姑末[7]，北至于平原[8]，纵横八百余里[9]。"

越王乃使大夫种赍葛布十万、甘蜜九棁[10]、文笥七枚、狐皮五双、晋竹十廋[11]，以复封礼。

吴王得之，曰："以越僻狄之国无珍[12]，今举其贡货而以复礼。此越小心念功、不忘吴之效也。夫越，本兴国千里，吾虽封之，未尽其国。"子胥闻之，退卧于舍，谓侍者曰："吾君失其石室之囚，纵于南林之中。今但因虎、豹之野而与荒外之草[13]，于吾之心，其无损也。"

吴王得葛布之献，乃复增越之封，赐羽毛之饰、机杖、诸侯之服[14]。越国大悦。

采葛之妇伤越王用心之苦，乃作《苦之诗》，曰：

"葛不连蔓棻台台[15]，我君心苦命更之。
尝胆不苦甘如饴，令我采葛以作丝。
饥不遑食四体疲[16]，女工织兮不敢迟。
弱于罗兮轻霏霏[17]，号绨素兮将献之[18]。
越王悦兮忘罪除[19]，吴王欢兮飞尺书。
增封益地赐羽奇，机杖茵褥诸侯仪[20]。
群臣拜舞天颜舒，我王何忧能不移。"

注释

①离：通"螭"，传说中一种没有角的龙，此喻指吴王。

②葛：一种多年生的草本植物。茎蔓生，茎皮可制葛布。花紫红色。通称葛麻。

③食不重味：即只吃一种食物，表示其节俭刻苦。重味，两种以上的食物。

④重彩：两种以上的彩色丝织品。

⑤勾甬：句章甬江。句章，在今浙江余姚市东南。甬江，上流出四明山，经浙江宁波市流向东北入海。

⑥槜李：地名。在今浙江嘉兴市西南。

⑦姑末：即姑蔑，地名，故城在今浙江衢州市东北龙游县北。

⑧平原：即武原，在今浙江嘉兴市海盐县境。

⑨纵横：南北方向叫“纵”，东西方向叫“横”。

⑩榶dǎng：木桶。

⑪晋竹：即“箭竹”，是竹的一个品种。高近丈，节间三尺，坚劲，可制箭。晋，通“箭”。廋：当作“艘”。

⑫狄：同“逖”，远。

⑬今：如果。但：单，只。荒外：指极其荒远的地区。荒，边远，远方。

⑭羽毛：指羽旗。是帝王游车上的一种装饰品。机杖：几案与手杖，这是供老年人在家靠身和出外走路时用的，所以古代以赐几杖为敬老之礼。机，通“几”，几案，小桌子。

⑮不：“柎”的古字，花萼。花萼与其茎蔓相连，

所以说“葛不连蔓”。棻：通“纷”，茂盛的样子。台台：通“翼翼”，茂盛众多的样子。

⑯遑：闲暇，空闲。

⑰弱：指软。罗：稀疏而轻软的丝织品。霏霏：飘飘，原指云、雪纷飞的样子，此形容葛布轻得可飘扬起来。

⑱絺chī：精细的葛布。素：白色生绢，此指如白色生绢似的葛布。

⑲罪除：即“除罪”。此处为与下句押韵，所以将“除罪”倒置。罪，指罪恶之人吴王。

⑳茵：车上的垫子。仪：仪表，此指穿在身上的服装。即上文所说的“诸侯之服”。此处为了押韵，所以用“仪”字。

译文

越王说：“吴王喜欢穿戴他的龙体，我想采收葛麻，让女工织成精细的布献给他，以此来求得吴王的欢心，你们看怎样？”大臣们说：“好！”于是就让国内的男男女女到山中采收葛麻，用它织成黄色纤维的布，想把它们献给吴王。

还没有来得及派遣使者，吴王就听说越王全心全意地安分守己，吃东西不吃两种以上的食物，穿衣服不穿两种以上的织物，虽然有了灵台、中宿台、驾台、燕台、斋台这五台可以游览，也从没有登上去玩过一天。因而就派人送来书札，说："我想因此而送给你这封信，给你增加封地，东边到勾章甬江，西边到槜李，南边到姑末，北边到平原，南北、东西八百多里。"

越王就派大夫文种送去葛布十万匹、甜美的蜂蜜九桶、有花纹的方形竹器七个、狐狸皮五双、箭竹十船，以此作为报答吴王增加封地的礼物。

吴王得到了这些礼物，说："一直以为越国是地处边远的国家而没有什么珍宝，现在拿出他们的进贡物品而将它们作为报答的礼物。这是越王小心谨慎地思念我的功德、不忘记吴国的证明啊。那越国，本来建国的时候有上千里见方，现在我虽然封给了他一些土地，但还没有完全恢复他的国家。"子胥听说了这些话，便退出朝廷躺在家里，对服侍的人说："我们的国君宽赦那石洞中的囚犯，把他放到南面的山林之中。如果他只是凭借着那虎、豹横行的山野以及边远地区的野草，在我的心目中，他倒也不会有什么损害。"

吴王得到葛布的进献后，就又增加越国的封地，还赐给越王羽毛旗这种帝王游车上的装饰品、几案与手杖、诸侯的服装。越国人十分高兴。

采收葛麻的妇女感伤于越王用心良苦，就作了一首《苦心之诗》，诗云：

"葛麻花萼与蔓连，枝叶纷披又芊绵；
我们国君用心苦，命运把他来改变。
口尝苦胆不觉苦，竟像饴糖甘又甜；

命令我们采葛麻，用它纺成丝和线。
饿了无暇去吃饭，四肢乏力受熬煎；
纺织女工织啊织，不敢怠慢不拖延。
织成葛布比绸软，轻飘飘啊如云烟；
把它称作缔和素，将向吴王去进献。
越王心里乐呵呵，忘了除掉活罗阎；
吴王心里喜洋洋，一封书信飞速传。
增加封地一大片，赐赠羽旗真奇艳；
几案手杖加坐垫，诸侯服装都送全。
群臣朝拜舞翩跹，越王展眉露笑脸；
我王还有哪种愁，能不因此而改变？”

于是越王内修其德，外布其道。君不名教[①]，臣不名谋，民不名使，官不名事。国中荡荡，无有政令。越王内实府库，垦其田畴，民富国强，众安道泰[②]。越王遂师八臣与其四友，时问政焉。大夫种曰：“爱民而已。”越王曰：“柰何？”种曰：“利之无害，成之无败，生之无杀，与之无夺。”越王曰：“愿闻。”种曰：“无夺民所好，则利也；民不失其时，则成之；省刑去罚，则生之；薄其赋敛，则与之；无多台游，则乐之；静而无苛，则喜之。民失所好，则害之；农失其时，则败之；有罪不赦，则杀之；重赋厚敛，则苦之；多作台游以罢民[③]，则苦之；劳扰民力，则怒之。

臣闻善为国者，遇民如父母之爱其子、如兄之爱其弟，闻其饥寒为之哀，见其劳苦为之悲。”越王乃缓刑薄罚，省其赋敛。于是人民殷富，皆有带甲之勇。

注释

①名：自命。

②泰：通达。

③罢：通“疲”，使动用法，使……疲劳。

译文

从此越王在朝廷内修养自己的德行，在朝廷外施行自己的教化。君主不把自己的工作说成是推行政教，臣子不把自己的工作说成是出谋划策，民众不把自己的工作说成是被役使，官吏不把自己的工作说成是侍奉君主。国内空空荡荡，没有政策法令。越王在国内充实金库兵库，开垦国内的田地，百姓富足，国家强盛，民众安乐，正确的政治原则得到了贯彻。越王于是就把八位大臣和他们的朋友当作老师，时常向他们请教治国的措施。大夫文种说：“治国的措施不过是爱护民众罢了。”越王说：“该怎样爱护民众？”文种说：“使他们得利而不要损害他们，使他们成功而不要败坏他们，使他们生存而不要杀死他们，给予他们而不要掠夺他们。”越王说：“我愿意听一下。”文种说：“不夺取民众喜欢的东西，那就是使他们得利；不让民众错过农时，那就是使他们成功；

减少刑法免去惩罚，那就是使他们生存；减轻对他们的税收，那就是给予他们；不要多造高台别墅去游玩，那就是使他们快乐；安静无为而不苛刻，那就是使他们喜悦。使民众丧失他们喜欢的东西，那就是损害他们；使农夫错过了农时，那就是败坏他们；有了罪刑又不赦免，那就是杀死他们；加重赋税从重征收，那就是掠夺他们；大量建造高台别墅去游玩以致使民众疲劳不堪，那就是使他们痛苦；劳累侵掠民间的人力物力，那就是使他们发怒。我听说善于治国的人，对待民众就像父母爱护自己的子女、兄长爱护自己的弟弟，听说他们饥寒交迫就为他们感到哀痛，看到他们疲劳困苦就为他们感到悲伤。”越王于是就放宽刑法、减轻处罚，减少民众的税收。于是人民十分富足，都有身穿铠甲上阵杀敌的勇气。

九年正月，越王召五大夫而告之曰：“昔者越国遁弃宗庙，身为穷虏，耻闻天下，辱流诸侯。今寡人念吴，犹躄者不忘走[①]、盲者不忘视。孤未知策谋，惟大夫诲之。”

扶同曰：“昔者亡国流民，天下莫不闻知。今欲有计，不宜前露其辞。臣闻：‘击鸟之动[②]，故前俯伏。猛兽将击，必饵毛帖伏[③]。鸷鸟将搏，必卑飞戢翼[④]。圣人将动，必顺辞和众。’圣人之谋，不可见其象，不可知其情。临事而伐，故前无剽过之兵[5]，后无伏袭之患。今大王临敌破吴，宜损少辞，无令泄也。臣闻吴王兵强于齐、晋，而怨结于楚。大王宜亲于齐，深结于晋，阴固于楚，而厚事于吴。夫吴之志，猛骄而自矜，必轻诸侯而凌邻国。三国决权，还为敌国，必角势交争[6]。越承其弊[7]，因而伐之，可克也。虽五帝之兵，无以过此。”

范蠡曰：“臣闻：‘谋国破敌，动观其符[8]。’孟津之会[9]，诸侯曰可，武王辞之。方今吴、楚结雠，构怨不解；齐虽不亲，外为其救；晋虽不附，犹效其义。夫内臣谋而决雠其策[10]，邻国通而不绝其援，斯正吴之兴霸、诸侯之上尊。臣闻：‘峻高者隤[11]，叶茂者摧。日中则移，月满则亏。四时不并盛，五行不俱驰。阴阳更唱[12]，气有盛衰。故溢堤之水，不掩其量[13]；熻干之火[14]，不复其炽。水静则无沤瀴之怒[15]，火消则无熹毛之热[16]。’今吴乘诸侯之威，以号令于天下，不知德薄而恩浅、道狭而怨广、权悬而智衰、力竭而威折、兵挫而军退、士散而众解。臣请按师整兵，待其坏败，随而袭之。兵不血刃，士不旋踵，吴之君臣为虏矣。臣愿大王匿声，无见其动[17]，以观其静。”

大夫苦成曰：“夫水能浮草木，亦能沉之；地能生万物，亦能杀之；江海能下谿谷，亦能朝之[18]；圣人能从众，亦能使之。今吴承阖闾之军制、子胥之典教，政平未亏，战胜未败。大夫嚭者，狂佞之人，达于策虑，轻于朝事。子胥力于战伐，死于谏议。

二人权，必有坏败。愿王虚心自匿[19]，无示谋计，则吴可灭矣。”

大夫浩曰：“今吴，君骄臣奢，民饱军勇，外有侵境之敌，内有争臣之震，其可攻也。”

大夫句如曰[20]：“天有四时，人有五胜[21]。昔汤、武乘四时之利而制夏、殷，桓、缪据五胜之便而列六国[22]。此乘其时而胜者也。”

王曰：“未有四时之利、五胜之便，愿各就职也。”

注释

①躄bì：跛，两腿瘸，足不能行。

②击：当作“挚”，形近而讹。“挚”，通“鸷”，凶猛。

③饵：当作“弭”，收敛。帖：服帖，驯顺的样子。

④戢jí：收敛。

⑤剽piāo：截劫、拦腰袭击。

⑥势：力量。此处指武力。

⑦承：通“乘”，趁着，凭借。

⑧符：吉祥的征兆。

⑨孟津：渡口名。在今河南省孟州市西南。相传周武王伐纣时与八百诸侯会盟于此，故又名盟津。

⑩雠：对答、回报。

⑪陨tuí：坠落，倒塌。

⑫唱：通“倡”，带头，指占据主导地位。

⑬掩：止。即遏止、不放纵的意思。

⑭熻xī：烧。干：枯竭。

⑮沤：浸泡。濴yǐng：遥远。

⑯熹：烧。

⑰见：同“现”。

⑱朝：原指朝见，引申指流入。此处用作使动词。

⑲虚心：使内心虚无空荡，即不要老是把复仇的事挂在心头。因为“不虚心”而老想着复仇，就很难做到“自匿”。

⑳句如：据《左传》《国语》，当作“皋如”。

㉑五胜：五行相胜。水胜火，火胜金，金胜木，木胜土，土胜水，称为五胜。秦、汉时代的方士常以金、木、水、火、土五行相胜的道理来附会王朝的兴衰存亡，即所谓“五德迭相胜”。

㉒桓：指齐桓公。缪：通“穆”，指秦穆公，春秋五霸之一，名任好，秦国君主，公元前659—前621年在位。列：即安排位次。齐桓公、秦穆公称霸诸侯，使各国诸侯会盟而排列各国诸侯的位次，所以说“列”。六国：古代称“六国”，往往是指战国时的齐、楚、燕、韩、魏、赵，加秦而称为七国。

译文

九年（公元前488年）正月，越王召见了五位大夫而告诉他们说："从前越国败逃而丢弃了祖宗的庙宇，我自己沦为囚犯，我的羞耻天下人都听说，我的屈辱传遍了诸侯各国。今天我念念不忘报复吴国，就像瘸子念念不忘要奔跑、瞎子念念不忘要看东西一样。但我现在还不清楚对付吴国的计策谋略，希望大夫们教教我。"

扶同说："从前越国国家灭亡、民众漂泊，天下没有谁不知道。现在想要有所算计，不宜事先泄露这方面的言论。我听说：'搏击的鸟儿要行动，所以先低头趴着。凶猛的野兽将出击，一定先收起毛驯服地趴在地上。凶猛的禽鸟将要搏击，一定先飞得很低而收起翅膀。圣人将采取行动，一定先说话和顺而与众人关系融洽。'圣人的谋划，别人不能见到它的迹象，不能知道它的内情。等到战事发生了才按照预先的谋划去攻战，所以事先没有阻击他们前进的敌军，以后也没有被伏击的祸患。现在大王面临仇敌而要攻破吴国，应该减少言论，不要让这种话泄露出去。我听说吴王的兵力在和齐国、晋国争强，而他又早和楚国结下了怨仇。大王最好亲近齐国，深交晋国，偷偷地和楚国加强关系，而优厚地侍奉吴国。那吴王的性情，凶猛骄横而自高自大，他一定会轻视诸侯各国而欺负邻国。齐、晋、楚三国判断衡量一下，就都成了吴国的敌国，他们就一定会和吴国较量武力而互相竞争强弱。越国趁吴国疲惫不堪的时候去攻打它，就可以攻克了。即使是五帝用兵，也无法超过这种谋略了。"

范蠡说："我听说：'图谋他国攻破仇敌，行动时得观察那吉祥的征兆。'所以，孟津会盟的时候，诸侯都说可以，武王却拒绝了。当今吴国和楚国结下仇怨不能和解；而齐国虽然不亲近吴国，在表面上却还是给吴国提供救援；晋国虽然不依附吴国，但还是履行他们的道义。那吴国国内的大臣进行谋划而决定应对敌国的计策，邻国和吴国来往而不断绝他们的援助，这正是吴国在建立霸业、诸侯各国在推崇吴王啊。我听说：'峻峭高耸的山会崩塌，枝叶茂盛的树会折断。太阳到了中午就会下移，月亮圆满了就会减损。春夏秋冬这四季不可能同时旺盛，金木水火土这五大行星不可能一起运行。阴阳双方轮流处于主导地位，自然界的元气有时旺盛有时衰微。漫过堤防的水，不遏止它的流量；烧尽的火炭，不能恢复它的炽烈。水波安静了就不会有淹没远方的怒涛，火势消灭了就不会有烧掉毛发的热量。'现在吴王凭借着诸侯的威势，因而在天下发号施令，却不知道自己功德不深而恩情浅薄，可以走的路狭窄而怨恨他的人面广量大，权势虽然高高在握而智能却已衰退，力量已经用尽而威势已经减损，军队将受到挫折而败退，士兵将四散奔逃而瓦解。请让我去巡视一下我们的军队而整顿好士兵，等到吴国衰败，就趁机去袭击它。这样的话，那么兵器还没有让鲜血染红刀口，士兵还没有转过脚跟，而吴国的君臣就已经被俘获了。我希望大王不要声张，不要暴露自己的动作，而只让别人看见自己的安静无为。”

大夫苦成说：“水能够使草木浮在水面上，但也能够使它们沉下去；大地能够使万物生长，但也能够杀死它们；江海能够处在山谷之下，却也能使山谷中的水流向自己；圣人能够顺从民众，却也能够使用他们。现在吴国继承了阖闾的军队制度与伍子胥的法则教化；政治稳定，还没有衰微；作战获胜，还没有失败。大夫伯嚭，是个狂妄谄媚的人，通晓谋略，但轻视朝廷上的政事。伍子胥则致力于战争，又豁出命去劝谏议论。这两个人一起权衡事情，一定会有破败的时候。请大王丢掉心事而把自己隐藏起来，不要暴露计谋，那么吴国就可以消灭了。”

大夫浩说：“现在的吴国，国君骄横，臣子奢侈；民众饱食终日，将士胆大妄为；外面有侵扰边境的敌人，国内有争权夺利的臣子耀武扬威，该可以去攻打了吧。”

大夫皋如说：“自然界有四季的交替，人类社会有五德相胜的更迭。从前商汤、周武王凭借了四季交替的有利条件而制服了夏桀、商纣王，齐桓公、秦穆公凭借了五德相胜的有利条件而能安排各诸侯国的位次。这是凭借了时机才取胜的啊。”

越王说：“现在我们还没有得到四季交替的有利条件与五德相胜的有利时运，请各位还是先各司其职吧。”

勾践阴谋外传第五

题解

勾践阴谋外传，就是勾践秘密计谋对吴用兵的传记。它记述了勾践十年至十三年之间的事迹，《左传》《国语》《史记》等均略，所以它具有较为重要的史料价值。特别像其中的弹歌，一向被人们看作原始歌谣的典型，成为探究文学艺术起源的重要史料。还有对弩矢、射法的记述，本篇也远比他书为详，它无疑是研究我国古代科技史与军事史的宝贵资料，只是未引起后人的注意罢了。当然，此文在剪裁方面也颇具匠心，如《左传·哀公十一年》所记吴将伐齐时勾践率其众朝吴之事，本书便安排在《夫差内传》中叙述，而本篇则从略了，以免重复。

文章紧承上篇，围绕越王谋吴称霸的主题渐次展开。要达到谋吴称霸的目的，既要走富国强兵之路，又要行贫吴弱敌之计。所以，文章围绕文种所说的“君王闭口无传”的阴谋九术落笔，其实不外乎这两个方面。文章先写越国“已富”，后又写越王“尊天事鬼”，以致“国不被灾”，依从计砚之计而充实粮仓，这便是富国之术；请越女传授剑术，让陈音讲解射法，这是强兵之道。送给吴王神木而促成其大兴土木，献给吴王美女而使其惑乱，借粟还粟而使吴种而无收，都是贫吴弱敌之计。凡此种种，为越王破吴称霸奠定了坚实的基础。于是，“阴谋”便可转为阳攻，从而引出下篇的伐吴。

越王勾践十年二月，越王深念远思侵辱于吴，蒙天祉福，得越国[①]。群臣教诲，各画一策，辞合意同，勾践敬从，其国已富。

注释

①“得”下当有“返”字。

译文

越王勾践十年（公元前487年）二月，越王深深地回忆起过去，遥想那被吴国侵入侮辱的情景，幸好蒙受上天福佑，才得以返回越国。群臣又循循善诱，各人都谋划了一条计策，言论一致、意见相同，勾践慎重地听从这些意见，他的国家已经富足。

反越五年[①]，未闻敢死之友。或谓诸大夫爱其身、惜其躯者，乃登渐台[②]，望观其群臣有忧与否。相国范蠡、大夫种、句如之属俨然列坐[③]，虽怀忧患，不形颜色。

越王即鸣钟惊檄而召群臣[④]，与之盟，曰：“寡人获辱受耻，上愧周王[⑤]，下惭晋、楚。幸蒙诸大夫之策，得返国修政，富民养士。而五年未闻敢死之士、雪仇之臣，奈何而有功乎？”群臣默然，莫对者。越王仰天叹曰：“孤闻：‘主忧臣辱，主辱臣死。’今孤亲被奴虏之厄，受囚破之耻，不能自辅，须贤任仁[⑥]，然后讨吴。重负诸臣，大夫何易见而难使也[⑦]？”

于是计砚年少官卑，列坐于后，乃举手而趋，蹈席而前进曰：“谬哉！君王之言也。非大夫易见而难使，君王之不能使也。”

越王曰：“何谓？”

计砚曰：“夫官位、财币、金赏者，君之所轻也；操锋履刃、艾命投死者[⑧]，士之所重也。今王易财之所轻[⑨]，而责士之所重，何其殆哉！”

注释

①反：通“返”。五年：当为虚数，其实不足五年。古代“三”“五”“七”“九”往往表虚数。

②渐台：筑于水中之台。水中之台较为险峻，所以勾践与群臣一起登台，以考验他们是“敢死”还是“爱其身、惜其躯”。

③列：位次，这里用作状语。

④惊檄xí：指发布使人警戒的征召文书。惊，通“警”，古代报告危急的信息称为警。檄，古代用来征召、声讨的文书。

⑤周王：指周敬王，名丐，公元前519—前476年在位。

⑥须：等待。

⑦见：当作“得”。

⑧艾：通“刈”，斩。

⑨易财：治财，管理财物，此指在财物的奖赏施舍方面斤斤计较。易，管理。

译文

勾践回到越国好几年了，还没听说过有为自己卖命的人。有人说他的各位大夫都是爱惜自己身躯的人。于是勾践就和群臣一起登上水中的高台，以观察他的大臣们是否有担忧害怕的神情。相国范蠡、大夫文种、皋如之类都庄重地按照次序坐着，虽然心里有点担忧害怕，也不表现在脸色上。

越王立即敲响警钟、发布使人警戒的征召文书而召见群臣，和他们立誓缔约，说：“我遭受耻辱，向上愧对周王，向下愧对晋国、楚国。幸亏受到各位大夫的指点，才得以返回祖国重理朝政，使民众富足，又培养了贤士。但好几年也没有听说过有为我拼死的勇士和为我报仇雪耻的臣子，我怎样才能有所成就呢？”群臣鸦雀无声，没有谁回答。越王抬头朝天叹息说：“我听说：‘君主有了忧患，臣子就为君主忍受耻辱；君主忍受耻辱，臣子就为君主殉身拼死。’现在我亲身遭到当奴仆的困厄，受到被囚禁以及国家被攻破的耻辱，但我不能自己辅佐自己，所以想等待贤能的人，任用有仁德的人，然后再去讨伐吴国。我深深地依赖各位大臣，但大夫们为什么容易被我得到却难以被我使用呢？”

在这个时候计砚年纪还轻、官位还低，依次坐在后面，他竟然举着手小步快跑过来，踩着坐席而走到前面说：“大王的话多荒谬啊！并不是大夫们容易被您得到而难以被您使用，而是大王没有能力使用他们啊。”

越王说：“你的话是什么意思？”

计砚说：“那官位、财物以及黄金的奖赏，是君主所看轻的东西；手握锋利的兵器，脚踩锐利的刀口，杀身效死，是士人所看重的事情。现在大王老是在盘算财物这种应该看轻的东西，却要求士人去干那些他们所看重的事情，这多么危险啊！”

于是越王默然不悦，面有愧色，即辞群臣，进计砚而问曰：“孤之所得士心者何等？”

计砚对曰：“夫君人尊其仁义者，治之门也。士民者，君之根也。开门固根，莫如正身。正身之道，谨左右。左右者，君之所以盛衰者也。愿王明选左右，得贤而已。昔太公[①]，九声而足[②]，磻溪之饿人也[③]，西伯任之而王[④]。管仲[⑤]，鲁之亡囚，有贪分之毁，齐桓得之而霸。故传曰[⑥]：‘失士者亡，得士者昌。’愿王审于左右，何患群臣之不使也？”

越王曰："吾使贤任能，各殊其事[7]。孤虚心高望，冀闻报复之谋。今咸匿声隐形，不闻其语，厥咎安在？"

计砚曰："选贤实士[8]，各有一等。远使以难，以效其诚[9]；内告以匿，以知其信；与之论事，以观其智；饮之以酒，以视其乱；指之以使[10]，以察其能；示之以色，以别其态。五色以设[11]，士尽其实，人竭其智。知其智，尽实[12]，则君臣何忧[13]？"

越王曰："吾以谋士效实、人尽其智，而士有未尽进辞有益寡人也。"

计砚曰："范蠡明而知内，文种远以见外，愿王请大夫种与深议，则霸王之术在矣。"

注释

①太公：即姜太公吕尚。

②九声而足：《越绝书》作"九十而不伐"，指其九十岁仍无功。这是汉代盛行的一种传说，说姜太公九十岁得遇文王以后，才功业卓著。

③磻 pán 溪：在陕西宝鸡市东南，源出南山，北流入于渭河。传说太公望未遇文王时在这里垂钓。饿：严重的饥饿，指没有饭吃而受到死亡的威胁，并不是指一般的饥饿。

④西伯：即周文王。

⑤管仲：姓管，名夷吾，字仲，是春秋初期具有法

家思想的政治家。公元前686年，齐将乱，为了避难，管仲、召忽奉公子纠出奔鲁国，鲍叔牙奉公子小白出奔莒国。这一年，襄公被杀后，小白于次年先入齐国立为桓公，大败鲁军，鲁国被迫按桓公的要求杀了公子纠，把管仲囚禁了交还齐国。管仲回齐后，由鲍叔牙推荐，被齐桓公任命为相。他推行富国强兵的政策，使齐国国力大振，齐桓公因此而成就了霸业。桓公尊他为“仲父”，后谥“敬”，所以又称管敬仲。

⑥传：书传，古书的记载。

⑦殊：不同。这里是使动用法。

⑧实：这里用作动词，指了解实情。

⑨效：考验。

⑩指：指定。使：与“酒”“色”等相对，解作“事”（古代“事”“使”义通）。

⑪五色：此指各种脸色。以：通“已”。

⑫“实”上当有“其”字。

⑬君臣：当作“君王”。

译文

于是越王沉默无言，闷闷不乐，脸上露出惭愧的容色，就辞退了群臣，让计砚到自己跟前而问他说：“我得人心的程度怎样？”

计砚回答说：“统治人民时崇尚仁爱道义，这是治国的关键方法。贤士民众，是君主立身的根本。要打开治国的窍门，巩固君主的立身之本，没有什么比得上端正君主本身。端正本身的办法，在于谨慎地挑选身边的近臣。君主身边的近臣，是君主兴盛或衰亡的根源。希望大王英明地选择身边的近臣，任用有德才的人就是了。从前太公九十岁了还没有什么成就，是个磻溪边上的饿鬼，但西伯任用他，就成就了王业。管仲，是个逃亡到鲁国的囚犯，虽然有贪婪地多分财利的坏名声，但齐桓公得到他，就成就了霸业。所以古书的记载说：'丧失贤能之士的就衰亡，得到贤能之士的就兴旺。'希望大王对您身边的近臣详加审察，为什么要去担忧群臣不能被您使用呢？"

越王说："我使用有德才的人、任用有能力的人，使他们的职事各不相同。我一心一意地瞻望，希望能听到报复吴国的谋略。但现在他们却都销声匿迹，听不到他们的话，那过失在什么地方呢？"

计砚说："选择贤能的人、了解谋士的实情，对于不同的考察目的各有一种相应的办法。让他们到远方去做困难的事情，以此来考验他们的忠诚；在朝内把保密的事告诉他们，以此来了解他们的守信；和他们讨论政事，以此来观察他们的智慧；拿酒让他们喝，以此来审视他们的昏乱；拿某种职事指定他们去做，以此来考察他们的才能；拿自己的脸色给他们看，以此来辨别他们的态度。君主的各种脸色都已经摆出来了，那么谋士就会全部献出自己的真心实意，能人就会竭尽自己的智慧谋虑。知道了能人的智谋，全部地了解了谋士的真心实意，那么大王还担忧什么呢？”

越王说：“我依靠谋士献出他们的真心实意、能人竭尽他们的智谋，但谋士中有些人却还没有尽心献上有益于我的意见啊。”

计砚说：“范蠡明智聪慧而能了解国内的情况，文种远见卓识而能看到国外的情况，希望大王把大夫文种请来和他深入地讨论一番，那么称霸称王的办法就有了。”

越王乃请大夫种而问曰：“吾昔日受夫子之言，自免于穷厄之地。今欲奉不羁之计[①]，以雪吾之宿雠，何行而功乎？”

大夫种曰：“臣闻：‘高飞之鸟，死于美食；深川之鱼，死于芳饵。’今欲伐吴，必前求其所好，参其所愿，然后能得其实[②]。”

越王曰：“人之所好，虽其愿，何以定而制之死乎？”

大夫种曰：“夫欲报怨复雠、破吴灭敌者，有九术，君王察焉？”

越王曰：“寡人被辱怀忧，内惭朝臣，外愧诸侯，中心迷惑，精神空虚。虽有九术，安能知之？”

大夫种曰："夫九术者，汤、文得之以王[3]，桓、穆得之以霸[4]。其攻城取邑，易于脱屣。愿大王览之。"种曰："一曰尊天事鬼以求其福[5]；二曰重财币以遗其君[6]，多货贿以喜其臣；三曰贵籴粟槁以虚其国，利所欲以疲其民；四曰遗美女以惑其心而乱其谋；五曰遗之巧工良材，使之起宫室以尽其财；六曰遗之谀臣，使之易伐；七曰强其谏臣，使之自杀；八曰君王国富而备利器；九曰利甲兵以承其弊[7]。凡此九术，君王闭口无传，守之以神，取天下不难，而况于吴乎？"

越王曰："善。"

注释

①不羁：此指不拘泥而才华横溢。

②实：此指战果，包括土地、财物等等。

③汤、文：商汤、周文王。

④桓、穆：齐桓公、秦穆公。

⑤"鬼"下当有"神"字，下文亦兼鬼神言之。

⑥遗 wèi：赠送，给予。

⑦承：通"乘"，趁着，凭借。

译文

越王就请来大夫文种而问他说："我过去接受了先生的意见，才使自己没有陷入困厄的境地。现在我再想恭敬地接受您那才华横溢的计策，用它来消除我的宿仇旧恨，怎样做才能成功呢？”

大夫文种说：“我听说：‘高高地飞翔着的鸟，死在甜美的食物上；深深的河流中的鱼，死在芳香的诱饵上。’现在要攻打吴国，一定得先找到吴王喜欢的东西，投合他的愿望，然后才能得到他的土地财物。”

越王说：“人的嗜好，虽然是其向往的，但为什么能把人置于死地呢？”

大夫文种说：“想要报仇雪恨、攻破吴国消灭敌人，有九种办法，大王清楚吗？”

越王说：“我遭受耻辱，心怀忧愁，在内愧对朝廷上的大臣，在外愧对各国诸侯，内心迷惑，精神空虚。即使有九种办法，哪能知道呢？”

大夫文种说：“那九种办法，商汤、周文王得到它们从而成就了王业，齐桓公、秦穆公得到它们从而成就了霸业。他们攻占大城夺取小镇，比脱掉鞋子还容易。请大王还是看看它们吧。”文种接着说：“第一种办法是尊敬上天、侍奉鬼神来求得福佑；第二是加重财物礼品去送给吴国国君，增多货物钱财去讨好吴国臣子；第三是以昂贵的价格买入粮草来挖空他的国家，诱使他纵欲从而使他的民众疲劳不堪；第四是赠送美女来迷惑他的思想而扰乱他的计谋；第五是送给他能工巧匠和优质木材，让他建造宫殿房舍来耗尽他的财产；第六是送给他阿谀奉承的奸臣，使他轻易地去攻战；第七是使他的劝谏之臣刚强不屈，从而使谏臣自杀；第八是大王国家富足而准备好锋利的兵器；第九是训练好自己的军队，趁他们疲惫困乏的时候去攻打。所有这九种办法，大王紧闭嘴巴不要传出去，用自己的心灵去把握它，那么夺取天下也没有什么困难，更何况是一个吴国呢？”

越王说：“好。”

乃行第一术，立东郊以祭阳，名曰东皇公①。立西郊以祭阴，名曰西王母②。祭陵山于会稽③，祀水泽于江州④。事鬼神一年，国不被灾。越王曰：“善哉！大夫之术。愿论其馀。”

注释

①东皇公：可能是后代小说家根据“西王母”之名反推而塑造出来的，并不是越国的史实。

②西王母：神话中的女神。后世小说戏曲多以西王母为美貌之女神。

③陵山：禹陵之山。在今浙江省绍兴市东南六公里处，相传是夏禹的陵墓。此处泛指山陵。

④江州：当指浙江（古浙水）中的沙洲。

译文

于是越王就先实施第一种办法，在东郊建起了祠庙来祭祀主阳气的神，名叫东皇公祠。在西郊建起了祠庙来祭祀主阴气的神，名叫西王母祠。在会稽山上祭祀山陵之神，在浙江中的沙洲上祭祀江河湖泊之神。越王侍奉鬼神才一年，国家就不再遭受什么灾害。越王说："大夫的办法真好啊！请您再议论一下其他的办法。"

种曰："吴王好起宫室，用工不辍。王选名山神材[①]，奉而献之。"

越王乃使木工三千余人入山伐木。一年，师无所幸[②]。作士思归，皆有怨望之心，而歌《木客之吟》。一夜，天生神木一双，大二十围，长五十寻[③]，阳为文梓[④]，阴为楩楠[⑤]。巧工施校，制以规绳[⑥]，雕治圆转，刻削磨砻[⑦]，分以丹青，错画文章[⑧]，婴以白璧[⑨]，镂以黄金，状类龙蛇，文彩生光。

乃使大夫种献之于吴王，曰："东海役臣——臣孤勾践使臣种，敢因下吏闻于左右：赖大王之力，窃为小殿，有余材，谨再拜献之。"

吴王大悦。

子胥谏曰："王勿受也。昔者桀起灵台[⑩]，纣起鹿台[⑪]，阴阳不和，寒暑不时，五谷不熟，天与其灾，民虚国变，遂取灭亡。大王受之，必为越王所戮。"

吴王不听。遂受而起姑苏之台[⑫]。三年聚材，五年乃成，高见二百里。行路之人，道死巷哭，不绝嗟嘻之声，民疲士苦，人不聊生。

越王曰："善哉！第二术也。"

注释

①名山：大山。神材：即"神木"，指松柏之类四季常青、寿命极长、质地优良的木材。

②师：众人。此指伐木工人。幸：宠爱。

③寻：古代长度单位，八尺为一寻。

④文梓：有斑纹的梓木，是优质之木。

⑤楩 pián：即今黄楩木。楠：楠木。楩楠本为两种树，此文为偏义复词，指一种树。

⑥制：裁割。此处指砍削。

⑦砻 lóng：打磨。

⑧错：涂饰。文章：错杂的色彩或花纹。古代以青与赤相配合为文，赤与白相配合为章。

⑨婴：缠绕。

⑩夏桀作灵台，未详，或许当时有此传说。

⑪鹿台：故址在今河南淇县。

⑫姑苏之台：吴王娱乐之台，在姑苏山上。

译文

文种说："吴王喜欢建造宫殿房屋，役使工匠从未中断。请大王挑选一些大山上的优良木材，恭敬地拿去献给他。"

越王就派木工三千多人进山砍伐树木。一年了，工匠们一直没有自己亲爱的人陪伴。做工的人想回家，都有怨恨的心情，因而唱起那《木客之吟》。就在这个晚上，天然生出两棵神奇的优质树木，大二十围，高四十丈，那向阳的一棵是有斑纹的梓树，背阴的一棵是楩楠。技术高超的工匠进行校正，用圆规墨线进行弹画而砍削它们，雕刻得滚圆，又进一步刻削打磨，用朱砂、青雘等颜料画上各种线条，再涂饰画上错杂的花纹，用白色的玉璧系在上面，用黄灿灿的金子镶嵌在表面，那形状类似龙和蛇，花纹和色彩闪闪发光。

于是越王就派大夫文种把它献给吴王，对吴王说："东海边上的奴仆——臣子我勾践派遣使者臣子文种，冒昧地通过您的下属官吏向您报告：依靠了大王的力量，我得以私下营建小小的宫殿，现在还有一些多余的木材，谨向大王行个再拜礼而把它们奉献给大王。"

吴王十分高兴。

子胥劝谏说："大王不要接受。从前夏桀建造灵台，商纣建造鹿台，以致阴阳不调和，寒冬与炎暑不按时到来，五谷不成熟，上天给他们降下灾祸，民众贫乏，国家发生事变，于是他们就自取灭亡了。大王如果接受了这木材，一定会被越王杀死。"

吴王不听子胥的话，就接受了这些木材而建造姑苏台。花了三年时间收集材料，造了五年才造成，高得能望见远在二百里处的东西。走在路上的人，面对在路上死去的劳工和在里巷中痛哭流涕的家属，不断地发出叹息声，百姓疲惫，士人劳苦，人民没法生活。

越王说："这第二种办法真好啊！"

十一年，越王深念永思，惟欲伐吴，乃请计砚，问曰："吾欲伐吴，恐不能破，早欲兴师，惟问于子。"

计砚对曰："夫兴师举兵，必且内蓄五谷，实其金银，满其府库，励其甲兵[1]。凡此四者，必察天地之气，原于阴阳，明于孤虚[2]，审于存亡，乃可量敌。"

越王曰："'天地''存亡'，其要柰何？"

计砚曰："天地之气，物有死生。原阴阳者，物贵贱也。明孤虚者，知会际也。审存亡者，别真伪也。"

越王曰："何谓'死生''真伪'乎？"

计砚曰："春种八谷[3]，夏长而养，秋成而聚，冬畜而藏。夫天时有生而不敷种[4]，是一死也。夏长无苗，二死也。秋成无聚，三死也。冬藏无畜，四死也。虽有尧、舜之德，无如之何。夫天时有生，劝者老，作者少[5]，反气应数[6]，不失厥理[7]，一生也。留意省察，谨除苗秽，秽除苗盛，二生也。前时设备，物至则收，国无逋税，民无失穗，三生也。仓已封涂，除陈入新，君乐臣欢，男女及信[8]，四生也。夫阴阳者，太阴所居之岁[9]，留息三年，贵贱见矣[10]。夫孤虚者，谓天门地户也。存亡者，君之道德也。"

越王曰："何子之年少于物之长也？"

计砚曰："有美之士不拘长少[11]。"

越王曰："善哉！子之道也。"乃仰观天文，集察纬宿[12]，历象四时[13]，以下者上，虚设八仓[14]，从阴收著[15]，望阳出粜，筴其极计[16]，三年五倍，越国炽富。勾践叹曰："吾之霸矣。善！计砚之谋也。"

注释

①励其甲兵：即磨快其兵器，此处泛指整治武器装备。励，通"砺"，磨。甲兵，铠甲与兵器，此处偏指兵器。

②孤虚：古时占卜的一种方法，日即天干，辰即地支，日辰不全就有孤虚，又称空亡。占卜时得孤虚，主事不成。

③八谷：八种谷物，即黍、稷、稻、粱、禾、麻、菽、麦，或以稻、黍、大麦、小麦、大豆、小豆、粟、麻为八谷。此处泛指谷物。

④天时有生：指万物萌生的春季。敷：散布。

⑤劝者老，作者少：劝勉的人是老年人，劳动的人是年轻人。

⑥反：对。数：道，自然界的普遍规律。

⑦失：错失，引申指违背。厥：其，指代八谷。理：与"道"相对，指各种事物的具体规律。

⑧男女及信：即"男女与男女信"。及，与。"及"字下省去了宾语。

⑨太阴：此处当指太岁而言。依古代的方术，太岁所在为凶方，忌兴土木建筑等。

⑩见：同“现”，显露。

⑪美：指才德优秀、学识渊博。不拘长少：不限于长幼。

⑫集：聚集，指组织人员。纬宿：星宿，指五星二十八宿。古代行星叫“纬”，指五纬，即金星、木星、水星、火星、土星五大行星。古代列星叫“宿”。所谓列星，即指在天空中有固定的排列位置的恒星。古代天文学家把黄道（太阳所经天区）附近的恒星分成二十八个星座，称为二十八宿，四方各有七宿。

⑬历象：推算历法观测天象。

⑭虚设八仓：空空地设置了八方之仓。

⑮从阴：与“望阳”互文。著：同“贮”，储藏。

⑯筴：通“策”，制定。

译文

十一年（公元前486年），越王深深地惦念长期地思量，一心想要攻打吴国，于是就请来计砚，问他说：“我想攻打吴国，怕不能攻破它，早就想起兵了，还是想先问一下您。”

计砚回答说：“发动军队进行战争，一定要在国内积蓄粮食，使金银财宝富足起来，装满自己的金库兵库，加强自己的武器装备。大凡有了这四种条件，还一定要明察天地的节气，推究事物的阴阳，明白日辰孤虚，审察存亡的条件，才可以与敌人去较量。”

越王说：“你说的‘天地的节气’‘存亡的条件’等等，它们的要义是怎样的？”

计砚说：“所谓天地的节气，是指物体有死有生。所谓推究事物的阴阳，是指物体有贵有贱。所谓明白日辰孤虚，是指知道机会际遇。所谓审察存亡的条件，是指辨别真伪。”

越王说：“你说的‘死生’‘真伪’等等是指什么？”

计砚说：“在春天播种各种谷物，到夏天长起来了就加以养护，在秋天成熟了就进行收集，在冬天有了积蓄就加以贮藏。在那自然界的时令具备生长条件的时候却不去播种，这是第一种死亡之道。夏天庄稼要生长却没有秧苗，这是第二种死亡之道。秋天庄稼成熟却不去收集，这是第三种死亡之道。冬天谷物要贮藏却没有积蓄，这是第四种死亡之道。像这样的话，那么即使有了尧、舜那样的贤德，对它也没有什么办法。在那自然界的时令具备了生长条件的时候，老年人进行劝勉，年轻人勤奋耕作，对照节气顺应自然规律，不违背各种谷物的具体生长规律而及时播种，这是第一种生存之道。留心检查照看，严格地清除禾苗中的杂草，杂草除去，禾苗就茂盛了，这是第二种生存之道。在收成时节到来之前就做好准备，谷物交上来就及时收藏，国内没有逃税的人，民众都把成熟的庄稼收起来了，这是第三种生存之道。粮仓已经用泥土封高涂好，清除陈米旧粮而装入新谷，君主快乐、臣民欢喜，男男女相互信任，这是第四种生存之道。至于阴阳，就是在太岁所停留的那一年起，留在国内停止活动三年，这样，高贵和卑贱就彰明了。至于孤虚，是指天上的门道和地上的门路。至于存亡的条件，就是君主的道德。”

越王说：“为什么您年纪轻轻而对于事物的了解却像长者一样？”

计砚说：“有优秀德才的人并不受年龄大小的限制。”

越王说：“您的一番道理真好啊！”于是就抬头观察天文，组织人员观察五星二十八宿，推算历法，观测天体运行的现象，确定四季交替的时刻，拿地上的东西来和天上的相比附，在四面八方设置宽敞的仓库，根据阴阳的变化来收藏粮食，观察阴阳的变化来卖出粮食，制订了最好的计划，三年之间粮食的储藏量增加到五倍，越国于是繁荣昌盛、十分富足。勾践颇有感慨地说：“我要称霸了。计砚的谋略真好啊！”

十二年，越王谓大夫种曰：“孤闻吴王淫而好色，惑乱沉湎[①]，不领政事。因此而谋，可乎？”种曰：“可破。夫吴王淫而好色，宰嚭佞以曳心[②]，往献美女，其必受之。惟王选择美女二人而进之。”越王曰：“善。”乃使相工索国中，得苎萝山鬻薪之女，曰西施、郑旦[3]。饰以罗縠[4]。教以容步，习于土城[5]，临于都巷[6]。三年学服[7]，而献于吴。乃使相国范蠡进曰："越王勾践窃有二遗女[8]。越国洿下困迫，不敢稽留。谨使臣蠡献之大王。不以鄙陋寝容[9]，愿纳以供箕帚之用[10]。"吴王大悦，曰："越贡二女，乃勾践之尽忠于吴之证也。"子胥谏曰："不可。王勿受也。臣闻：'五色令人目盲[11]，五音令人耳聋[12]。'昔桀易汤而灭，纣易文王而亡。大王受之，后必有殃。臣闻越王朝书不倦，晦诵竟夜[13]，且聚敢死之士数万，是人不死，必得其愿。越王服诚行仁[14]，听谏进贤，是人不死，必成其名。越王夏被毛裘[15]，冬御絺绤[16]，是人不死，必为对隙[17]。臣闻：'贤士，国之宝；美女，国之咎。'夏亡以妹喜[18]，殷亡以妲己[19]，周亡以褒姒[20]。"吴王不听，遂受其女。越王曰："善哉！第三术也。"

注释

①沉湎：指沉溺于酒。

②曳心：拖住其心，牵制其思想。曳，引，拖。

③西施：我国古代四大美女之一，一作先施，又称西子，名夷光。苎萝山下有施姓两村，夷光居西，故称西施。今浙江诸暨市城南一公里许浣纱溪畔、苎萝山下有浣纱石，相传为西施浣纱处。

④縠hú：有皱纹的纱。

⑤土城：今绍兴市区东五云门外有西施山遗址，即

勾践作土城以栖西施之处。

⑥临：参观仿效、对照学习的意思，犹画画时的临摹。

⑦服：习惯、适应。

⑧遗女：即“天所遗之女”。

⑨鄙陋：丑陋。寝容：貌丑。

⑩供箕帚之用：派洒扫的用处。古代妻妾在家主管洒扫，所以此实指给吴王作妻妾之用。

⑪五色：青、黄、赤、白、黑。此泛指各种色彩。

⑫五音：宫、商、角、徵、羽。此泛指各种音乐。

⑬竟夜：终夜，通宵。竟，终。

⑭服：行。

⑮被：同“披”。

⑯絺绤chī xì：细葛布与粗葛布，此指夏季穿的葛布衣。越王“夏被毛裘，冬御絺绤”的用意与“冬常抱冰，夏还握火”同。

⑰对隙：仇敌。

⑱妹喜：当作“妺喜”，姓喜，名妺。有施氏（喜姓之国）之女，夏桀之妃。相传夏桀伐有施国，有施人把妺喜进献给夏桀，她深受夏桀宠爱。后来夏桀又伐岷山，岷山人把琬、琰二女献给他，他爱二女而弃元妃妺喜于洛，妺喜便与伊尹勾结，致使夏桀灭亡。

⑲妲己：姓己，名妲，有苏氏（己姓之国）之女，

商纣王之妃。

⑳周：指周幽王，西周天子，姬姓，名宫涅，宣王子。公元前781—前771年在位。褒姒：西周时褒国女子，姓姒。幽王伐褒国，褒人进献褒姒，为幽王所宠幸。褒姒不爱笑，幽王施以千方百计也不得其笑，乃举烽火以召诸侯，诸侯急至，而无外敌入侵，褒姒大笑。幽王遂数举烽火戏诸侯以博得褒姒之笑。后褒姒生伯服，于是与虢石甫勾结，逐太子宜臼（即后来的周平王）而立伯服。太子逃奔母家申国，申侯（太子宜臼的外祖父）联合鄫国、西戎以伐周，幽王举烽火，诸侯不信，救兵不至。西戎等破镐京，杀幽王，虏褒姒而去，西周遂亡。

译文

十二年（公元前485年），越王对大夫文种说："我听说吴王纵欲放荡而喜爱女色，糊涂昏乱而沉溺于酒，不治理政务。凭借这一点去谋取吴国，可以么？"文种说："可以利用这一点去攻破吴国。那吴王纵欲放荡而喜爱女色，太宰嚭巧言谄媚而控制了吴王的思想，所以去进献美女，他们一定会接受的。希望大王挑选两个美女去献给他们。"越王说："好！"于是就派相面的人到国内寻觅，得到了苎萝山上的卖柴女，名叫西施、郑旦。接着就用绫罗绉纱打扮她们，教给她们美容的方法与走路的姿势，让她们在土城练习，到国都的里巷去参观学习。

三年学下来她们已经能适应了，就将她们献给吴王。于是就派相国范蠡前去进献说："越王勾践私下有两个上天恩赐的女子。越国地势低下、君臣困厄，不敢让她们居留。所以慎重地派我范蠡把她们献给大王。如果大王不觉得她们长得丑陋难看，请大王收留下来给您作妻妾吧。"吴王十分高兴，说："越国进献两个女子，这就是勾践尽忠于吴国的明证啊。"伍子胥劝谏说："不行。大王别接受。我听说：'各种色彩会使人眼瞎，各种音乐会使人耳聋。'从前夏桀轻视商汤灭亡了，商纣王轻视周文王也灭亡了。大王如果接受这两个美女，以后一定会有祸殃。我听说越王白天书写办公不知疲倦，夜晚诵读典籍常常通宵，而且还聚集了不怕死的勇士几万名，这个人如果不死，就一定能实现他的愿望。越王奉行诚信、实施仁政，听从劝告、进用贤人，这个人如果不死，就一定能成就他的名声。越王夏天披着毛皮大衣，冬天穿着葛布衣，这个人如果不死，一定会成为我们的仇敌。我听说：'贤士，是国家的宝物；美女，是国家的灾祸。'夏桀因为妺喜而灭亡了，商纣王因为妲己而灭亡了，周幽王因为褒姒而灭亡了。"吴王不听子胥的话，接受了越国的美女。越王说："这第三种办法真好啊！"

十三年，越王谓大夫种曰："孤蒙子之术，所图者吉，未尝有不合也。今欲复谋吴，奈何？"种曰："君王自陈：‘越国微鄙，年谷不登，愿王请籴，以入其意[①]。’天若弃吴，必许王矣。”

越乃使大夫种使吴，因宰嚭求见吴王，辞曰：“越国洿下，水旱不调，年谷不登，人民饥乏，道荐饥馁[②]，愿从大王请籴，来岁即复太仓[③]。惟大王救其穷窘。”

吴王曰：“越王信诚守道，不怀二心[④]，今穷归诉，吾岂爱惜财宝、夺其所愿[⑤]？”

子胥谏曰：“不可！非吴有越，越必有吴。吉往则凶来。是养生寇而破国家者也。与之不为亲，不与未成冤[⑥]。且越有圣臣范蠡，勇以善谋，将有修饰攻战，以伺吾间[⑦]。观越王之使使来请籴者，非国贫民困而请籴也，以入吾国伺吾王间也。”

吴王曰：“寡人卑服越王而有其众，怀其社稷以愧勾践。勾践气服[⑧]，为驾车，却行马前[⑨]，诸侯莫不闻知。今吾使之归国奉其宗庙、复其社稷，岂敢有反吾之心乎？”

子胥曰：“臣闻：‘士穷非难抑心下人，其后有激人之色[⑩]。’臣闻越王饥饿，民之困穷，可因而破也。今不用天之道、顺地之理，而反输之食，固君之命，狐、雉之相戏也。夫狐卑体，而雉信之，故狐得其志而雉必死。可不慎哉？”

吴王曰：“勾践国忧，而寡人给之以粟。恩往义来，其德昭昭，亦何忧乎？”

子胥曰：“臣闻：‘狼子有野心，仇雠之人不可亲。’

夫虎不可喂以食，蝮蛇不恣其意。今大王捐国家之福以饶无益之雠，弃忠臣之言而顺敌人之欲。臣必见越之破吴，豸、鹿游于姑胥之台[11]，荆、榛蔓于宫阙[12]。愿王览武王伐纣之事也。”

太宰嚭从旁对曰：“武王非纣王臣也？率诸侯以伐其君，虽胜殷，谓义乎？”

子胥曰：“武王即成其名矣。”

太宰嚭曰：“亲戮主以为名，吾不忍也。”

子胥曰：“盗国者封侯，盗金者诛。令使武王失其理，则周何为三家之表[13]？”

太宰嚭曰：“子胥为人臣，徒欲干君之好、咈君之心以自称满[14]，君何不知过乎？”

子胥曰：“太宰嚭固欲以求其亲，前纵石室之囚[15]，受其宝女之遗[16]，外交敌国，内惑于君。大王察之，无为群小所侮。今大王譬若浴婴儿，虽啼，无听宰嚭之言。”

吴王曰：“宰嚭是。子无乃闻寡人言，非忠臣之道，类于佞谀之人。”

太宰嚭曰：“臣闻：‘邻国有急，千里驰救。’是乃王者封亡国之后、五霸辅绝灭之末者也[17]。”

吴王乃与越粟万石而令之曰：“寡人逆群臣之议而输于越，年丰而归寡人。”

大夫种曰：“臣奉使返越，岁登诚还吴贷。”

大夫种归越，越国群臣皆称“万岁”。即以粟赏赐群臣，及于万民。

注释

①入其意：即“得其意”，使其得意，让其如愿以偿而感到满意。入，得。

②荐：聚。

③太仓：京城储粮的大仓。

④不怀二心：指一心一意、尽忠不渝。二心，二条心，有异心。

⑤夺：使……丧失。

⑥冤：通“怨”，怨恨，仇恨。

⑦间：间隙，空子。

⑧气服：服气，由衷地屈服。

⑨却行马前：据说勾践曾为夫差的马前卒。却行，倒退着走，表示极其恭敬。

⑩激：阻遏水势，此指阻遏（别人的）气势。

⑪豸：泛指野兽。

⑫荆：灌木名。榛：木名。灌木或小乔木，果实叫榛子。

⑬三家之表：即“表三家”。意谓释箕子之囚，封比干之墓，表商容之间。

⑭徒：只。干：冒犯，抵触。咈：违背。满：圆满成功。

⑮石室之囚：指勾践、范蠡等。

⑯遗：赠送。这里用作名词，指赠送之物。据《国语·越语上》，越国曾“饰美女八人纳之太宰嚭”。

⑰王者封亡国之后：如商汤封夏之后，周武王封商纣王子禄父于殷。绝灭之末：与“亡国之后”义同。

译文

十三年（公元前484年），越王对大夫文种说：“我接受了你的策略，所图谋的事情都吉利，还从来没有不圆满的。现在想再次谋取吴国，该怎么办？”文种说：“大王可以主动地向吴王诉说：‘越国微小鄙陋，庄稼不成熟，希望大王让我买些粮食，以此来满足我的心愿。’上天如果舍弃吴国，吴王就一定会答应大王的。”

越王就派大夫文种出使吴国，通过太宰嚭求见吴王，说道：“越国地势低下，雨水和干旱不协调，庄稼不成熟，人民饥饿困乏，路上聚集着饥饿的人，希望能向大王请求买些粮食，明年立即还给贵国国库。希望大王对我们的困厄进行援救。”

吴王说：“越王真诚老实，坚守道义，对我不怀异心，现在陷于困境而来诉说他的苦衷，我难道能吝惜财物而使他的愿望落空？”

子胥劝谏说：“不行！不是吴国占有越国，就是越国占有吴国。吉利跑到了越国，那么不幸就会来到吴国。这卖粮之举是养活敌寇而使自己的国家破亡的事啊。把粮食给他们也不能算是亲近，不给他们也不会造成怨恨。再说，越国有圣明的臣子范蠡，勇敢而且善于谋划，他将对他们的进攻有所掩饰，因此用买粮作为借口来侦察我们的漏洞。我看越王派使者前来请求买粮，并非是因为国家贫穷人民困厄而来恳求买粮，而是以此为借口进入我国来探测我们大王的失误啊。”

吴王说：“我使越王低头屈服而占有了他的人民，拥有了他的国家从而使勾践惭愧万分。勾践由衷地屈服了，给我准备车马，在我马前倒退着走给我开路，各国诸侯没有不知道的。现在我让他回国供奉他的祖宗庙宇，恢复他的土地神谷神，他怎么敢有背叛我的念头呢？”

子胥说：“我听说：‘士人走投无路了就不难做到抑制自己的思想感情而向别人低三下四，但到后来就会有盛气凌人的脸色。’我听说越王挨饿，民众穷困，那就可以趁此机会攻破他。现在不遵行天神的意志，不顺从地祇的法则，却反而给他们输送粮食，这本来就是您的命运，是狐狸与野鸡的互相戏弄吧。那狐狸压低了自己的身体，因而野鸡相信了它，所以狐狸达到了目的而野鸡必死。这样的事能不小心吗？”

吴王说：“勾践为自己的国家担忧，而我供给他粮食。恩惠送过去了，义气就会随之而来，我的德行光明卓著，还担忧什么呢？”

子胥说：“我听说：‘狼崽子有着野兽凶残的本性，敌对的人不可以亲近。’那老虎不可以用食物去喂养，蝮蛇不能让它任意活动。现在大王抛弃了国家的幸福，去让对自己毫无好处的仇敌富足起来；抛弃了忠臣的意见，而去顺从敌人的欲望。我一定会看见越国攻破吴国，蛇、鹿等动物在姑苏台上活动，荆棘、榛树在王宫中丛生蔓延。希望大王看看周武王攻打商纣王的事情吧。"

太宰嚭在旁边接嘴说："周武王不是商纣王的臣子吗？他竟然率领了诸侯去讨伐自己的君主，虽然战胜了商纣王，能说他合乎道义吗？"

子胥说："但周武王就此成就了他的名声。"

太宰嚭说："他凭借亲手斩杀君主的手段来成名，我是不能容忍他的。"

子胥说："窃取国家政权的人会被封为诸侯，窃取金银财宝的人会被惩处。假如武王不懂道义，那么周王朝为什么要表彰箕子、比干、商容这三个人呢？"

太宰嚭说："子胥做臣子，只是想抵制君主的爱好、违背君主的心意而自己说自己的主张会圆满成功，真是这样，君主为什么不明白自己的过失呢？"

子胥说："太宰嚭本来就想借此机会求得越王的亲爱，他过去放掉了石洞中的囚犯，接受了越国赠送的财宝美女，对外和敌国结交，在内迷惑君主。请大王明察这些情况，不要被您身边的小人玩弄了。现在大王好比给婴儿洗澡一样，那小孩就是啼哭叫喊，您也不要听信太宰嚭的话。"

吴王说："太宰嚭是对的。你不能听我的话，这不是忠臣的做法，而类似于巧言谄谀的人。”

太宰嚭说：“我听说：‘邻国有了紧急的事，就要日行千里赶去解救。’这就是称王天下的人要分封亡国者的后代、五霸要辅助被消灭者的后裔的原因啊。”

吴王于是就给了越国上万石的谷子而命令文种说：“我顶住了君臣的议论而把粮食输送给越国，年成丰收了就得还给我。”

大夫文种说：“我接受使命而回到越国，年成如果丰收，肯定马上归还吴国借出的粮食。”

大夫文种回到越国，越国群臣都高呼“万岁”。于是就把谷子赏给群臣，还一直分发到万民手中。

二年，越王粟稔[①]，拣择精粟而蒸，还于吴，复还斗斛之数[②]，亦使大夫种归之吴王。王得越粟，长太息，谓太宰嚭曰：“越地肥沃，其种甚嘉，可留使吾民植之。”于是吴种越粟，粟种杀而无生者，吴民大饥。越王曰：“彼以穷居[③]，其可攻也。”大夫种曰：“未可。国始贫耳，忠臣尚在[④]，天气未见[⑤]，须俟其时。”

注释

①稔 rěn：庄稼成熟。

②斛 hú：古代容量单位，十斗为一斛。

③以：通“已”。

④忠臣：指子胥。

⑤天气：指自然界的元气、气数。见：同“现”。

译文

第二年（公元前483年），越国谷子丰收，于是就挑选了上等的谷子把它们蒸熟，然后才去还给吴国，也还给同样的斗数，同样派大夫文种去把它们还给吴王。吴王得到越国的谷子，长长地叹了口气，对太宰嚭说：“越国的土地肥沃，他们的品种很好，可以留下来让我们的人民去种植它。”于是吴国就种植越国的谷子，谷子种下去全都烂死了，没有一颗发芽的，吴国人因而大闹饥荒。越王说：“他们已经处于困境，该可以进攻了吧。”大夫文种说：“还不行。他们的国家不过是刚刚开始贫困而已，忠臣还健在，天地的气数还没有露出苗头，还需要等待时机。”

越王又问相国范蠡曰：“孤有报复之谋，水战则乘舟，陆行则乘舆。舆、舟之利，顿于兵弩[①]。今子为寡人谋事，莫不谬者乎？”范蠡对曰：“臣闻古之圣君莫不习战用兵，然行阵、队伍、军鼓之事[②]，吉凶决在其工[③]。今闻越有处女出于南林[④]，国人称善。愿王请之，立可见。”越王乃使使聘之，问以剑戟之术。

处女将北见于王，道逢一翁，自称曰袁公，问于处女："吾闻子善剑，愿一见之。"女曰："妾不敢有所隐，惟公试之。"于是袁公即拔箖箊竹[5]。竹枝上枯槁，末折堕地，女即捷末[6]。袁公操其本而刺处女。处女应即入之[7]，三入，因举杖击袁公。袁公即飞上树，变为白猿。遂别去，见越王。

越王问曰："夫剑之道则如之何？"女曰："妾生深林之中，长于无人之野，无道不习[8]，不达诸侯。窃好击之道，诵之不休。妾非受于人也，而忽自有之。"越王曰："其道如何？"女曰："其道甚微而易，其意甚幽而深。道有门户[9]，亦有阴阳。开门闭户，阴衰阳兴。凡手战之道：内实精神，外示安仪；见之似好妇，夺之似惧虎；布形候气[10]，与神俱往；杳之若日，偏如滕兔[11]；追形逐影，光若佛仿；呼吸往来，不及法禁；纵横逆顺，直复不闻。斯道者，一人当百，百人当万。王欲试之，其验即见。"越王大悦，即加女号，号曰"越女"。乃命五校之队长、高才习之以教军士[12]。当此之时皆称越女之剑。

注释

①顿：通"钝"，不锋利。此指不便利。

②行阵：军队的行列队形。队伍：军队的组织编制。

③工：此指具有一技之长的人才。

④处女：未出嫁的女子。

⑤箖箊lín yū：竹名，是袁公与越女试剑之竹。

⑥捷：疾取。

⑦即：通“节”。“应节”就是应和节奏，即趁势的意思。

⑧无道：无从。道，由。不：语助词，无实义。

⑨门户：古代一个门框内安双扇的叫“门”，单扇的叫“户”。此处“门”指大道，即正确重要的途径；“户”指小道，即歪门邪道。

⑩候气：指看体气的情况而定。候，视，观测。

⑪偏：通“媥”，与“翩”同源，轻快。滕：当作“腾”。

⑫五校：泛指各支军队。校，军营，又指军队之一部。

译文

越王又问相国范蠡说：“我有报复吴国的谋略，如果是水战，就乘船；如果是在陆地上行军，就乘车。但车、船的便利，比不上兵器弓弩。现在您给我策划战事，没有不谬误的吗？”范蠡回答说：“我听说古代的圣明君主都熟悉攻战、善于用兵，但是军队的行列队形、军队的组织编制、军队中的战鼓等具体的事情，吉利与不吉利取决于那具有特长的人才。现在我听说越国有个处女出生于南林，国内的人都称道她武艺高超。希望大王去请教她，那就立即可以让她来见您。”越王就派使者去聘请她，向她请教使用剑戟的方法。

处女将到北面朝见越王，在路上碰到一个老头，自己说名叫袁公，他问处女说："我听说你善于舞剑，希望能看一下。"处女说："小女不敢有所隐瞒，请老公公试一试吧。"于是袁公就拔起一支箖箊竹。那竹枝的上部干枯了，所以竹梢断了掉到地上，处女便立即拾起那竹梢。袁公手握那竹竿来刺击处女。处女趁势让袁公前来刺击，让他刺了三下，便举起竹梢去刺击袁公。袁公立即飞跃上树，变成了一只白色的猿。处女就告别白猿走了，拜见了越王。

越王问道："那击剑之术到底是个什么样子？"处女说："小女出生在深山密林之中，成长于荒无人烟的野外，没有什么地方可以学习，也不与诸侯交往。我只是私下喜欢击剑之术，所以一直不停地念诵它。这击剑之术我并不是从别人那里接受来的，而是在突然之间自己获得的。"越王说："那击剑的方法怎样？"处女说："那方法非常微妙但很容易，那旨意则非常隐晦深奥。方法有大道小道之分，也包含着阴阳两个方面。打开那正确的门径而堵塞那歪门邪道，阴气就衰微而阳气就兴盛。大凡亲身参加作战的原则是：在体内要充足精神，在外表要显示出安稳庄重的仪表；看上去好像是个温顺的美女，但争夺时要像受惊的猛虎一般；安排自己的身体时要根据体气，要和精神同步向前；要像太阳一样高远莫测，像飞奔跳跃的兔子一样轻快敏捷；追击别人时形来影去，要使那剑光若有若无；吐气吸气来来往往，不触犯法禁；横冲直撞反攻正攻，无论是径直向前还是再次回击都不被人听见。这种剑术，可以使一个人挡住一百个人，一百个人挡住一万个人。大王如果想要试一下，那效果立即会表现出来。”越王十分高兴，立即赐给处女名号，称她为“越女”。于是就命令各支部队的队长以及能力较强的人去向越女学习剑术，然后把它教给战士。在这个时候人们都称道越女的剑术。

于是范蠡复进善射者陈音。音，楚人也。越王请音而问曰：“孤闻子善射，道何所生？”

音曰：“臣，楚之鄙人[①]，尝步于射术[②]，未能悉知其道。”

越王曰：“然，愿子一二其辞。”

音曰：“臣闻弩生于弓，弓生于弹[③]，弹起古之孝子。”

越王曰：“孝子弹者柰何[④]？”

音曰：“古者人民朴质，饥食鸟兽，渴饮雾露，死则裹以白茅，投于中野。孝子不忍见父母为禽兽所食，故作弹以守之，绝鸟兽之害。故古人歌曰：‘断竹属木[⑤]，飞土逐肉[⑥]。’遂令死者不犯鸟、狐之残也。于是神农、黄帝弦木为弧[⑦]，剡木为矢[⑧]，弧矢之利以威四方。黄帝之后，楚有弧父。弧父者，生于楚之荆山，生不见父母。为儿之时，习用弓矢，所射无脱。以其道传于羿，羿传逄蒙[9]，逄蒙传于楚琴氏。琴氏以为弓矢不足以威天下。当是之时，诸侯相伐，兵刃交错，弓矢之威不能制服。琴氏乃横弓着臂[10]，施机设郭[11]，加之以力，然后诸侯可服。琴氏传大魏，大魏传楚三侯[12]——所谓句亶、鄂、章[13]，人号麋侯、翼侯、魏侯也。自楚之三侯传至灵王[14]，自称之楚累世盖以桃弓棘矢而备邻国也。自灵王之后，射道分流，百家能人用，莫得其正。臣前人受之于楚，五世于臣矣。臣虽不明其道，惟王试之。”

越王曰：“弩之状何法焉？”

陈音曰：“郭为方城[15]，守臣子也[16]。敖为人君[17]，命所起也。牙为执法[18]，守吏卒也[19]。牛为中将[20]，主内裹也。关为守御[21]，检去止也。锜为侍从[22]，听人主也。臂为道路，通所使也[23]。弓为将军，主重负也。弦为军师，御战士也[24]。矢为飞客，主教使也。金为穿敌[25]，往不止也。卫为副使[26]，正道里也。又为受教[27]，知可否也。缥为都尉[28]，执左右也。敌为百死[29]，不得骇也[30]。鸟不及飞，兽不暇走，弩之所向，无不死也。臣之愚劣，道悉如此。”

越王曰：“愿闻正射之道。”

音曰：“臣闻正射之道，道众而微。古之圣人，射弩未发而前名其所中。臣未能如古之圣人，请悉其要。夫射之道：身若戴板，头若激卵[31]；左足纵，右足横；左手若附枝，右手若抱儿；举弩望敌，翕心咽烟[32]；与气俱发，得其和平；神定思去，去止分离；右手发机，左手不知；一身异教，岂况雄雌！此正射持弩之道也。”

“愿闻望敌仪表、投分飞矢之道[33]。”

音曰：“夫射之道：从分望敌，合以参连[34]；弩有斗石[35]，矢有轻重，石取一两，其数乃平；远近高下，求之铢分。道要在斯，无有遗言。”

越王曰：“善！尽子之道。愿子悉以教吾国人。”

音曰：“道出于天，事在于人。人之所习，无有不神。”

于是乃使陈音教士习射于北郊之外。三月，军士皆能用弓弩之巧。

陈音死，越王伤之，葬于国西山上，号其葬所曰陈音山。

注释

①鄙人：郊野之人。

②步：行走，引申指研究。

③弹：弹弓，发射弹丸的弓。

④“弹”上当有“作”字。柰：通“奈”。

⑤属：连接。

⑥逐肉：驱逐禽兽。

⑦弦：弓弦，此文用作动词，指绷上弓弦。弧：木弓。

⑧剡yǎn：削。矢：木制的箭。

⑨逢páng蒙：又作“蜂门”“逢蒙”，学射于羿，善射。

⑩着：附着。臂：弩的柄。

⑪机：弩机，弩上发箭的装置，青铜制，装在弩的木臂后。郭：弩机的组成部分，在弩牙之后，上有望山作为瞄准器。《释名》：“弩柄曰臂，钩弦曰牙，牙外曰郭，郭下有悬刀，合而名之曰机，言机巧也，亦言如门户之枢机，开阖有节。”

⑫三侯：楚熊渠有三子，长子康为句亶王，红为鄂王，少子执疵为越章王。后来去掉王号称侯。据《史记·楚世家》，周夷王时，王室衰微，熊渠强大而立三子为王。到周厉王时，厉王暴虐，熊渠怕他伐楚，就去掉了这些王号。所以此文称为侯。

⑬句亶：今湖北荆州市荆州区。鄂：秦为鄂县，隋唐以后入武昌县，即今湖北州市鄂城区。章：当为“豫章”，在今汉水之东、汉口之北一带。

⑭灵王：即楚灵王，熊氏，名围，即位后改名虔。公元前540—前529年在位。

⑮郭为方城：郭是弩机的组成部分，其形制象方形的外城，故有此说。

⑯守臣子：弩郭围在弩牙之后，弩牙是执法之臣，所以说郭“守臣子”。

⑰敖：同“鳌”，当指“悬刀”，即扳机，是弩郭下

用来钩动弩牙的发箭机件。只要悬刀一扳动，弩牙就下缩放弦，箭就射出。所以说它是“人君”，是“命所起也”。

⑱牙：弩牙，弩上钩住弓弦的机件。它受制于悬刀，所以说它是“执法”。

⑲守：掌管。吏：官，此指下文之“军师”。卒：战士。下文说“弦为军师，御战士也”，而弩牙是控制弦的，所以说它“守吏卒”。

⑳牛：指牛筋，附着于弓内以增强韧性。

㉑关：古代的器械，往往同时设置机、关，机用来发射，关用来关闭。此“关”当指弩机上的制动装置，是卡住弩牙的部件。守御：抵挡，阻止。

㉒锜 yǐ：放置弩的架子。锜是承托弩的，所以说它是侍从。

㉓所使：被驱使的东西，指箭。弩臂实是安放箭的轨道，所以说它是“道路”，是“通所使也”。

㉔御：驾驭，控制。战士：比喻箭。“军师”即监军，掌监统军队及其刑法之事，所以说他“御战士”。

㉕金：金属之器，此指金属制的箭头，即镞。

㉖卫：箭尾部的羽毛。副使：使臣中正使的助手属官。卫是箭的附属部分，帮助箭向前飞行，所以说是副使。

㉗又：当作“叉”，形近而误。“叉”即箭末尾的叉状物，用来防止箭尾滑脱于弦。上文说箭“主教

使”，所以这箭尾也“受教”。

㉘缥：当作“弣”。弣即弓把的中部，所以说它“执左右”。都尉：官名，战国时将军的属官称都尉，亦称军尉，辅佐武事。

㉙敌：当作“镝”，即箭头。

㉚骇：扰乱。

㉛激夘：疑当作“激卬”，形近而误。激卬，即“激昂”，激动昂扬的样子。

㉜翕：聚。咽烟：吞气，指不呼气，屏气。咽，吞。烟，积聚的气体。

㉝仪表：外貌形态，举止动静。投分：投合志向。此处指根据自己的目的意向。分，即志向。

㉞参 sān 连：古代五种射法之一，前放一矢，后三矢连续而去。

㉟斗石：古时用来计算弓弩拉力的单位。此处“斗”指弓弱，“石”指弓强。

译文

在这个时候范蠡又推荐了善于射箭的人陈音。陈音，是楚国人。越王请来了陈音而问他说：“我听说您善于射箭，您的知识是从什么地方得到的？”

陈音说：“我是楚国的乡下人，曾经钻研过射箭的技术，但还没有能全部了解它的知识。”

越王说：“即使这样，我还是希望您简略地讲一讲。”

陈音说："我听说弩是从弓衍生而来的，弓是从弹弓衍生而来的，弹弓是古代的孝子创造的。"

越王说："孝子制作弹弓的原因是什么？"

陈音说："古时候人民朴实，饥饿了就吃禽鸟野兽，干渴了就喝露水，死了就用白茅包起来，抛在田野中。孝子不忍心看到父母的尸体被禽善吃掉，所以制造了弹弓去守护父母的尸体，以杜绝飞鸟野兽的侵害。所以古代的人唱道：'截断竹子接上木，飞射土丸赶鸟狐。'这样就使死人不再遭到飞鸟、狐狸的残害了。在这以后，黄帝把弓弦绷在木材上制成木弓，又砍削木材制成箭，凭借着木弓和箭的便利而使天下的人都感到害怕。黄帝之后，楚国出了个弧父。弧父这个人，出生于楚国的荆山，生下来就没有见过父母。他还是小孩的时候，就能熟练地使用弓箭，他要射的禽兽没有能逃脱的。他把自己的射箭技术传授给羿，羿传授给逄蒙，逄蒙传授给楚国的琴氏。琴氏认为弓箭还不能够用来威慑天下的人。在这个时候，诸侯各国互相攻打，兵器的锋刃交接错杂，弓箭的威力已不能制服对方。琴氏就把弓横过来附在木臂上，加上发箭的机关，设置望山来瞄准，给原有的弓增加发射的力量，然后诸侯才能制服。琴氏把这射术传给大魏，大魏又传给楚国的三个王侯——就是所谓的句亶王、鄂王、章王，后来人们称之为麇侯、翼侯、魏侯。从楚国的三个王侯传到楚灵王，自称楚国历代都用桃木做成的弓、棘树做成的箭来防备邻国。

从楚灵王之后，射箭的技术分成了各个流派，各派有才能的人都使用弓箭，但没有谁能掌握它的正确原则。我的祖先在楚国学习这种技术，到我已经五代了。我虽然不明白那弓弩的一番道理，还是希望大王来考考我。”

越王说：“弩的形状效法什么呢？”

陈音说：“弩郭好像是方形的外城，是用来守卫臣子的。扳机好像是君主，是命令产生的地方。弩牙好像是执行法令的，是掌管官吏士兵的。牛筋好像是中将，主管弓杆内的包扎。关是制动的装置，控制箭的去留。锜架好像是侍从，是听从君主的。弩臂是道路，是被驱使的箭通过的地方。弩弓好像是将军，主持那沉重的负荷。弓弦好像是军师，用来掌驭战士般的箭。箭好比是飞奔向前的侠客，接受命令而被驱使。箭镞是用来穿透敌人的，它勇往直前而不停止。箭尾的丫杈是用来接受命令的，它知道箭是否可以发射。弓把好像是都尉，它控制着弓的左右两边。箭头是百发百中的，不可能被扰乱。禽鸟来不及飞掉，野兽来不及逃跑，弩瞄准的东西，没有不死的。我愚笨低能，把懂得的道理全部说出来就是这样。”

越王说：“希望再听听正确的射箭方法。”

陈音说：“我听说过正确的射箭方法，那技术复杂而且微妙。古代的圣人，在那弓弩还没有发射的时候就能预言他要射中的东西。我还不能像古代的圣人那样，请让我先把那射法的要领全都说一下吧。那射箭的方法是：

身体要像穿上木板一样挺直，头要像激动昂扬的样子；左脚竖直向前，右脚横着在后；左手伸直就像握着树枝，右手弯曲就像抱着婴儿；举起弓弩瞄准敌人，聚精会神屏住呼吸；箭要和自己的气息一起发出去，使箭得到那气息的温和平静；精神要稳定，杂念要除去，箭的去留要分清；右手扳动扳机的时候，左手一点儿也不知道；一个人身体上的各个部位都奉行不同的使令，更何况是两个人以上！这就是正确地发射以及操持弩弓的方法啊。”

越王说：“希望再听听瞭望敌人的动静，根据自己的目的意向来射箭的方法。”

陈音说：“那射箭的方法是：根据自己的目的意向来瞭望侦察敌情，两军交锋时使用连发三箭之法；弩有弱有强，箭有轻有重，拉力达一百二十斤的弓采用重一两的箭，它们的比例才适当；至于要射的目标有远近高低之别，那就再寻找只相差几铢几分的箭来加以调节。射法的要领都在这里了，我没有保留一句话。”

越王说：“您毫无保留地介绍了您的知识，真是好啊！希望您把它们全部教给我国的人民。”

陈音说：“大道源自上天，事情的成败取决于人的努力。人反复练出来的技术，没有不神奇的。”

于是越王就派陈音在北郊之外教士兵练习射箭。三个月后，战士都掌握了使用弓弩的技巧。

陈音死了，越王哀悼他，把他安葬在国都西边的山上，并把他埋葬的地方称作陈音山。

勾践伐吴外传第六

题解

勾践伐吴外传，就是勾践攻打吴国的传记。它主要记述了勾践十五年以后出兵灭吴的事迹，同时也记载了勾践灭吴以后的事，直至越国灭亡为止。当然，由于本书的主题是“吴越春秋”，所以本篇仍侧重于写春秋时期越国争强的史事。对于勾践死后的事情或与吴、越关系不大的事情，本篇就写得极为简略。如果我们将本篇与《史记·越王勾践世家》一对照，这一点尤为明显。如《史记》以大量笔墨去叙述战国时越王无强与中国争强以及范蠡出走以后的种种事迹，本篇均略而不书。而本篇对勾践时的事迹记载，则远比《史记》丰富，它不仅搜罗了《左传》《国语》中的材料，还补充了不少传闻异说。虽然本书记载不很谨严，年代、史实多有舛误，但它描述得具体详尽，所以还是具有一定的史料价值。

本篇从“谋伐吴”入笔，先交代了勾践以往所作的战争准备，如繁殖人口、争取民心等等。接着便写勾践进行战争动员以及初战告捷的情况。然后再详写勾践咨询申包胥及八大夫，告诫国人、夫人、大夫，向车士三令五申以严明法令等事迹，具体地揭示了勾践所作的充分准备，这实际上也是在向读者揭示勾践克敌胜吴的战争经验。所以这些笔墨虽多，有些地方甚至给人以重复感，但实际上并非败笔。接着写胜敌灭吴，与《夫差内传》互有详略，颇具匠心。至于灭吴以后的庆功作乐、范蠡退隐、文种被诛等等，也写得有声有色，完全是一种文学的笔调了。至于文中子胥显灵、孔子献乐、迁葬元常等等，更非史家之实录，而纯为小说家之言了。另外，文中保存的诗歌也颇具特色。如“离别相去之词”既悲又壮，颇具楚辞韵味。《河梁之诗》虽偶带“兮”字，但句句押韵而整练畅达，也充分体现了楚辞向七言诗过渡时期的风貌，在文学史上值得大书一笔。

勾践十五年，谋伐吴，谓大夫种曰：“孤用夫子之策，免于天虐之诛[①]，还归于国。吾诚已说于国人[②]，国人喜悦。而子昔日云：‘有天气即来陈之[③]。’今岂有应乎？”

种曰：“吴之所以强者，为有子胥。今伍子胥忠谏而死，是天气前见亡国之证也。愿君悉心尽意以说国人。”

越王曰：“听孤说国人之辞：‘寡人不知其力之不足以大国报雠，以暴露百姓之骨于中原[④]，此则寡人之罪也。寡人诚更其术。’于是乃葬死问伤，吊有忧，贺有喜，送往迎来，除民所害。然后卑事夫差，往宦士三百人于吴[⑤]。吴封孤数百里之地，因约其父母昆弟而誓之曰[⑥]：‘寡人闻古之贤君，四方之民归之若水。寡人不能为政，将率二三子夫妇以蕃[7]。'令壮者无娶老妻，老者无娶壮妇。女子十七未嫁，其父母有罪；丈夫二十不娶，其父母有罪。将免者以告于孤[8]，令医守之。生男二，贶之以壶酒、一犬[9]；生女二，赐以壶酒、一豚。生子三人[10]，孤以乳母[11]；生子二人，孤与一养[12]。长子死，三年释吾政；季子死，三月释吾政；必哭泣葬埋之，如吾子也。令孤子、寡妇、疾疹、贫病者[13]，纳官其子。欲仕，量其居，好其衣，饱其食，而简锐之义[14]。四方之士来者，必朝而礼之。载饭与羹以游国中，国中僮子游而遇孤，孤铺而啜之[15]，施以爱，问其名。非孤饭不食，非夫人事不衣。七年不收[16]，国民家有三年之畜[17]。男即歌乐，女即会笑。今国之父兄日请于孤曰：'昔夫差辱吾君王于诸侯，长为天下所耻。今越国富饶，君王节俭，请可报耻。'孤辞之曰：'昔者我辱也，非二三子之罪也。如寡人者，何敢劳吾国之人以塞吾之宿雠[18]？'父兄又复请曰：'越四封之内，尽吾君子。子报父仇，臣复君隙，岂敢有不尽力者乎？臣请复战，以除君王之宿雠。'孤悦而许之。"

大夫种曰："臣观吴王得志于齐、晋，谓当遂涉吾地，以兵临境。今疲师休卒[19]，一年而不试，以忘于我[20]。我不可以怠。臣当卜之于天[21]。吴民既疲于军、困于战斗，市无赤米之积，国廪空虚，其民必有移徙之心，寒就蒲、蠃于东海之滨[22]。夫占兆[23]，人事又见于卜筮。王若起师，以可会之利[24]，犯吴之边鄙，未可往也。吴王虽无伐我之心，亦难动之以怒，不如诠其间以知其意[25]。"

越王曰："孤不欲有征伐之心，国人请战者三年矣，吾不得不从民人之欲。今闻大夫种谏难。"

越父兄又谏曰："吴可伐。胜则灭其国，不胜则困其兵。吴国有成[26]，王与之盟。功名闻于诸侯。"

王曰："善。"于是乃大会群臣而令之曰："有敢谏伐吴者，罪不赦。"

蠡、种相谓曰："吾谏已不合矣。然犹听君王之令。"

注释

①天虐：天灾，天神降下的灾祸。当时的人认为国之存亡、君之祸福取决于天神的意志。此处所谓"天虐之诛"，即指"天以越与吴"的"天祸"。

②说：劝说。

③天气：天命气数，上天安排的运数。

④暴：同"曝"，晒。

⑤宦：为臣隶。

⑥约：邀请。昆：兄。

⑦将 qiāng：愿，请。蕃：繁殖，生息。

⑧免：通"娩"，分娩。

⑨贶 kuàng：赐予。

⑩生子三人：指生下三胞胎。

⑪以：与。

⑫养：炊事员。

⑬疹：通“疢”，病。病：困苦。

⑭简：练习、锻炼。锐：使精锐，磨炼。

⑮馎：通“哺”，给人吃东西。啜：吃，这里用作使动词。

⑯七：当作“十”。勾践五年入吴，至此已十年。

⑰畜：通“蓄”，积蓄。

⑱塞：酬报。

⑲疲：当作“罢”。古代“罢”通“疲”，后人遂误将此“罢”字改成了“疲”。

⑳以忘于我：即下文所说的“无伐我之心”。以，通“已”。

㉑当：当作“尝”。形近而误。

㉒寒：寒酸，贫困。蒲：即菖蒲，是一种水草，生于水边，根入药，亦名白菖。蠃：蚌、蛤等。古代菖蒲与蚌、蛤都被用作食物，“就蒲蠃”，是指没有粮食而去取食之以充饥。

㉓夫：当作“天”，形近而误。兆：即显现出征兆的意思。

㉔“会”下当有“夺”，形近而脱。会：交战。之：是“夺”的宾语，也可解为“其”。

㉕诠：靠近。间：空子，漏洞，指疏忽之时。

㉖有：如果。成：和解，讲和。

译文

勾践十五年（公元前482年），谋划攻打吴国，对大夫文种说："我采用了先生的计策，因而免除了上天降下的惩罚，回到了祖国。我实在已经向国内的人解说过了，国内的人都很高兴。但您从前说过：'等有了天赐良机就马上来告诉我。'现在是否有应验呢？"

文种说："吴国之所以强大，是因为有伍子胥。现在伍子胥因忠诚地劝谏吴王而死了，这是上天安排的运数，预先显示出吴国要灭亡的征兆啊。请您全心全意地去说服国内的人。"

越王说："你先听一下我劝说国民的话：'我过去不知道自己的力量还不够用来向大国报仇，因而使广大民众战死而尸骨在原野中日晒夜露，这是我的罪过啊。我一定诚恳地改变自己的策略。'于是我就埋葬战死者，慰问伤病员，哀悼有丧事的人，祝贺有喜事的人，欢送前往外国的人，迎接来到越国的人，除掉民众的祸害。然后我谦卑地去服侍夫差，派往吴国去做臣仆的人有三百个。吴国封给我方圆几百里的土地，我便请来我国的父母兄弟，并向他们起誓说：'我听说古代的贤明君主，四面八方的民众就像江河之水向下流动那样投奔他。我没有能力治理政事，请让我率领诸位，让夫妻男女繁衍生息吧。'于是我命令壮年人不准娶年老的妻子，老年人不准娶年轻的妇女。女子十七岁还没有出嫁，她的父母就有罪；男子二十岁还没有娶妻，他的父母就有罪。将要分娩的孕妇要报告给我，我将派医生守护她。如果同时生下两个男孩，就赐给她一壶酒、一条狗；如果同时生下两个女孩，就赐给她一壶酒、一头小猪。如果一胎生下三个孩子，我就给她配备奶妈；如果同时生下两个孩子，我就给她提供一个做菜做饭的保姆。当家的长子死了，我就免除这家三年的赋税；小儿子死了，我就免除这家三个月的赋税；我一定痛哭流涕地去埋葬他，就像对我的儿子一样。我让孤儿、寡妇以及生病、贫困的人将他们的孩子交给国家。想要做官而为国出力的，我就丈量宅地房舍分给他们，又使他们的服装华美荣耀，使他们的食物丰盛充足,并用道义来磨炼他们。外地的贤士前来投奔的，一定在朝廷上接见他而以礼相待。我还用船装着米饭和菜羹到国内巡行，国内那些无家可归的小孩在流浪时碰上我，我就给他们吃饭食羹，把我的爱心奉献给他们，并询问他们的名字以备以后选用。不是我自己种出来的粮食做的饭，我就不吃；不是我夫人织出来的布做的衣服，我就不穿。十年没有向国内的民众收租，国内的民众每家都有了三年的存粮。男的走到一起都快乐得唱起歌来，女的走到一起都会心地笑了。现在国内的父老兄弟每天都向我请求说：‘从前夫差在各国诸侯面前侮辱了我们的国君，使我们国君经常被天下人所耻笑。现在越国已经富足，大王又节约俭省，可以让我们去报仇雪耻了。’我拒绝他们说：‘从前我受到屈辱，不是诸位的罪过。像我这种人，怎么敢烦劳我国的人民去报我的旧仇呢？’父老兄弟又再次请求说：‘越国四境之内，都是我们国君的儿子。儿子为父亲复仇，臣子为君主报怨，哪敢有不竭尽全力的呢？请让我们再去打仗，以此来除掉君主的旧仇。’我高兴地答应了他们。”

大夫文种说：“我当时看到吴王在齐国、晋国已达到了目的，以为会接着插足我们的领土，将他的军队逼近我们的国境。但现在他却不调动军队而休养士兵，一年了还不对我们用兵，已经把我们忘了。但我们可不能因此而懈怠啊。我曾经为此向上天占过卜。现在吴国的民众已经被军队搞得疲惫不堪，在战斗中被拖累得困苦万分，市场上没有糙米的囤积，国家的米仓中空空荡荡，他的民众一定会有迁移的念头，寒酸地到东海岸边去取食菖蒲、蚌、蛤之类。我向上天的占卜早就显现出征兆，现在人世上的事情又从占卜中显示出来。大王如果起兵，认为可以和吴国交战而从他们那里捞到好处，从而去侵犯吴国的边疆，这种事现在还不可以去干啊。吴王虽然没有进攻我们的念头，但也不能惹他发怒，不如在他疏忽的时候靠近他，以此来摸清他的心思。”

越王说：“我并不愿意怀有攻打吴国之心，但国内的人请求作战已经三年啦，我不得不顺从民众的愿望。现在却听到大夫文种劝告说这件事很困难。”

越国的父老兄弟又劝告说：“可以去攻打吴国了。如果打赢，就可以灭掉他们的国家；如果打不赢，也可以困住他们的军队。吴国如果要讲和，大王就和他们订立盟约。这样，大王的功业名望就会在诸侯各国传扬。”

越王说：“好。”于是就大规模地集合群臣而命令他们说：“如果还有敢来劝阻我攻打吴国的，严惩不贷。”

范蠡、文种交谈说：“我们的劝说已经不合用了。那么我们还是听从君主的命令。”

越王会军列士而大诫众，而誓之曰[①]：“寡人闻古之贤君，不患其众不足，而患其志行之少耻也。今夫差衣水犀甲者十有三万人[②]，不患其志行之少耻也，而患其众之不足。今寡人将助天威[③]。吾不欲匹夫之小勇也[④]。吾欲士卒进则思赏，退则避刑。”于是越民父勉其子、兄劝其弟，曰：“吴可伐也。”

注释

①誓：出征前告诫将士。

②水犀甲：水犀皮做的铠甲。水犀，犀牛的一种，因生活在水中而得名。有：通“又”。

③威：指刑罚。此文用作动词，指实施处罚。

④匹夫之小勇：指没有头脑、只凭个人血气的勇敢。匹夫，指轻率莽撞只图眼前利益的人。

译文

越王集合军队，使战士们都排成队列而郑重地告诫大家，他告诫说："我听说古代的贤明君主，不担忧他的军队人数不够，而是担忧他们的志向操守中缺少耻辱感。现在夫差拥有穿着水犀皮铠甲的士兵十三万人，却不担忧他们的志向操守中缺少耻辱感，而担忧他的士兵数量不够。现在我将辅助上天惩罚夫差。我不要那种微不足道的匹夫之勇。我要战士们前进时就想到受赏的条例而服从命令，后退时就想到要避免刑罚而不擅自溃逃。"于是越国的民众父亲勉励自己的儿子、兄长勉励自己的弟弟，说："可以攻打吴国了。"

越王复召范蠡，谓曰："吴已杀子胥，道谀者众[①]，吾国之民又劝孤伐吴，其可伐乎？"范蠡曰："未可。须明年之春，然后可耳。"王曰："何也？"范蠡曰："臣观吴王北会诸侯于黄池[②]，精兵从王，国中空虚，老弱在后，太子留守。兵始出境未远，闻越掩其空虚[③]，兵还不难也。不如来春。"

注释

①道：同“导”。导谀，即阿谀，曲意逢迎。

②黄池：宋国地名，位于今河南封丘县西南，济水故道南岸。

③掩：袭取。

译文

越王又召见范蠡，对他说：“吴王已经杀掉了伍子胥，阿谀奉承的马屁精很多，我国的民众又劝我攻打吴国，可以去攻打吗？”范蠡说：“还不可以。要等到明年的春天，然后才可以。”越王说：“为什么呢？”范蠡说：“我看吴王到北方黄池与诸侯会盟，精锐的部队都跟随着吴王，国内实力空虚，年老体弱的留在后方，太子留下来守卫国都。但现在吴王的军队才出境不远，如果听说越国趁他国内空虚去袭击他，他的军队拉回来是并不困难的。所以不如到明年春天。”

其夏六月丙子[①]，勾践复问，范蠡曰：“可伐矣。”乃发习流二千人、俊士四万、君子六千、诸御千人[②]，以乙酉与吴战[③]。丙戌[④]，遂虏杀太子。丁亥[⑤]，入吴，焚姑胥台。吴告急于夫差。夫差方会诸侯于黄池，恐天下闻之，即密不令泄。已盟黄池，乃使人请成于越。勾践自度未能灭，乃与吴平。

注释

①六月丙子：即鲁哀公十三年（勾践十五年，公元前482年）六月十一日。

②习流：指熟悉水性的水兵。习，熟悉。俊士：才智出众的士兵。即上文所谓“进则思赏，退则避刑”之士卒。君子：君所子养者，即君主当作儿子来抚养的士兵，当即前文所说的“孤铺而啜之，施以爱，问其名”的那些人，也就是国君亲自关心培养起来的忠于自己的嫡系部队。诸御：当指各种勤务兵，如马夫、炊事员等。御，侍从。

③乙酉：六月二十日。

④丙戌：六月二十一日。

⑤丁亥：六月二十二日。

译文

这一年的夏季六月丙子日，勾践又问范蠡，范蠡说：“可以攻打了。”于是勾践就出动熟悉水战的水兵两千人、才智出众的战士四万人、嫡系部队六千人、各种勤务兵一千人，在乙酉日与吴军作战。丙戌曰，便俘虏杀死了太子友。丁亥日，攻入吴国国都，放火焚烧了姑苏台。吴国派人向夫差告急。夫差正好在黄池与诸侯会盟，怕天下人都听到这一消息，就加以保密而不让泄露出去。已经在黄池订立盟约后，才派人到越国求和。勾践自己估计还不能灭掉吴国，就和吴国讲和了。

二十一年七月，越王复悉国中士卒伐吴。会楚使申包胥聘于越[①]。越王乃问包胥曰："吴可伐耶？"申包胥曰："臣鄙于策谋[②]，未足以卜越。"王曰："吴为不道，残我社稷，夷吾宗庙，以为平原，使不得血食[③]。吾欲与之徼天之中[④]，惟是舆马、兵革、卒伍既具，无以行之。诚闻于战，何以为可？"申包胥曰："臣愚不能知。"越王固问，包胥乃曰："夫吴，良国也，传贤于诸侯。敢问君王之所战者何？"越王曰："在孤之侧者，饮酒食肉未尝不分；孤之饮食不致其味[⑤]，听乐不尽其声[⑥]；求以报吴，愿以此战。"包胥曰："善则善矣，未可以战。"越王曰："越国之中，吾博爱以子之，忠惠以养之；吾修令宽刑；施民所欲，去民所恶；称其善，掩其恶；求以报吴，愿以此战。"包胥曰："善则善矣，未可以战。"王曰："越国之中，富者吾安之，贫者吾予之，救其不足，损其有余[⑦]，使贫富不失其利，求以报吴，愿以此战。"包胥曰："善则善矣，未可以战。"王曰："邦国南则距楚[⑧]，西则薄晋[⑨]，北则望齐，春秋奉币、玉帛、子女以贡献焉，未尝敢绝[⑩]，求以报吴，愿以此战。"包胥曰："善哉！无以加斯矣，犹未可战。夫战之道，知为之始[⑪]，以仁次之，以勇断之。君、将不知，即无权变之谋以别众寡之数；不仁，则不得与三军同饥寒之节、齐苦乐之喜；不勇，则不能断去就之疑、决可否之议。”于是越王曰：“敬从命矣。”

注释

①申包胥：春秋时楚国大夫，姓公孙，封于申而以申为氏，故称申包胥。聘：聘问，诸侯之间、诸侯与天子之间派使者问候致意。

②鄙：孤陋寡闻而不聪明。

③血食：指祭祀。古代祭祀时杀牲取血以供神鬼享用，所以祭祀称为血食。

④之：指代“社稷”“宗庙”。徼：通“邀”，求，求取。中：通“衷”，善，福。

⑤饮食不致其味：饮食不吃遍所有的味道。与前文所说“食不重味”意思类似。其味，指五味，即甜、咸、酸、苦、辣。

⑥不尽其声：不尽五声之变。其声，指五声，即宫、商、角、徵、羽，此指各种曲调。

⑦救其不足，损其有余：指利用征税的办法来适当减少豪富者的收入，类似现在征收所得税、调节税。

⑧距：到。

⑨薄：靠近，依附。

⑩币：用作礼物的丝织品，此泛指礼品。玉帛：泛

指财物。

⑪知：通“智”，智慧。

译文

二十一年（公元前476年）七月，越王又调动全部国内的士兵攻打吴国。正好碰上楚国派申包胥到越国访问。越王就问申包胥说：“吴国可以攻打吗？”申包胥说：“我孤陋寡闻而不懂得出谋划策，不能够预测越国战事啊。”越王说：“吴国施行暴虐，破坏我的土地神谷神，铲平我祖宗的庙宇，将它们夷为平地，使他们不能被祭祀。我想给他们求取上天的福佑，只是现在兵车战马、武器铠甲、军队已经具备了，却还没有办法使用它们。我真想听一下有关战争的事，用什么办法才行？”申包胥说：“我实在愚昧无知，弄不清楚。”越王坚持问他，申包胥才说：“那吴国，是个善良的国家啊，在诸侯各国都传颂着他们的贤德。我胆敢问一下大王凭什么和他们作战？”越王说：“在我身边的人，我喝酒吃肉的时候从来没有不分给他们吃的；我吃饭不吃五味俱全的菜肴，听音乐不听五音俱全的曲调；我指望用这种办法去报复吴国，希望凭借这些去作战。”申包胥说：“这些做法好倒是好，但还不可以靠它去作战。”越王说：“越国之内的民众，我以博大的爱心把他们当作儿子来对待，以忠厚仁爱之心供养他们；我修改法令，放宽刑罚；布施民众追求的东西，除去民众憎恶的东西；赞扬他们的善行，掩盖他们的罪恶；我指望用这种办法去报复吴国，希望凭借这些去作战。”申包胥说：“这些做法好倒是好，但仍不可以靠它去作战。”越王说：“在越国之中，富者我让他们安定，穷人我就施舍周济他们，救助那些缺吃少穿的，减损那些家有余财的，使穷人富人都不丧失自己的利益，我指望用这种办法去报复吴国，希望凭借这些去作战。”申包胥说：“这些做法好倒是好，但还是不可以靠它去作战。”越王说：“我越国在天下之中，南边则到楚国和他们结交，西边则依附晋国，北边则敬仰齐国，一年四季拿礼品、财物、少女去贡献给他们，从未敢间断过，我指望用这种办法去报复吴国，希望凭借这些去作战。”申包胥说：“好啊！没有什么能超过这个了，但还不可以去作战。战争的方法，智慧是它的首要因素，其次要靠仁爱，还要靠勇敢来决断。君主、将领如果没有智慧，就没有通权达变的计谋去明辨士兵数量的多少；如果没有仁爱之心，就不能和全军将士一起节衣缩食、同甘共苦；如果没有勇敢，就不能决断是去还是留、是进还是退的疑惑，就不能裁定针锋相对的两种意见。”于是越王说：“我恭敬地接受您的指教了。”

冬十月，越王乃请八大夫，曰：“昔吴为不道，残我宗庙，夷我社稷，以为平原，使不血食。吾欲徼天之中，兵革既具，无所以行之。吾问于申包胥，即已命孤矣[①]。敢告诸大夫[②]，如何？”

大夫曳庸曰：“审赏则可战也[③]。审其赏，明其信[④]，无功不及，有功必加，则士卒不怠。”王曰：“圣哉！”

大夫苦成曰：“审罚则可战。审罚，则士卒望而畏之，不敢违命。”王曰：“勇哉！”

大夫文种曰：“审物则可战。审物，则别是非；是非明察，人莫能惑。”王曰：“辨哉！”

大夫范蠡曰：“审备则可战。审备慎守，以待不虞。备设守固，必可应难。”王曰：“慎哉！”

大夫皋如曰：“审声则可战。审于声音，以别清浊。清浊者，谓吾国君名闻于周室，令诸侯不怨于外。”王曰：“得哉[⑤]！”

大夫扶同曰：“广恩、知分则可战。广恩以博施，知分而不外。”王曰：“神哉！”

大夫计砚曰：“候天察地，参应其变，则可战。天变、地应、人道便利，三者前见，则可。”王曰：“明哉！”

注释

①命：告。

②告：使动用法，使……告。

③审：慎重地搞清楚，周密地处理好。

④信：指“信赏”，即“有功必加”。

⑤得：通“德”，有德行。

译文

这一年冬季十月，越王请来了八位大夫，说：“从前吴国施行暴虐，破坏我祖宗的庙宇，铲平我的土地神谷神，将它们夷为平地，使之得不到祭祀。我想求取上天的福佑，现在武器装备已经准备好，却还没有办法使用它们。我询问申包胥，他已经给出指教。我大胆地让各位大夫来说一说，怎么样？”

大夫曳庸说：“严明奖赏就可以去打仗了。严明自己的奖赏，彰明自己的信用，没有功劳的与奖赏不沾边，有功劳的一定给予奖赏，那么士兵就不会懈怠懒惰。”越王说：“通达事理啊！”

大夫苦成说：“严明刑罚就可以去打仗了。严明刑罚，那么士兵一看见您就会害怕，不敢违抗您的命令。”越王说：“勇敢啊！”

大夫文种说：“慎重地搞清楚各种事物的内容实质就可以去打仗了。搞清楚事物的内容实质，那就能使将士分辨是非；是非明白，别人就不能再使他们迷惑。”越王说：“能辨析啊！”

大夫范蠡说：“周密地搞好防御工事就可以打仗了。周密地搞好防御工事，谨慎地加以防守，以此来对付没有预料到的事件。防御工事已经设置，防守又严密，就一定可以应付战祸。”越王说：“谨慎啊！”

大夫皋如说：“慎重地维护名声就可以打仗了。慎重地维护名声，以此来区别高洁和污浊。所谓区别高洁和污浊，是指我们国君那高洁的名声传扬到周王朝，使各国诸侯不在外面怨恨我君。”越王说：“有德行啊！”

大夫扶同说：“扩大自己的恩德，知道自己的职分就可以打仗了。扩大自己的恩德就会广泛地进行施舍，知道自己的职分就不会越俎代庖。”越王说：“神妙啊！”

大夫计砚说：“观测天象，考察地理，参考并适应天地的各种变化，就可以去打仗了。天气是否要变化、地形是否能适应、人类社会的道德规范对所采取的行动是否有利，这三者如果事先能预见到，就可以了。”越王说：“明智啊！”

于是勾践乃退斋，而命国人曰：“吾将有不虞之议[1]，自近及远，无不闻者。”乃复命有司与国人曰：“承命有赏，皆造国门。之期有不从命者，吾将有显戮[2]。”勾践恐民不信，使以征不义闻于周室，令诸侯不怨于外，令国中曰：“五日之内，则吾良人矣；过五日之外，则非吾之民也，又将加之以诛。”

注释

①议：谋。

②显戮：明正典刑，处决示众。

译文

于是勾践就退朝而清洁身心，并命令国内的民众说：“我将有出人意料的策划，从近处到远处，都将知道我勾践。”于是又命令官吏和国民说：“接受命令的有赏，请都到国都的城门口报到。到了规定的日期还有不服从命令的，我将公开处决示众。”勾践怕民众不相信，就派使者把讨伐无道的事报告给周王朝，使各国诸侯不再在外面怨恨自己。又命令国内的人说：“五天之内来报到，那便是我的良民；超过了五天，就不是我的人了，我将对他们加以惩处。”

教令既行，乃入命于夫人。王背屏、夫人向屏而立[①]。王曰：“自今日之后，内政无出，外政无入[②]。各守其职，以尽其信。内中辱者，则是子；境外千里辱者，则是予也。吾见子于是，已明诫矣。”王出宫，夫人送王，不过屏，王因反阖其门，填之以土。夫人去笄，侧席而坐[③]，安心无容[④]，三月不扫。

王出，则复背垣而立[⑤]，大夫向垣而敬。王乃令大夫曰：“食士不均[⑥]，地壤不修，使孤有辱于国，是子之罪。临敌不战，军士不死，有辱于诸侯，功隳于天下，是孤之责。自今以往，内政无出，外政无入[⑦]。吾固诫子[⑧]。”大夫曰：“敬受命矣。”王乃出，大夫送，不出垣[9]，反阖外宫之门，填之以土。大夫侧席而坐，不御五味[10]，不答所劝。

勾践有命于夫人、大夫曰[11]：“国有守御！”

注释

①屏：照壁，对着门的小墙。

②内政：妇职。外政：国事。无：通“毋”。

③去笄：去饰。笄，簪。侧：犹“特”，独自的意思。

④安心：指安心思量后宫之事。无容：因丈夫要外出征战，所以无心打扮了。

⑤垣：矮墙，此指王宫外朝的围墙。

⑥食：给……吃。

⑦内：国政。外：军政。

⑧固：通“故”，故意，特地。

⑨不出垣：表示安心在内操办国事。

⑩御：进用。

⑪有：通“又”。

译文

命令已经实行了，勾践就进入后宫命令夫人。越王背对着照壁、夫人面对着照壁而站着。越王说：“从今天以后，后宫的事情不要捅出后宫之门让别人管，外朝的国事不要带入后宫之门而让你插手。各人管好自己的职事，以此来贯彻我们的信用。后宫内有了耻辱的事，就是你的责任；在国外千里之远的地方有了屈辱的事，就是我的责任。我在这里见你，已经明确地告诫了，千万不要疏忽。”越王走出后宫，夫人送越王，不走过照壁，越王便转过身来在外面把门关上，用泥土把门垫住。夫人拔去了头上的簪子卸了妆，独自一个人在坐席上坐着。静下心来不再打扮自己，三个月没有扫地。

越王走出后宫，就又背对着外朝的围墙站着，大夫们面对着围墙毕恭毕敬。越王就命令大夫们说：“供养贤士不均匀，土地不开垦，使我在国内有了耻辱，这是你们的罪过。面对敌人不战斗，战士不肯拼死，在各国诸侯面前有了耻辱，功业毁于天下，这是我的责任。从今以后。国内的政事不要搞到国外让我管，对外作战的事不要带进宫内让你们插手。我特地告诫你们。”大夫们说：“我们恭敬地接受您的命令。”越王就走出王宫，大夫们送他，不走过围墙，越王转过身来在外面把外宫的门关上，用泥土把门垫住。大夫们都独自在坐席上坐着，不进用各种美味佳肴，也不理睬别人的劝告。

勾践又命令夫人、大夫们说：“国家要有防守！”

乃坐露坛之上，列鼓而鸣之，军成行阵[①]，即斩有罪者三人，以徇于军，令曰：“不从吾令者，如斯矣。”

明日，徙军于郊，斩有罪者三人，徇之于军，令曰：“不从吾令者，如斯矣。”

王乃令国中不行者，与之诀而告之曰："尔安土守职。吾方往征讨我宗庙之雠，以谢于二三子。"令国人各送其子弟于郊境之上，军士各与父兄昆弟取诀。国人悲哀，皆作离别相去之词。曰：

"跞躁摧长恧兮擢戟驭殳②，
所离不降兮以泄我王气苏③。
三军一飞降兮所向皆殂④，
一士判死兮而当百夫⑤。
道佑有德兮吴卒自屠⑥，
雪我王宿耻兮威振八都⑦。
军伍难更兮势如貔貙⑧，
行行各努力兮於乎於乎！"

于是，观者莫不悽恻。

明日，复徙军于境上，斩有罪者三人，徇之于军，曰："有不从令者，如此。"

后三日，复徙军于槜李，斩有罪者三人，以徇于军，曰："其淫心匿行、不当敌者⑨，如斯矣。"

注释

①行阵：军队行列。

②跞 lì 躁：急速前进。跞，跨越。摧长恧 nǜ：除去长期的羞耻，即"雪旧耻"。摧，退。恧，惭愧，羞耻。擢：拔。驭殳：指兵车载着殳奔驰。殳，兵器，用竹制成，有棱角而没有金属的刃口。它

竖于兵车上，所以说“驭”。

③离：通“罹”，遭遇（灾难）。气苏：气息，指怨气。

④降 jiàng：降临。上句“降”字读 xiáng，表示投降。殂：死亡，指敌人死亡。

⑤判：不顾，豁出去。百夫：百人，指敌人而言。

⑥自屠：自相屠杀，指起义倒戈。

⑦八都：八方的大城市，泛指四面八方的城市。

⑧更：改变，指改变其前进的方向。貔貙pí chū：猛兽。

⑨淫：邪恶。慝：通“慝”，邪恶。

译文

于是越王便坐在露天的阅兵坛上，排列了战鼓而敲响它，军队排成了行列，便杀了三个犯罪的人，将他们在军中示众，命令说：“不服从我命令的，就像这样。”

第二天，把军队调遣到城郊，又杀了三个犯罪的人，将他们在军中示众，命令说：“不服从我命令的，就像这样。”

越王于是叫来国内不出征的人，和他们诀别而对他们说：“你们安心住在本土掌管好各自的职事。我们就要去讨伐我国的仇敌，就此和诸位告辞了。”又让国内的人各自送自己的儿子兄弟到国都的边界上，战士们各自与父亲兄弟诀别。国内的人悲痛哀伤，都作了吟唱生离死别互相分手的歌词，那歌词是：

“急忙前进除旧耻啊拔出戟来车载殳，
遭到灾难不投降啊发泄我王怨和怒。
三军一旦飞下来啊所到之处无活路，
一个战士拼死命啊可以抵挡上百夫。
天道保佑有德者啊吴军士兵自相屠，
洗刷我王旧耻辱啊威震天下各大都。
军队难以阻挡住啊来势凶猛像貔貙，
每行每队都努力啊哎呀哎呀不会输！”

在这个时候，旁观的人没有不悲伤的。

第二天，又把部队调遣到国境边，杀了三个有罪的人，将他们在军中示众，说：“如果有不服从命令的，就像这样。”

过了三天，又把部队调遣到槜李，杀了有罪的人三个，将他们在军中示众，说：“那些思想不正、行为恶劣、不能抵抗敌人的，就像这样。”

勾践乃命有司大徇军[①]，曰：“其有父母无昆弟者，来告我。我有大事，子离父母之养、亲老之爱[②]，赴国家之急。子在军寇之中[③]，父母昆弟有在疾病之地[④]，吾视之如吾父母昆弟之疾病也；其有死亡者，吾葬埋殡送之如吾父母昆弟之有死亡葬埋之矣[⑤]。”

明日，又徇于军，曰：“士有疾病、不能随军从兵者，吾予其医药，给其糜粥，与之同食。”

明日，又徇于军，曰："筋力不足以胜甲兵[6]、志行不足以听王命者，吾轻其重，和其任[7]。"

明日，旋军于江南[8]，更陈严法，复诛有罪者五人，徇曰："吾爱士也，虽吾子不能过也。及其犯诛，自吾子亦不能脱也。"

恐军士畏法不使，自谓未能得士之死力，道见蛙张腹而怒，将有战争之气，即为之轼[9]。其士卒有问于王曰："君何为敬蛙虫而为之轼？"勾践曰："吾思士卒之怒久矣，而未有称吾意者。今蛙虫无知之物[10]，见敌而有怒气，故为之轼。"于是军士闻之，莫不怀心乐死，人致其命。

有司、将军大徇军中，曰："队各自令其部[11]，部各自令其士：'归而不归，处而不处[12]，进而不进，退而不退，左而不左，右而不右，不如令者，斩。'"

注释

①徇：通"巡"，巡行。

②亲老：年老的父母。亲，父母。

③军寇：敌军。

④上文说"有父母无昆弟"，可知此"父母昆弟"仅指"父母"而言，"昆弟"是连类而及之辞。下三处同。

⑤殡：停放灵柩。

⑥胜：能承受。

⑦和：缓，放宽。

⑧江：指松江，今吴淞江之上游七十里。

⑨轼：古代车厢前用作扶手的横木叫“轼”，低头伏在轼上表示敬意也称“轼”。

⑩知：通“智”。

⑪队：是古代军队的编制单位，隶属于“军”。部：也是古代军队的编制单位，隶属于“队”。

⑫处：止。

译文

于是勾践就命令专职官吏大规模地巡视全军，去对他们说：“那些有父母而没有兄弟的，请来告诉我。我现在有了这重大的战事，你们离开了养育你们的父母、宠爱你们的老人，投身于国家的危急之事。如果你们落入敌军的手中，那么你们的父母若患了疾病，我就把他们看作为我的父母患了疾病；其中如果有死亡的，我就像埋葬我的父母那样来出殡送葬而掩埋他们。”

第二天，又巡视全军，说：“战士有病而不能跟随部队进行战斗的，我给他们医药，供给他们稀饭，有饭和他们一起吃。”

第二天，又巡视全军，说：“体力不能承受铠甲和兵器的重量、志向操守还不能做到自觉听从国君命令的，我就减轻他们身负的重量，放宽他们的责任。”

第二天，越王把军队转移到松江南岸，再次颁布了严厉的法令，又杀掉了五个有罪的人，巡视说："我爱护战士，即使是对我的儿子也不能超过这种爱了。但等到犯了死罪，就是我的儿子也不能赦免。"

越王怕战士只是畏惧法令而不是心悦诚服地被自己使用，自以为还没有能真正获得战士的拼死之力，于是在路上看见一只青蛙鼓起了腹部很愤怒，竟然有战斗的气概，就低头伏在车厢前的横木上向它表示敬意。他的士兵中有人问他说："国君为什么敬重青蛙这种小动物而为它低头伏在车厢前的横木上呢？"勾践说："我盼望战士们发怒动气已经很久了，却还没有符合我心意的人。现在这青蛙只是一种没有智慧的动物，但看见了仇敌便有了愤怒的气色，所以我为它低头伏在车前的横木上。"战士们听说了这件事，无不抱定决心甘愿牺牲，人人都想献出自己的生命。

有关官吏与将军大规模地到军中巡行，说："每个支队各自命令自己的分队，每个分队各自命令自己的战士：'命令你回营而不回营，命令你停止而不停止，叫你前进而不前进，叫你后退而不后退，让你向左而不向左，让你向右而不向右，凡是像这样不服从命令的，就杀头。'"

于是吴悉兵屯于江北①，越军于江南②。越王中分其师以为左、右军，皆被兕甲③；又令安广之人佩

石碣之矢[④]，张卢生之弩[⑤]，躬率君子之军六千人以为中阵[⑥]。

明日将战于江，乃以黄昏令于左军衔枚溯江而上五里以须吴兵[⑦]，复令于右军衔枚逾江十里复须吴兵。于夜半，使左军、右军涉江鸣鼓，中水以待吴发。吴师闻之，中大骇[⑧]，相谓曰：“今越军分为二师,将以夹攻我众。”亦即以夜暗中分其师以围越。越王阴使左、右军与吴望战[⑨]，以大鼓相闻；潜伏其私卒六千人[⑩]，衔枚不鼓攻吴，吴师大败。越之左、右军乃遂伐之，大败之于囿[⑪]。又败之于郊，又败之于津[⑫]。如是三战三北[⑬]，径至吴，围吴于西城。

吴王大惧，夜遁。越王追奔，攻吴兵，入于江阳松陵[⑭]，欲入胥门。未至六七里，望吴南城，见伍子胥头巨若车轮，目若耀电，须发四张，耀于十数里。越军大惧，留兵假道。即日夜半，暴风疾雨，雷奔电激，飞石扬沙，疾于弓弩。越军坏败，松陵却退，兵士僵毙，人众分解，莫能救止。范蠡、文种乃稽颡肉袒[⑮]，拜谢子胥，愿乞假道。子胥乃与种、蠡梦，曰：“吾知越之必入吴矣，故求置吾头于南门，以观汝之破吴也。惟欲以穷夫差。定汝入我之国[⑯]，吾心又不忍，故为风雨以还汝军。然越之伐吴，自是天也。吾安能止哉？越如欲入，更从东门[⑰]，我当为汝开道贯城，以通汝路。”于是越军明日更从江出，入海阳[⑱]，于三道之翟水[⑲]，乃穿东南隅以达，越军遂围吴。

注释

①江：指松江，去吴五十里。

②军：驻扎。

③兕sì：雌性的犀牛。

④安：此处指思想情绪稳定而服从命令，与前文所说的“志行不足以听王命”相反。广：此处指身体魁梧，与前文所说的“筋力不足以胜甲兵”相反。石碣之矢：用石头作箭头的箭。

⑤卢生之弩：卢国所产之强弩。卢：古国名，在今湖北襄阳市西南，地处楚国边上，或产强弩。

⑥君子：即下文之“私卒”，即国君亲自培养而忠于自己的嫡系部队。中阵：即“中军”。古代作战分左、右、中三军，由主将所在的中军发号施令。

⑦枚：古代行军时让士兵衔在口中以防喧哗的木片，状如筷子。

⑧中：内心。

⑨望战：即公开挑战。

⑩潜伏：当作“潜涉”，这里是使动用法，是“使……偷渡”的意思。

⑪囿：笠泽，松江之别名。

⑫津：渡口，此当指吴国外城的水关。

⑬三战：据此文，指囿、郊、津三战。北：败北。

⑭江阳：指松江之北。阳：水北为阳，山南为阳。

⑮稽颡qǐ sǎng：古时所行跪拜礼之一，拜时前额着地停留一会儿。古代为父母守丧时跪拜宾客常用此礼以表示悲痛，后来也用于请罪。颡，额。肉袒：也是请罪的礼节。

⑯定：真的。

⑰东门：指今苏州市东城靠南的葑门。

⑱海阳：当即后来的“上坛浦”，在三江口。

⑲三道：指三江口。翟水：是三江口向西北方向通往苏州葑门的河流，又名示浦。

译文

在这个时候吴国把所有的兵力都驻扎在松江北岸，越军驻扎在松江南岸。越王把自己的部队对半分为左、右二军，使战士们都穿上犀牛皮制成的铠甲；又命令思想坚定、身体魁梧的人佩带用石头作箭头的箭，拉开卢国出产的强弩，亲自率领嫡系部队六千人作为中军。

第二天就将在松江展开战斗，于是越王就在这前一天的黄昏命令左军口衔木片悄悄地沿着松江逆流而上五里去守候吴军，又命令右军口衔木片悄悄地越过松江行军十里再去守候吴军。在半夜，越王让左军、右军渡江敲鼓，在江中等候吴军出动。吴军听见了鼓声，心中十分害怕，相互议论说：“现在越军分为两军，将以此来夹攻我军。”也就在当夜黑暗之中把自己的军队对半分成两支去包围越军。越王暗中命令左、右军与吴军公开挑战，让他们大规模地击鼓使吴军听见；而另派自己的嫡系部队六千人偷渡过江，口衔木片不敲战鼓偷偷地去攻打吴军，吴军大败。越国的左、右军也就接着攻打吴军，在松江把吴军打得大败。接着又在吴国郊外打败了吴军，又在吴都外城的水关打败了吴军。像这样三次交战而吴军三次败走，越军径直到达吴都，在西边的城墙下包围了吴军。

吴王十分恐惧，就在夜里偷偷地逃跑了。越王追击逃兵，攻打吴军，进入松江北边的松陵河，想攻进胥门。距胥门还有六七里路，远望吴都南面的城墙，便看见伍子胥的头大得像车轮一样，眼睛就像光亮夺目的闪电，胡须头发向四面散开，那光亮映射到十几里之外。越军十分害怕，便驻扎军队准备借路。当天半夜，暴风骤雨突然而来，雷声激越，闪电奔驰，飞沙走石，比弓弩射过来的箭还要迅猛。越国的军队被挫败，松陵之水后退，士兵倒毙，众人离散，没有谁能挽救制止。范蠡、文种便磕头伏地、袒胸露臂，拜谢子胥，恳求借路。子胥便托梦给文种、范蠡，说："我早就知道越军一定会攻入吴都，所以要求把我的头放置在南门上，以此来观看你们攻破吴国。但这种做法只是想用来使夫差困窘。真的你们要进入我的国家了，我又于心不忍，所以制造了暴风骤雨来迫使你们的军队回去。然而越国讨伐吴国，本来就是上天的安排。我又怎么能阻止呢？越军如果想要进城，可以改道走东门，我将会给你们开辟道路、打通城墙，使你们要走的路畅通无阻。”于是越军第二天便重新从松江出来，进入海阳，又从三江口到翟水，这样就穿过了吴国国都的东南角而到了吴都城内，越军就包围了吴王。

守一年[①]，吴师累败，遂栖吴王于姑胥之山。吴使王孙骆肉袒膝行而前[②]，请成于越王，曰："孤臣夫差敢布腹心[③]。异日得罪于会稽[④]，夫差不敢逆命，得与君王结成以归。今君王举兵而诛孤臣，孤臣惟命是听[⑤]。意者犹以今日之姑胥，曩日之会稽也[⑥]。若徼天之中得赦其大辟[⑦]，则吴愿长为臣妾。”勾践不忍其言，将许之成。范蠡曰："会稽之事，天以越赐吴，吴不取；今天以吴赐越，越可逆命乎？且君王早朝晏罢，切齿铭骨，谋之二十余年，岂不缘一朝之事耶[⑧]？今日得而弃之，其计可乎？'天与不取，还受其咎。'君何忘会稽之厄乎？”勾践曰："吾欲听子言，不忍对其使者。”范蠡遂鸣鼓而进兵，曰："王已属政于执事，使者急去，不时得罪。”吴使涕泣而去。勾践怜之，使令入谓吴王曰[⑨]："吾置君于甬东[⑩]，给君夫妇三百余家，以没王世，可乎？”吴王辞曰："天降祸于吴国，不在前后。正孤之身，失灭宗庙社稷者。吴之土地民臣，越既有之，孤老矣，不能臣王。”遂伏剑自杀。

注释

①一年：当作“三年”。据《左传》，哀公二十年，越围吴，是勾践二十二年；哀公二十二年，越灭吴，为勾践二十四年。首尾三年。据本书，越灭吴记于夫差二十三年（即勾践二十四年），而围吴之事，当在勾践二十二年，所以此处当作“三年”。

②王孙骆：吴大夫，姓王孙。膝行：跪地用膝部前行，表示畏服。

③布：陈述。腹心：指肺腑之言，心里话。

④异日：往日。得罪于会稽：指夫差二年（公元前494年）打败越王而栖之于会稽。

⑤惟命是听：只要是命令就听从，即绝对服从。

⑥这句的言外之意是：希望与往日栖越王于会稽山时一样，两国讲和。

⑦中：通“衷”，善。大辟：死刑。

⑧缘：因为。一朝：一时，指这一时刻。

⑨使令：使唤。入：当作“人”。

⑩甬东：甬江之东。

译文

越军在吴国坚持了三年，吴军连连失败，就使吴王被迫躲在姑胥山上。吴王派王孙骆袒胸露臂、跪着用膝盖走向前，向越王求和，说：“臣夫差大胆地陈述一下肺腑之言：从前在会稽得罪了君王，夫差不敢违反您的命令，能和君王缔结了和约而回国。现在君王起兵来讨伐臣，臣对您的命令绝对服从。我想君王还是会拿今天的姑胥山，当作往日的会稽山来对待的。如果我得到上天的福佑而能被您赦免我的死刑，那么吴国君臣愿意长期地做您的奴仆。”勾践听了他的话而硬不起心肠了，准备答应他讲和。范蠡说：“会稽山的战事，是上天要把越国赐给吴国，吴国不接受；现在上天把吴国赐给越国，越国可以违背天命吗？况且大王每天一早就上朝，很晚才退朝，恨得咬牙切齿、刻骨铭心，图谋吴王二十多年，难道不是因为此时此刻的事情吗？今天得到这个机会却又放弃它，这样取舍适当吗？常言道：‘上天恩赐而不取，反会遭到上天责罚。’国君怎么忘了会稽的困厄呢？”勾践说：“我是想听从您的话，但不忍心回绝他的使者。”范蠡就敲响战鼓而让战士前进，说：“越王已经把政事托付给我这个办事的，请使者赶快离去，如果你不及时离去，我就要得罪了。”吴国的使者痛哭流涕地走了。勾践可怜吴王，就派人去对吴王说：“我把你安置在甬江东边，供给你夫妻俩每人三百多家，以此来过完大王这一生，行吗？”吴王拒绝说：“上天既然把灾祸降给吴国，那就不在于早一点死还是晚一点死。使我的宗庙和国家丧失的人，正是我自己。吴国的土地臣民，越国已经占为己有，我老了，不能再做君王的臣子。”就用剑自杀了。

勾践已灭吴，乃以兵北渡江、淮，与齐、晋诸侯会于徐州[①]，致贡于周。周元王使人赐勾践[②]。已受命号[③]，去还江南，以淮上地与楚，归吴所侵宋地，与鲁泗东方百里[④]。当是之时，越兵横行于江、淮之上，诸侯毕贺，号称霸王。

注释

①齐、晋诸侯：越灭吴在勾践二十四年（公元前473年），此时齐国诸侯为齐平公，名骜，公元前480—前456年在位；晋国诸侯为晋出公，名错（一作凿），公元前474—前452年在位。此文将灭吴后会徐州及以下一些事记于勾践二十二年，恐误。徐州：应作“徐州”，即今山东滕州市东南之薛城。

②周元王：东周天子，名仁，公元前476—前469年在位。赐勾践：《史记·越王勾践世家》作“周元王使人赐勾践胙”，可知所赐的是“胙”，即祭祀用的肉。天子常赐同姓诸侯以胙，以密切关系。但对夏、商二王的后代也致胙，以表尊重。勾践名为夏禹的后代，又称霸一方，所以周元王赐之胙，以表示对他的尊重。

③号：称号。《史记·越王勾践世家》作“命为

伯”，可见其称号为“越伯”（勾践伯爵）。

④泗：泗水，即泗河。发源于今山东泗水县东部山区。因其四源合为一水，故名。

译文

勾践已经消灭了吴国，便带兵向北渡过长江、淮河，和齐国、晋国的诸侯在徐州会盟，并向周王朝献上了贡品。周元王派人赐给勾践祭祀用的肉。勾践接受了周元王任命的伯爵称号后，就离开周王朝而回到江南，把淮河边上的土地给了楚国，把吴国所侵占的宋国土地归还给了宋国，把泗水东边方圆百里的土地给了鲁国。在这个时候，越国的军队在长江、淮河一带纵横驰骋而没有阻挡，各国诸侯都来祝贺，称勾践为霸王。

越王还于吴，当归而问于范蠡曰：“何子言之其合于夫？”范蠡曰：“此素女之道[①]，一言即合。大王之事，王问为实[②]；《金匮》之要，在于上下[③]。”越王曰：“善哉！吾不称王[④]，其可悉乎？”蠡曰：“不可。昔吴之称王，僭天子之号[⑤]，天变于上，日为阴蚀。今君遂僭号不归[⑥]，恐天变复见。”

越王不听，还于吴，置酒文台。群臣为乐，乃命乐作伐吴之曲[⑦]。乐师曰：“臣闻即事作操[⑧]，功成作乐。君王崇德，诲化有道之国，诛无义之人，复雠还耻，威加诸侯，受霸王之功。功可象于图画[⑨]，德可刻于金石[⑩]，声可托于弦管[⑪]，名可留于竹帛[⑫]。臣请引琴而鼓之。”遂作《章畅》[⑬]，辞曰：“屯乎[⑭]！今欲伐吴可未耶？……”大夫种、蠡曰：“吴杀忠臣伍子胥，今不伐吴人何须[⑮]？”

大夫种进祝酒，其辞曰：

“皇天佑助，我王受福。
良臣集谋，我王之德。
宗庙辅政，鬼神承翼[⑯]。
君不忘臣，臣尽其力。
上天苍苍，不可掩塞。
觞酒二升，万福无极。”

于是，越王默然无言。大夫种曰：

“我王贤仁，怀道抱德。
灭雠破吴，不忘返国。
赏无所吝，群邪杜塞。
君臣同和，福佑千亿。
觞酒二升，万岁难极[⑰]。”

台上群臣大悦而笑，越王面无喜色。范蠡知勾践爱壤土，不惜群臣之死，以其谋成国定，必复不须功而返国也[⑱]，故面有忧色而不悦也。

注释

①素女：传说中的神女名，与黄帝同时。传说她知阴阳天道、擅长音乐、精通房中术。

②王问为实：疑当作“玉门为实”。凡《玉门》相应的事，都必定会成为现实，所以说“《玉门》为实”。实，实际结果。

③上下：泛指相对的两个方面，此指利弊得失。据前文，《金匮》相应的事，有利有弊，所以必须权衡得失。因而说“《金匮》之要，在于上下”。

④不称王：即称王。不，语助。

⑤僭 jiàn 号：指超越身份，冒用在上者的名号。如诸侯称“王”（楚平王）、大夫称“公”（叶公）之类。“王”是天子才可以称用的名号（如周元王），诸侯应称“公”“侯”“伯”等等，称“王”就是僭号。僭,越分。

⑥归：返回，指返回到不称王的阶段。

⑦“乐”下当有“师”字。

⑧即事：做事。操：琴曲名。忧愁而作，命之曰操，言遇灾害而不失其操也。

⑨象：图。此用作动词，绘，画。

⑩金石：钟鼎碑碣之类。

⑪托于弦管：寄寓于丝竹乐器里，指谱写在乐章

中。弦，琴、瑟之类的弦乐器。管，笛、箫之类的管乐器。

⑫竹帛：竹简和白绢。古代无纸时，用竹帛作为书写材料，所以“竹帛”即指书籍、史册。

⑬章：彰明。指表白越王的功劳。畅：琴曲名。和乐而作，命之曰畅。

⑭屯：艰难。

⑮人：当作“又”。何须：等待什么。这两句是文种、范蠡的诙谐调笑之语。他们不等乐师唱下去就接着唱了这两句。“胥”“须”与上“乎”“耶”押韵。

⑯承：通“丞”，辅佐。翼：辅佐。

⑰万岁难极：指万岁仍不能尽越王之寿。难，不能。

⑱此句当作“必复须功而不返国也”。须，求。上文文种的祝酒词说：“灭雠破吴，不忘返国。”勾践想继续求功而不想返国，所以听后面无喜色。这句便是解释此中原因。

译文

越王返回吴国，正要回去的时候而问范蠡说：“为什么你说的话那样合于天道？”范蠡说：“这是根据了素女的学说，所以一说出来就能与天道相合。大王的事情，《玉门》所记载的就是它的事实；至于《金匮》的要点，在于权衡其利弊得失。”越王说：“说得好啊！我现在自称王，那结果你可以详尽地知道吗？”范蠡说：“您不能称王。从前吴王自称王，超越了自己的身份而冒用天子的名号，因而天象在上面发生变异，太阳被阴影所吞食。现在您就这样冒用天子的名号而不去掉，恐怕那上天的变异又要出现了。”

越王不听从范蠡的话，回到吴国，在文台上大摆酒席。群臣要寻欢作乐，越王就吩咐乐师创作讨伐吴国的歌曲。乐师说：“我听说做事的时候就创作坚贞不渝的琴曲，功业建成了就创作歌功颂德的乐曲。大王崇尚德行，教育感化富有道义的国家，惩处不讲道义的暴君，报仇雪恨，以牙还牙，威风凛凛地凌驾于诸侯之上，取得称霸称王的功劳。大王的功劳完全可以画在图画上，大王的德行完全可以铭刻在钟鼎碑碣上，大王的声誉完全可以谱写在乐章中，大王的名字完全可以留在史册上。请让我拿过琴来弹一曲吧。”于是就创作了《章畅》，那歌词唱道：“艰难困苦要考虑！今想攻吴可否去？……”大夫文种和范蠡马上唱道：“吴杀忠臣伍子胥，今不攻吴又何须？”

大夫文种走上前去祝酒，他的祝酒词说：

“天帝玉皇保佑帮忙，我们大王有福能享。
忠臣贤良一起相商，我们大王功德无量。
宗庙祖先帮助执掌，人鬼天神辅佐帮忙。
国君思臣永远不忘，臣下竭尽自己力量。
悠悠上天其色苍苍，不可掩盖不可埋藏。

一杯美酒已举两趟，幸福无限万寿无疆。”

在这个时候，越王默默地一言不发。大夫文种又说：

“我们大王贤能慈祥，胸怀道义守德高尚。

消灭仇敌打败吴王，没有忘记返回故乡。

奖赏没有吝惜的地方，各种邪恶被杜绝埋葬。

君臣同心和睦相帮，幸福降临万民同享。

一杯美酒已举两趟，幸福无边万寿无疆。”

台上群臣十分高兴地笑了，而越王脸上却没有一点儿喜悦的神色。范蠡知道勾践是贪图土地，而并不顾惜群臣的死亡，因为他的计谋已获得成功，国家已经安定，肯定又想去求取大功而不想回国，所以脸上有忧虑的神色而不高兴。

范蠡从吴欲去，恐勾践未返失人臣之义，乃从入越。行谓文种曰：“子来去矣[①]！越王必将诛子。”种不然言。蠡复为书遗种曰[②]：“吾闻天有四时，春生冬伐；人有盛衰，泰终必否[③]。知进退存亡而不失其正，惟贤人乎！蠡虽不才，明知进退。高鸟已散，良弓将藏；狡兔已尽，良犬就烹。夫越王为人，长颈鸟喙，鹰视狼步；可与共患难，而不可共处乐；可与履危，不可与安。子若不去，将害于子，明矣。”文种不信其言。越王阴谋，范蠡议欲去徼倖[④]。

注释

①来：语助词，加强语势。

②遗：送给。

③泰终必否：即物极必反、否极泰来。泰，通达。否，闭塞，穷厄，不通达。

④此下当有脱文。徼倖xing：同“侥幸”，求利不止而意外获得成功或免于不幸。

译文

范蠡在吴国的时候就想离开勾践了，只是怕勾践还没有回国而有失做臣子的礼义，于是就跟随勾践一起回越国去。走在路上，他对文种说：“你该走啦！越王一定会杀害你的。”文种并不认为他的话是对的。范蠡又写信给文种说：“我听说自然界有四季的交替，春天万物生长，冬天就要杀灭；人有兴盛和衰微的变化，通达显贵到了极点就一定会转向穷困潦倒。通晓进取和退隐、生存和死亡之间的辩证关系而能把握住它的正确原则，大概只有贤人才能这样吧！我范蠡虽然没有才能，也明白地懂得进取与退隐的原则。高飞的鸟儿已经散落，强劲的好弓就将收藏；狡猾的兔子已经死光，优良的猎狗投锅煮汤。越王的长相生性，长脖子、鸟嘴巴，眼神像老鹰，走路像狼；这种人可以和他共度患难，却不可和他同享安乐；可以和他一起出入于危险的地方，却不可和他一起处在安乐的环境中。你如果不离开他，他就会杀害你，这道理已是很明白的。”文种还是不相信他的话。越王暗中策划，范蠡提出要离开越王去碰运气。

二十四年九月丁未，范蠡辞于王曰：“臣闻主忧臣劳，主辱臣死，义一也。今臣事大王，前则无灭未萌之端[①]，后则无救已倾之祸。虽然，臣终欲成君霸国，故不辞一死一生[②]。臣窃自惟乃使于吴、王之惭辱、蠡所以不死者[③]，诚恐谗于太宰嚭、成伍子胥之事。故不敢前死，且须臾而生[④]。夫耻辱之心，不可以大；流汗之愧[⑤]，不可以忍。幸赖宗庙之神灵、大王之威德，以败为成，斯汤、武克夏、商而成王业者。定功雪耻，臣所以当席日久[⑥]。臣请从斯辞矣。”越王恻然，泣下沾衣，言曰：“国之士大夫是子，国之人民是子，使孤寄身托号以俟命矣[⑦]。今子云去，欲将逝矣。是天之弃越而丧孤也，亦无所恃者矣。孤窃有言：公位乎[⑧]，分国共之；去乎，妻子受戮。”范蠡曰：“臣闻：‘君子俟时，计不数谋[⑨]，死不被疑，内不自欺。’臣既逝矣，妻子何法乎？王其勉之！臣从此辞。”乃乘扁舟[⑩]，出三江之口，入五湖之中[⑪]，人莫知其所适[⑫]。

注释

①此两句应“主忧臣劳”而言，实是反话，是范蠡的自谦之辞。则：表示对比关系的连词。端：开头，苗头，也指祸根。

②不辞一死：指他与勾践冒险入臣于吴，应“主忧臣劳”。不辞一生：指勾践栖于会稽山、到吴国当奴仆这种受辱之时他没有殉身，对应“主辱臣死”。

③此句以下应“主辱臣死”而言。惟：思。乃：过去。

④须臾：苟延。

⑤流汗：指当奴仆服劳役。

⑥当席：在位当权。日久：时间很长。

⑦寄身托号以俟命：指把君位让给范蠡而自己为臣。俟命，待命。

⑧位：任职。

⑨数谋：多次谋划，指犹豫不定，不能当机立断。数，屡次。

⑩扁舟：即“偏舟”，小船。

⑪五湖：原来可能指太湖东侧的五个小湖，后便用来指称太湖。

⑫此承袭《国语·越语下》之文。《史记·货殖列传》则载其去向，其言云：“范蠡既雪会稽之耻，乃喟然而叹曰：‘计然之策七，越用其五而得意。既已施于国。吾欲用之家。’乃乘扁舟，

浮于江湖，变名易姓，适齐，为鸱夷子皮；之陶，为朱公。朱公以为陶天下之中，诸侯四通，货物所交易也。乃治产积居，与时逐；而不责于人。故善治生者，能择人而任时。十九年之中，三致千金，再分散与贫交疏昆弟，此所谓富好行其德者也。后年衰老而听子孙。子孙修业而息之，遂至巨万。故言富者，皆称陶朱公。”

译文

二十四年（公元前473年）九月丁未日，范蠡向越王告辞说：“我听说君主忧虑时臣子就该劳苦，君主受辱时臣子就该殉身，那道理是一样的。现在我侍奉大王，在以前没有消灭过尚未萌生的祸根，后来又没有救援过已经倾泻成灾的祸患。虽然这样，我还是始终想成就国君称霸立国的大业，所以既没有推辞一死，又没有放弃一命。但我私下里一直在思忖从前出使到吴国时大王遭到那样的耻辱而我仍然没死的原因，我真怕被太宰嚭那样的奸臣所谗毁而演成伍子胥那样的事。所以我不但没有胆量在从前殉身，而且至今还能苟延残喘。那忍受耻辱的思想，是不可以让它扩大的；被奴役而汗流浃背的羞愧，是不应该忍受的。幸好依靠了祖宗的神明精灵、大王的威势德行，所以才将失败转变为成功，这就好像是商汤、周武王战胜了夏桀、商纣王而成就了称王大业。大王建立了功业、洗刷了耻辱，这就是我能长期在位当权的原因。请让我从此告别吧。”越王非常悲痛，眼泪滴湿了衣服，说道：“国内的官吏都认为您正确，国内的人民都认为您做得对，就让我把自己托付给您，把国君的名号交给您而等候您的命令吧。现在您说要离去，想马上就走。这是上天在抛弃越国而损伤我啊，我也就不再有什么依靠了。我个人想说句话：您如果在位任职，那我就把国家分一半给您和您共同统治它；如果一定要离开，您的妻子儿女就会被杀掉。”范蠡说：“我听说：‘君子只是等待时机，计策从不多次商议，到死也不怀疑自己，心里从不排解自欺。’既然是我要走，妻子儿女又犯了什么法呢？大王还是努力行德吧！我就此告辞了。”于是就乘了小船，从三江口出去，进入太湖，人们没有一个知道他到了什么地方。

范蠡既去，越王愀然变色[①]，召大夫种曰：“蠡可追乎？”种曰：“不及也。”王曰：“柰何？”种曰：“蠡去时，阴画六，阳画三[②]。日前之神[③]，莫能制者。玄武、天空威行[④]，孰敢止者？度天关[⑤]，涉天梁[⑥]，后入天一[⑦]，前翳神光[⑧]。言之者死，视之者狂。臣愿大王勿复追也。蠡终不还矣。”越王乃收其妻子，封百里之地：“有敢侵之者，上天所殃[⑨]。”于是越王乃使良工铸金象范蠡之形，置之坐侧，朝夕论政。

注释

①愀 qiǎo 然：忧惧的样子。

②阴画六：指八卦中的坤卦。阳画三：指八卦中的乾卦。范蠡画阴阳之划，是为了求得天地的佑助。

③日前之神：或即后世所谓“日游神”，是一种凶神，人宜避忌。范蠡出游，故文种以游神保佑来附会；此神“莫能制者”，喻指范蠡之不能制止。

④玄武：北方太阴之神。北方之神主水，范蠡乘舟入湖，故文种以水神保佑来附会。水神威行，“孰敢止者”，喻指范蠡出游无人敢阻止。天空：神名。《黄帝金匮玉衡经》：“天空下贱，主侍帝庭。”则天空神虽下贱，也侍奉于帝庭，所以其行也无人敢阻止。

⑤度：越过。天关：即指角宿，也就是室女座两星。此喻指范蠡经过的关口。

⑥涉：古代趟水过河叫涉，而渡水以及走过桥梁也可叫涉，此处即指过桥。天梁：指斗宿五、六两星，也就是人马座两星。此喻指范蠡经过的桥梁。

⑦天一：星名，占术中用作神名。指北极座之三、四、五号星。它主战斗，所以“言之者死”。此处当以“天一”来喻指范蠡的归宿处。

⑧翳：遮蔽。神光：神异的灵光。一说，“神光”是神名。

⑨这两句是誓告之辞，“有敢”上宜有“曰”字。这两句是说：有谁胆敢侵害他们，就会成为上天所残害的对象。

译文

范蠡走了以后，越王忧惧得变了脸色，召见大夫文种说：“范蠡可以被追回来吗？”文种说：“已追不上了。”越王说：“为什么呢？”文种说：“范蠡离去的时候，画了阴划六横，画了阳划三横。那个日游神，没有人能制止它。玄武、天空之神威武地行走，谁敢去阻止他呢？此神越过了天关，走过了天桥，从后面进入天一，而在前面遮蔽了神异的灵光。议论他的就会死亡，注视他的就会发疯。我请大王不要再去追。范蠡终究不会回来了。”越王就收揽了范蠡的妻子儿女，封给他们百里见方的土地，告诫人们说：“如果有谁敢侵害他们，就将受到上天的惩罚。”于是越王就叫能工巧匠仿照范蠡的形状铸造了一个铜像，把他放在座位边上，每时每刻都和他讨论政事。

自是之后，计砚佯狂；大夫曳庸、扶同、皋如之徒，日益疏远，不亲于朝。大夫种内忧不朝，人或谗之于王，曰：“文种弃宰相之位而令君王霸于诸侯[①]。今官不加增，位不益封，乃怀怨望之心[②]。愤发于内，色变于外，故不朝耳。”异日，种谏曰：“臣所以在朝而晏罢、若身疾作者[3]，但为吴耳。今已灭之，王何忧乎？”越王默然。时鲁哀公患三桓[4]，欲因诸侯以伐之；三桓亦患哀公之怒，以故君臣作难，哀公奔陉[5]。三桓攻哀公，公奔卫，又奔越。鲁国空虚[6]，国人悲之，来迎哀公，与之俱归。勾践忧文种之不图，故不为哀公伐三桓也。

注释

①此指让范蠡当宰相，从而成就了越王的霸业。

②望：埋怨，责怪。

③在：当作“蚤”，形近而误。“蚤”，通“早”。若：各本皆作“若”，实当作“苦”，形近而讹。

④鲁哀公：名蒋，定公之子，公元前494—前467年在位。三桓：春秋后期鲁国大夫孟孙氏（一作仲孙氏）、叔孙氏、季孙氏是鲁桓公之子仲庆父（亦称孟氏）、叔牙、季友的后代，故称“三桓”。鲁文公死后，三桓势力日强，分领三军，实际上掌握了鲁国的政权。鲁哀公曾两次赴越而归，但均在勾践二十六年以后。此文记于勾践二十四年（即鲁哀公二十二年），显属谬误。

⑤陉 xíng：春秋楚地。在河南郾城县（今漯河市郾城区）东。

⑥鲁国空虚：指国内无君。

译文

从此以后，计硯假装发疯；大夫曳庸、扶同、皋如之类，也一天比一天疏远，不再亲自到朝廷上。大夫文种心中忧郁而不上朝，有人在越王面前诋毁他，说："文种放弃了宰相的高位而使大王称霸诸侯。现在他官职没有进一步加大，爵位也没有进一步封高，于是就怀有怨恨之心。他的愤恨产生于内心，而脸色的改变却在外表，他怕被人看出来，所以才不上朝啊。"后来，文种劝越王说："我过去之所以很早上朝很晚退朝，熬苦了自己而勤奋工作，只是为了吴国而已。现在已经把他们消灭了，大王还担忧什么呢？"越王一声不吭。当时鲁哀公因为三桓强大而担忧，想依靠别国诸侯来讨伐他们；三桓也担心哀公发怒，所以君臣之间互相作对，哀公就逃到了陉。三桓攻打哀公，哀公逃到卫国，又转而逃到越国。鲁国没有君主，国内的人为此而感到悲哀，就来迎接哀公，和他一起回国。勾践担心文种不出谋划策，所以不为哀公去讨伐三桓。

二十五年丙午平旦[①]，越王召相国大夫种而问之："吾闻：'知人易，自知难[②]。'其知相国何如人也？"种曰："哀哉！大王知臣勇也，不知臣仁也；知臣忠也，不知臣信也。臣诚数以损声色、灭淫乐、奇说怪论，

尽言竭忠以犯大王，逆心咈耳必以获罪[3]。臣非敢爱死不言，言而后死。昔子胥于吴矣[4]，夫差之诛也，谓臣曰：'狡兔死，良犬烹；敌国灭，谋臣亡。'范蠡亦有斯言。何大王问犯《玉门》之第八？臣见王志也。"越王默然不应，大夫亦罢。

注释

①二十五年丙午：当指该年正月初七。平旦：指卯时，早晨五点到七点。

②人：别人，他人，此指敌人一方。自：自己，此指自己一方。所以勾践接着说不知相国是什么样的人。

③咈fú：违背，抵触。

④疑"子胥于吴矣"五字为衍文，不译。

译文

二十五年（公元前472年）丙午日清晨，越王召见相国大夫文种而问他："我听说：'了解别人容易，了解自己困难。'我哪能知道相国你是个什么样的人呢？"文种说："真使人伤心啊！大王知道我勇敢，却不知道我仁慈；知道我忠贞，却不知道我守信。我的确屡次用减少音乐女色、除掉放荡作乐等奇谈怪论，畅所欲言、竭尽忠诚地来冒犯大王，但违背了您的心意、刺激了您的耳朵就一定会因此而遭罪。我不敢爱惜生命而不说，但说了以后就会死。从前夫差将被我攻杀的时候，对我说：‘狡猾的兔子已死光，优良的猎狗也煮汤；敌对的国家已消灭，出谋划策的大臣就灭亡。’范蠡也说过这话。为什么大王问我时要触犯《玉门》第八呢？我已从中看到了大王的心意。”越王沉默不答，大夫文种也就作罢了。

哺其耳以成人恶[①]。其妻曰："君贱一国之相、少王禄乎？临食不亨[②]，哺以恶，何？妻子在侧[③]；匹夫之能自致相国，尚何望哉？无乃为贪乎？何其志忽忽若斯？"种曰："悲哉！子不知也。吾王既免于患难，雪耻于吴，我悉徙宅自投死亡之地。尽九术之谋[④]，于彼为佞，在君为忠，王不察也，乃曰：'知人易，自知难。'吾答之，又无他语。是凶妖之证也。吾将复入，恐不再还，与子长诀，相求于玄冥之下[⑤]。"妻曰："何以知之？"种曰："吾见王时，正犯《玉门》之第八也。辰克其日[⑥]，上贼于下，是为乱丑[⑦]，必害其良。今日克其辰[⑧]，上贼下，止吾命须臾之间耳[⑨]。"

注释

①此句有脱文，"哺"上当有"归而"二字。哺：喂食。引申指填塞。耳：当指鼎耳。恶：大便。

鼎在古代既用于煮、盛物品，也用作为宗庙祭祀的礼器，所以其妻责之以“临食不亨”。鼎为国之重器。因而又用来喻指宰辅、重臣之位，此处即喻指文种的相位，现“哺其耳以恶”，也就是污蔑卑视其相国的地位，所以其妻责之以“贱一国之相”。

②亨：祭祀，奉献。指把祭品、珍品献给祖先、神明或天子、王侯。

③在侧：在旁边，谦指自己还活着。这句是其妻劝他顾念妻子儿女而不要造次妄为。

④九术：指九种灭吴的方法。

⑤求：通“逑”，聚。玄冥之下：黑暗的地底下，指阴间。

⑥辰：指时辰，象征臣。日：日期，象征君。

⑦乱丑：当为占术中的术语，是混乱、丑恶的意思。

⑧日：指丙午。时：指平旦，即卯时。此次文种见勾践在丙午平旦。“丙午”在五行配火，“卯”在五行配木。火克木，所以说“日克其辰”。

⑨止：只，仅仅。

译文

文种回到相国府后拿成人的大便填在鼎耳中。他的妻子说：“郎君鄙视执掌全国大权的相国之位，看不起国君所给的俸禄吗？到吃饭的时候不但不供献祭品，却用大便填在鼎耳中，为什么呢？你要想想，你妻子儿女都在你身边；而且，一个平民能至相国之位，还企求什么呢？莫非是因为贪婪么？否则，为什么你的思想昏乱糊涂得像这个样子？”文种说：“真可悲啊！你实在不懂得这种事。我们的国君已经免除了灾难，在吴国洗刷了过去所受的耻辱，这样，我也就完全把自己的立身之处迁移到了死亡的地方。我全部献上了包含有九种灭吴办法的谋略，这在吴国一方可以说我是巧言谄媚，但在国君来说应该把这看作忠诚，然而国王并没有明察这一点，竟然说：‘了解别人容易，了解自己困难。’我回答他，他又没有其他的话。这是不吉利不正常的征兆啊。我将再次进宫，恐怕不能再回来了，就和你永别了。到阴间再相会吧。”妻子说：“凭什么知道事情会这样呢？”文种说：“我拜见国王的时候，正好触犯了《玉门》第八。如果这时时辰的干支胜过那日期的干支，那么君主就会被臣下所戕害，这就是乱丑，那就一定会危害那些好人。现在我拜见国王的时候是日期的干支胜过了那时辰的干支，所以君主就会杀害臣子，我的生命不过是在片刻之间罢了。”

越王复召相国，谓曰：“子有阴谋兵法倾敌取国[①]。九术之策，今用三，已破强吴；其六尚在子所，愿幸以余术为孤前王于地下谋吴之前人。”于是种仰天

叹曰："嗟乎！吾闻：'大恩不报，大功不还。'其谓斯乎！吾悔不随范蠡之谋，乃为越王所戮。吾不食善言，故哺以人恶。"越王遂赐文种属卢之剑。种得剑又叹曰："南阳之宰而为越王之擒[②]。"自笑曰："后百世之末，忠臣必以吾为喻矣。"遂伏剑而死。

越王葬种于国之西山[③]，楼船之卒三千余人[④]，造鼎足之羡[⑤]，或入三峰之下。葬一年，伍子胥从海上穿山胁而持种去[⑥]，与之俱浮于海。故前潮水潘候者[⑦]，伍子胥也；后重水者，大夫种也。

注释

①阴谋：秘密的计谋，即指九术。

②南阳：当作"南郢"。南郢，即楚都郢，在今湖北荆州市西北的纪南城。因其地处中国南方，所以又称"南郢"。

③西山：即卧龙山。该山状若卧龙，故名卧龙山、龙山。因文种葬于此山北麓，故又名种山。在今绍兴市区。

④楼船：有叠层的大船，多作为战船。

⑤鼎足：鼎为国之重器，有三足，因以鼎足喻三公、宰辅之位。羡：通"埏"，墓道。

⑥山胁：胸的两侧叫"胁"。山胁当指山腰之上、山头之下的部位，此当指文种所葬之处。

⑦潘：通"蟠"，水旋流。候：伺望，迎候。

译文

越王又召见相国，对他说："你有秘计兵法去颠覆敌人夺取他国。那九种计策，现在只用了三种，就已经攻破强大的吴国；其中的六种还在你那里没有用过，希望你用这些剩下的方法为我的前代君王在地下图谋吴国的祖先。"于是文种仰天叹息说："唉！我听说：'大的恩德是得不到报答的，大的功劳是得不到酬劳的。'这话大概就是说的这种情况吧！我真后悔没有听从范蠡的计谋，竟然被越王所杀。我不接受他的那些忠言好话，所以用人粪填在相国府中的鼎耳上。"越王就赐给文种属镂宝剑让他自杀。文种得到属镂剑又叹息说："南郢出身的宰相却被越王擒住了。"又讥笑自己说："以后在各个时代的衰亡时期，忠臣一定会拿我作为比喻的。"于是就用剑自杀了。

越王把文种埋葬在国都西面的山上，送葬时出动了楼船上的士兵三千多人，还建造了级别很高的墓道，有人说文种埋葬在三峰之下。葬了一年，伍子胥从海上过来凿通山胸而挟着文种走了，和他一起漂浮在海上。所以前面的潮水盘旋地前来伺望迎候的，就是伍子胥；后面那层层重叠而来的波浪，就是大夫文种。

越王既已诛忠臣，霸于关东[①]，徙都瑯邪[②]，起观台，周七里，以望东海。死士八千人，戈船三百艘[③]。居无几，射求贤士[④]。孔子闻之[⑤]，从弟子奉先王雅琴礼乐奏于越[⑥]。越王乃被唐夷之甲[⑦]，带步光之剑[⑧]，杖屈卢之矛[⑨]，出死士以三百人为阵关下。孔子有顷到，越王曰："唯唯，夫子何以教之？"孔子曰："丘能述五帝三王之道，故奏雅琴以献之大王。"越王喟然叹曰："越性脆而愚，水行山处，以船为车，以楫为马，往若飘然，去则难从，悦兵敢死，越之常也。夫子何说而欲教之？"孔子不答，因辞而去。

注释

①关东：指函谷关（在今河南灵宝市北）以东之地。

②瑯邪：即"琅玡"，郡名，在今山东诸城市一带。

③戈船：古代一种战船。

④射：逐取，追求。

⑤孔子（前551—前479年）：名丘，字仲尼，鲁国陬邑（今山东曲阜东南）人。他是春秋末期著名的思想家、教育家、儒家学派的创始者。此时孔子已死，不可能"闻之"，此文不可信。

⑥从：使……跟从，带领。

⑦被：同"披"。唐夷：通"棠镇"，指棠谿出产

的好铁。棠，当指棠谿，春秋时楚国地名，故址在今河南西平县西南，以铸剑戟而闻名。

⑧步光：良剑名。

⑨屈卢：古代良匠，善造矛，代指良矛。杖：通“仗”，执持。

译文

越王杀了忠臣以后，在函谷关以东一带称霸诸侯，把国都迁到琅玡，在那里筑起了观望的高台，周长七里，凭此来远望东海。他拥有敢死之士八千人、装有戈戟的战船三百艘。过了没有多少时候，他又追求贤德之士。孔子听到了这个消息，就带领学生捧着先王时代的雅琴、带着合于礼的雅乐到越国去演奏。越王就穿了用棠谿的优质铁片制成的铠甲，佩带着步光利剑，手执屈卢良矛，派出敢死之士三百人使他们在边关下排成队列。过了一会儿，孔子就到了，越王说：“是是是。先生用什么来教我？”孔子说：“我孔丘能陈述五帝三王的政治原则，所以将通过演奏雅琴来把这些原则进献给大王。”越王感慨地叹息说：“越国人生性脆弱而愚蠢，在江河中来往，在山上居住，在交通中用船代替了车，用船桨代替了马，前进冲锋时就像旋风那样迅猛，但要他们撤离却很难听从，喜欢战争勇于牺牲，这是越国人的通性。先生有什么高见想来教我呢？”孔子没有回答，便告别他离去了。

越王使人如木客山取元常之丧[①]，欲徙葬琅邪。三穿元常之墓，墓中生熛风[②]，飞沙石以射人，人莫能入。勾践曰："吾前君其不徙乎！"遂置而去。

注释

①元常：当作"允常"。允常是春秋时期越国的君主，夫谭死后继承为君主，统治时期，越国成为强国。公元前497年去世，其子勾践继位。丧：尸体。

②熛风：即旋风。熛，通"飘"。

译文

越王派人到木客山去取元常的尸体，想把他迁葬到琅玡。凿了三次才凿通元常的墓室，但墓室中却生出旋风，将沙石飞扬起来射人，没有人能进得去。勾践说："我的先君大概不愿意迁移吧！"于是就放弃此事而离开。

勾践乃使使号令齐、楚、秦、晋皆辅周室，血盟而去[①]。秦桓公不如越王之命[②]，勾践乃选吴越将士，西渡河以攻秦，军士苦之。会秦怖惧，逆自引咎[③]，越乃还军。军人悦乐，遂作《河梁之诗》，曰：

“渡河梁兮渡河梁，举兵所伐攻秦王。
孟冬十月多雪霜[④]，隆寒道路诚难当[⑤]。
阵兵未济秦师降，诸侯怖惧皆恐惶。
声传海内威远邦[⑥]，称霸穆桓齐楚庄[⑦]。
天下安宁寿考长，悲去归兮河无梁[⑧]。”

自越灭吴，中国皆畏之。

注释

①血：指饮血。

②桓公：当作“厉共公”。秦厉共公，公元前476—前443年在位。按《史记·年表》，勾践二十五年是为秦厉共公六年。

③逆：预先。

④孟冬：冬季的第一个月叫孟冬，即十月。

⑤隆：盛。当：承受。

⑥威：威慑，使……害怕。远邦：远方的国家。

⑦穆：秦穆公。桓：齐桓公。楚庄：楚庄王。穆、桓、庄都是春秋时期的霸主。此句是说勾践与他们一样称霸诸侯。

⑧去：消除。

译文

勾践于是派使者命令齐国、楚国、秦国、晋国都辅佐周朝王室，要饮血结盟才离去。秦厉共公不服从越王的命令，勾践就挑选吴越的将士，向西渡过黄河去攻打秦国，战士们为此而苦恼。正好碰上秦厉共公害怕，事先主动地承认错误，越国也就把军队撤回。全军将士都十分高兴，就作了一首《河梁之诗》，那诗歌说：

“过桥梁啊过桥梁，兴兵讨伐攻秦王。
孟冬十月多雪霜，严寒道路实难当。
阵兵未渡秦军降，诸侯害怕都恐慌。
名传海内震远邦，称霸穆桓与楚庄。
天下安宁寿命长，悲叹回家河无梁。”

自从越国消灭了吴国，中原各国都怕它。

二十六年，越王以郳子无道而执以归[①]，立其太子何[②]。冬[③]，鲁哀公以三桓之逼来奔，越王欲为伐三桓，以诸侯大夫不用命[④]，故不果耳。

注释

①郳子：指郳国国君。郳，春秋诸侯国名，曹姓，故地在今山东邹城市境。郳国为子爵之国，所以其君称为郳子。此当指郳隐公，名益。鲁哀公八年（公元前487年），郳隐公无道，吴国派太宰嚭讨而囚之，使诸大夫立太子革以为政（即郳桓公）。鲁哀公十年（公元前485年），郳隐公自吴逃出奔鲁，既而又奔齐。鲁哀公二十二年（公元

前473年）夏四月，郳隐公自齐奔越，并向越王求助。于是越国送郳隐公回国，太子革反而逃奔越国。鲁哀公二十四年（勾践二十六年，公元前471年），郳隐公又无道，所以越王执之以归。

②太子：当作“公子”。太子是革而不是何，何是郳隐公的小儿子。

③冬：指该年的闰十月。

④“侯”字当衍。诸大夫不用命：当即指前文所说的“计砚佯狂”“大夫曳庸、扶同、皋如之徒，日益疏远”等等。

译文

二十六年（公元前471年），越王因为郳国国君暴虐无道而把他抓起来带了回去，拥立郳国的公子何。冬天，鲁哀公因为三桓的逼迫而逃到越国来，越王想为他去攻打三桓，因为各位大夫不尽力服从命令，所以没有实现。

二十七年冬，勾践寝疾，将卒[①]，谓太子兴夷曰：“吾自禹之后，承元常之德，蒙天灵之佑、神祇之福，从穷越之地，籍楚之前锋[②]，以摧吴王之干戈，跨江涉淮，从晋、齐之地[③]，功德巍巍。自致于斯，其可不诫乎？夫霸者之后，难以久立，其慎之哉！”遂卒。

注释

①《通鉴外纪》："勾践三十三年薨。"《竹书纪年》卷下：贞定王"四年十一月，於越子勾践卒"。贞定王四年，即勾践三十二年（公元前465年），与《通鉴外纪》近。此文记为二十七年，恐误。

②籍：通"藉"，凭借。

③从：通"纵"，放纵，恣肆。从晋、齐之地，即指前文所说"与齐、晋诸侯会于徐州""横行于江、淮之上"。

译文

二十七年（公元前 470 年）冬天，勾践卧病不起，临死时，对太子兴夷说："我在大禹之后，继承了元常的德行，受到了上天神灵的保佑和天地之神的赐福，以穷困的越国之地，结交与凭借了楚国这个先锋，因而摧毁了吴王的军队，跨过了长江，渡过了淮河，在晋国、齐国的土地上横冲直撞，功业与德行伟大崇高。自从达到了这种地步，难道可以不警戒吗？那称霸者的后代，难以长期立于不败之地，你一定要谨慎啊。"勾践说完就死了。

兴夷即位一年，卒，子翁[①]；翁卒，子不扬；不扬卒，子无强；无强卒，子玉；玉卒，子尊；尊卒，子亲。自勾践至于亲，共历八主，皆称霸，积年二百二十四年[②]。亲众皆失，而去琅邪、徙于吴矣[③]。

注释

①“翁”下承上省去了“即位”。下面的句式同此。

②二百二十四年：此年数恐误。勾践元年为公元前496年，则二百二十四年以后为公元前272年，与楚灭越之年不合。

③据《竹书纪年》，越王翳在周安王二十三年（公元前379年）就已迁于吴。此文记迁吴之时甚晚，恐误。

译文

兴夷登上君位一年，去世了，儿子翁即位；翁去世了，儿子不扬即位；不扬去世了，儿子无强即位；无强去世了，儿子玉即位；玉去世了，儿子尊即位；尊去世了，儿子亲即位。从勾践到亲，一共经历了八个君主，都称霸，累计年数为二百二十四年。到亲做越国国君的时候，民众都散失了，于是他就离开琅玡而迁居于原来的吴国国都。

自黄帝至少康十世[①]。自禹受禅至少康即位六世[②]，为一百四十四年。少康去颛顼即位，四百二十四年。

黄帝——昌意——颛顼——鲧——禹——启——太康——仲庐[③]——相——少康——无馀——无玉[④]，去无馀十世——无曍[⑤]——夫康[⑥]——元常——勾践——兴夷——不寿[⑦]——不扬——无强——鲁穆柳有幽公为名[⑧]，王侯自称为君[⑨]——尊——亲，失琅邪，为楚所灭[⑩]。

勾践至王亲，历八主，格霸二百二十四年[⑪]。从无馀越国始封，至馀善返越国空灭[⑫]，凡一千九百二十二年。

注释

①少康：相之子。十世：古代以父子相继为一世，黄帝生昌意，昌意生颛顼，颛顼生鲧，鲧生禹，但禹至少康不满六世，所以从黄帝到少康实不足“十世”。本书盖以一主为一世。

②六世：即禹，启（禹之子），太康（启之子），中康（太康之弟），相（中康之子），少康（相之子）。本书作者以一主为一世，所以说“六世”。

③仲庐：一作“中康”。

④无玉：当为“无壬”。

⑤无皞：当作“无驔”。

⑥夫康：当作“夫谭”。

⑦上文记兴夷之子为“翁”，而这里作“不寿”，不寿是鼫与的儿子、翁的父亲。此文恐误。

⑧穆柳：当为人名，姓穆，名柳，其事不详。有：以。

⑨王侯：即“王之侯”，指无强之子。据《史记·鲁周公世家》，鲁平公登位时（公元前314年），“六国皆称王”，可见当时僭称君王已成风气，这两句所说即此种情况。

⑩楚灭越的年代有二说：一说在楚威王七年（公元前333年）以前，一说在楚怀王二十三年（公元前306年）或稍前。

⑪格霸：称强称霸。格，强悍。

⑫馀善：当为亲的别名或字。空：指无君。

译文

从黄帝到少康为十代。从禹接受禅让的帝位到少康即位为六代，是一百四十四年。少康离颛顼即位为四百二十四年。

黄帝——昌意——颛顼——鲧——禹——启——太康——仲庐——相——少康——无馀——无壬，离无馀十代——无驔——夫谭——元常——勾践——兴夷——不寿——不扬——无强——鲁国的穆柳以幽公作为自己的名号，王之侯自称为君——尊——亲，丢了琅玡，被楚国所灭。

勾践到越王亲，经历了八个君主，称强称霸共二百二十四年。从无馀开始被封在越国，到馀善返回越国而被消灭，总共一千九百二十二年。

图书在版编目（CIP）数据

吴越春秋译注 / 张觉译注．—2 版．—上海：
上海三联书店，2018.9
ISBN 978-7-5426-6348-1
Ⅰ．①吴… Ⅱ．①张… Ⅲ．①中国历史－吴国（？－前 473）②中国历史－越国（？－前 306）③《吴越春秋》－译文④《吴越春秋》－注释 Ⅳ．① K225.04

中国版本图书馆 CIP 数据核字（2018）第 128633 号

吴越春秋译注

译　　注 / 张　觉
责任编辑 / 程　力
特约编辑 / 张　莉
装帧设计 / Metis 灵动视线
监　　制 / 姚　军
出版发行 / 上海三联书店
（201199）中国上海市都市路 4855 号 2 座 10 楼
邮购电话 / 021-22895557
印　　刷 / 三河市华润印刷有限公司
版　　次 / 2018 年 9 月第 2 版
印　　次 / 2018 年 9 月第 1 次印刷
开　　本 / 640 × 960　1/16
字　　数 / 155 千字
印　　张 / 22

ISBN 978-7-5426-6348-1/K · 472

定　价：28.80元